ここだけにしかない〝ガチ〟なルートを大紹介!!

路線バスで日本縦断!

乗り継ぎルート決定版

路線バスで日本縦断！ 乗り継ぎルート決定版
CONTENTS

はじめに

北は北海道から南は沖縄まで、約3000㎞にわたって細長く伸びる日本列島を、路線バスで縦断してみましょう！

ルートは北海道〜東京〜九州・沖縄だけでなく、日本海に沿って下関〜松江〜京都〜新潟&青森〜新潟、太平洋から日本海に向かう松江〜高知・東京〜新潟など、全88路線（幹線15路線、支線73路線）を取り揃えました。

各地の観光情報や地域情報、路線のなりたちなども記載しているので、実際にバス乗り継ぎに出かける際の事前準備にもなります。また、なかなか足を運べない方も、この書籍を読んだだけで〝行った気分〟を味わっていただけると嬉しいです。

「なぜこの街にバス路線が集まるのだろう？」「なぜこんな所で乗り継げるのだろう？」「この街にはどんな特徴があるのだろう？」と考えながら車窓を眺めているだけでも興味がわいてくるかもしれません。この書籍が〝乗りバス〟を楽しむ助けとなり、実際に各地の「乗りバス本線」に足を運んでいただければ幸いです。

日本列島を縦横無尽に乗り継ぐバス旅、スタート！

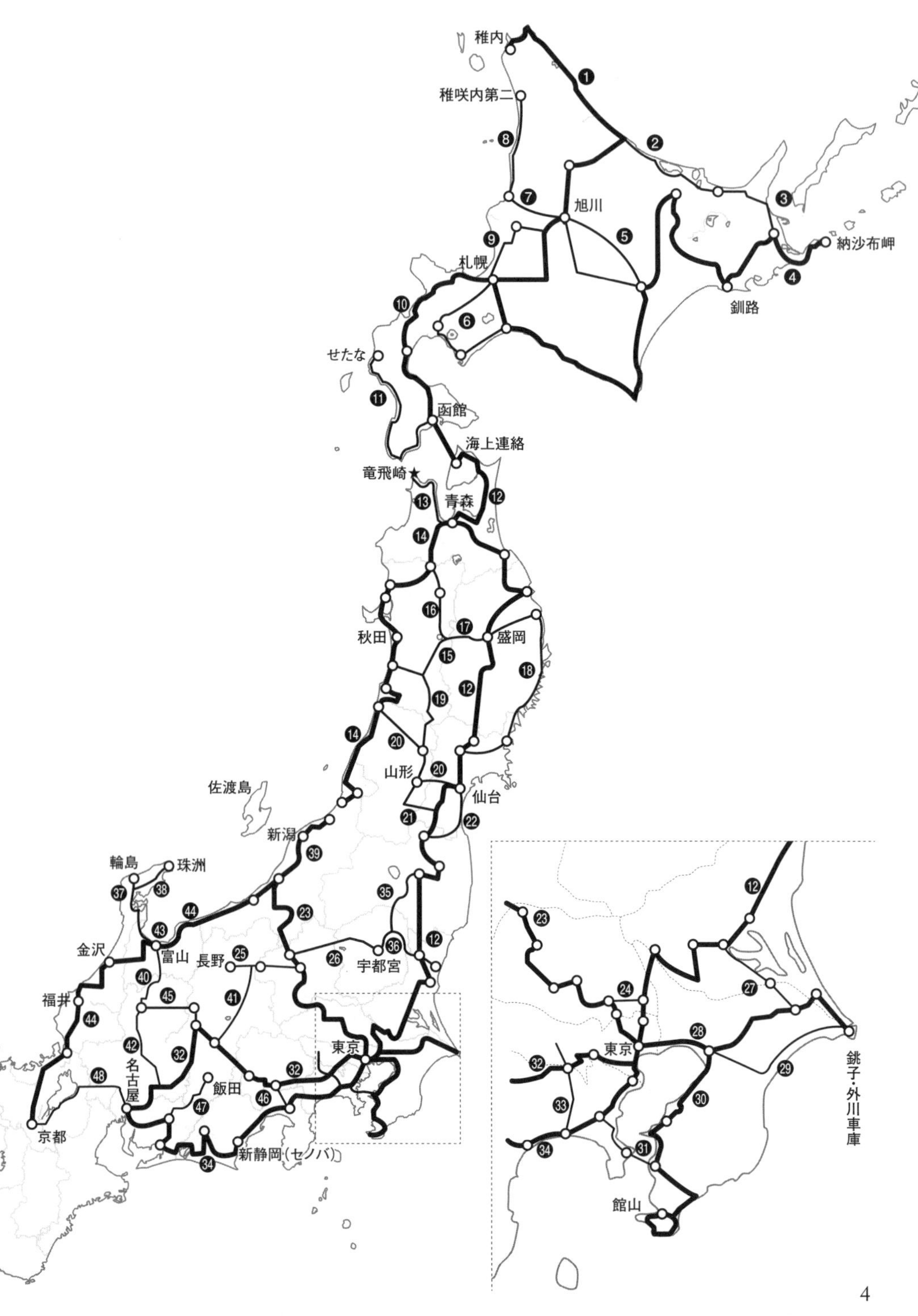

稚内
稚咲内第二
旭川
納沙布岬
釧路
札幌
せたな
函館
海上連絡
竜飛崎★
青森
秋田
盛岡
山形
仙台
佐渡島
新潟
輪島
珠洲
金沢
富山
長野
宇都宮
福井
名古屋
飯田
東京
京都
新静岡(セノバ)
館山
銚子・外川車庫

索引地図

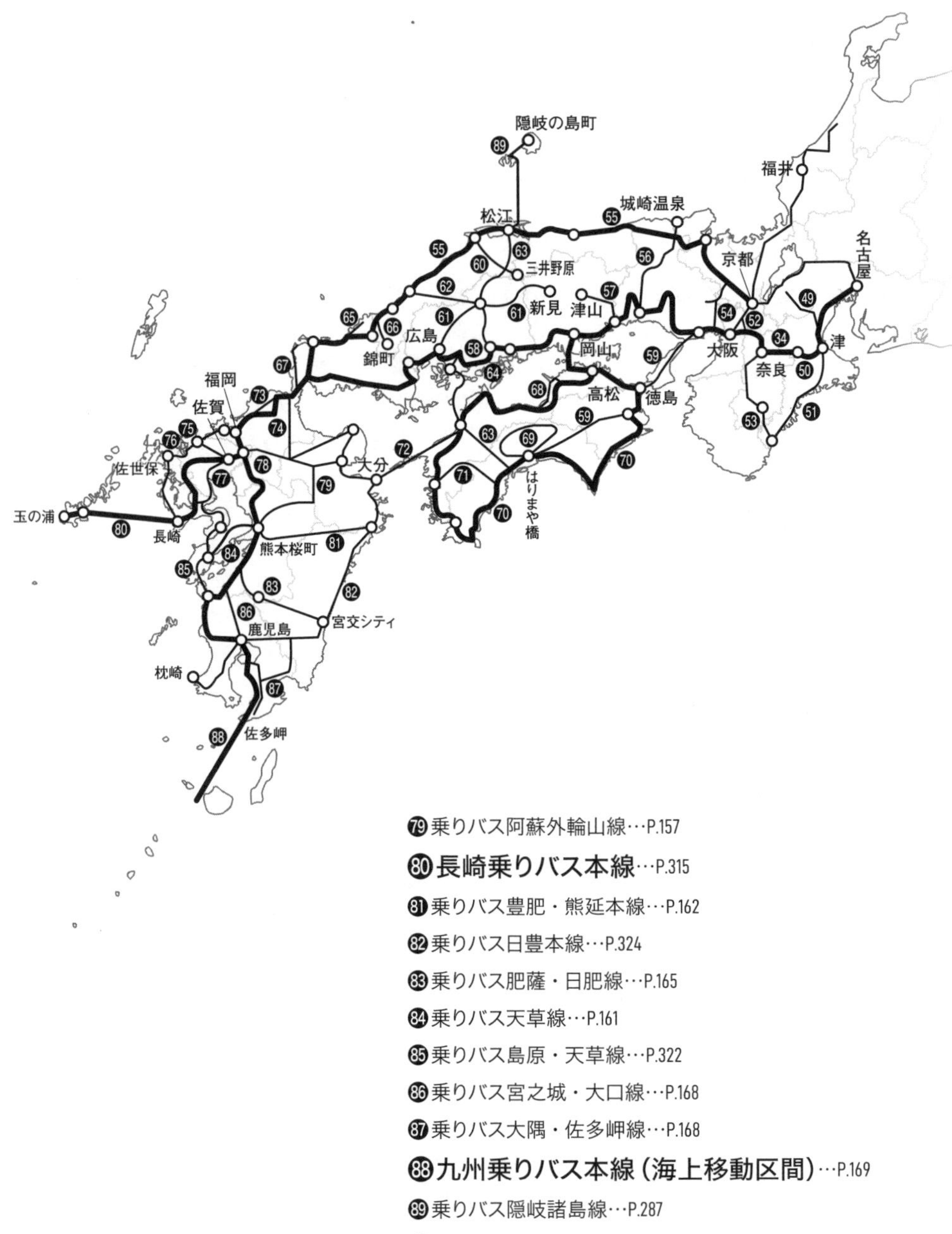

隠岐の島町
福井
城崎温泉
松江
名古屋
京都
三井野原
新見
津山
広島
錦町
岡山
大阪
津
奈良
福岡
高松
徳島
佐賀
佐世保
大分
はりまや橋
玉の浦
長崎
熊本桜町
宮交シティ
鹿児島
枕崎
佐多岬

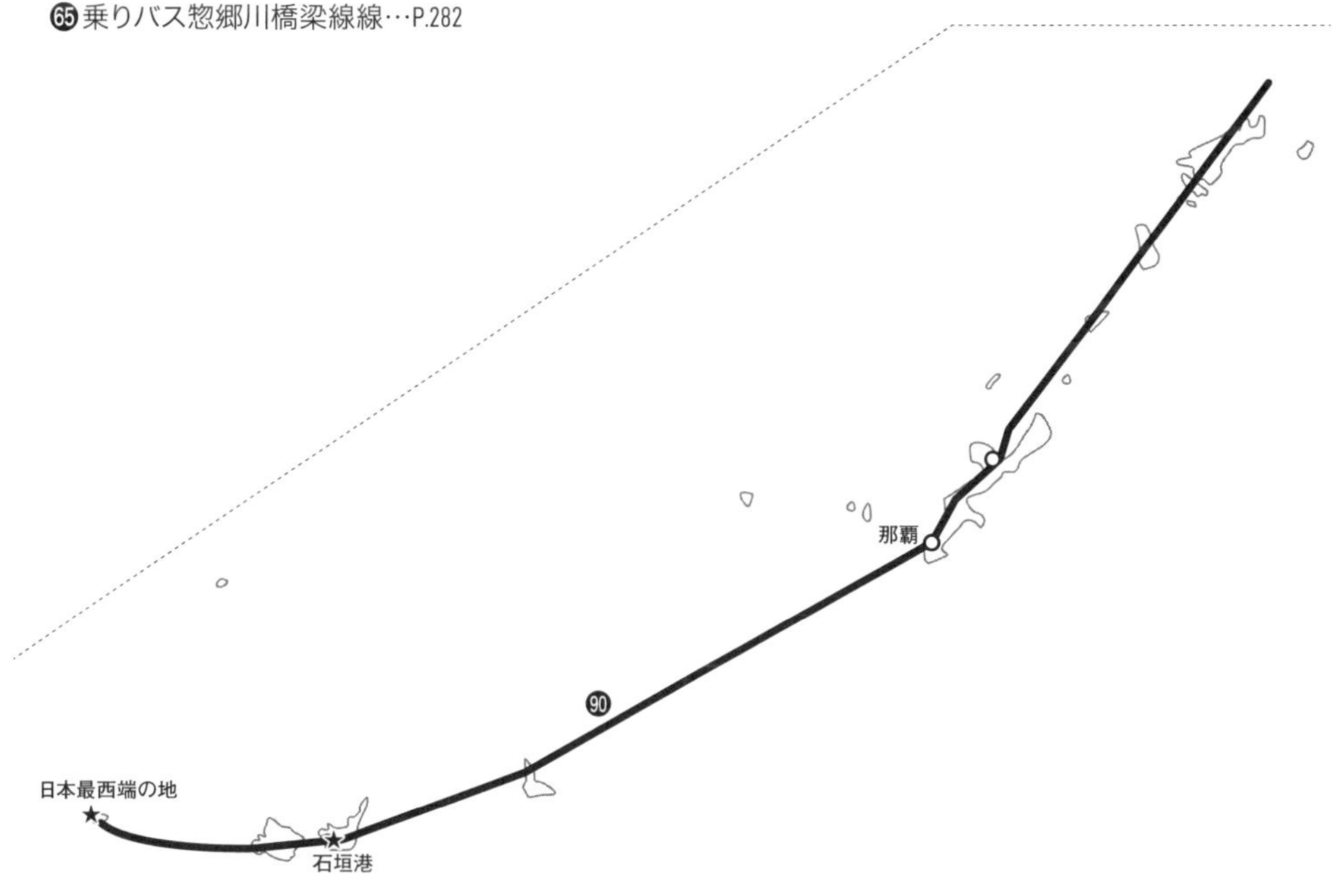

那覇
90
日本最西端の地
石垣港

☆当書籍の乗り継ぎルートは、筆者が独断で設定しています。各バス会社様とは一切の関係がありません。また筆者が実際に乗車した路線などを優先しているため、移動距離・時間が最速・最適でない場合も多々あります。ご了承ください。

☆高速道路並びに高速道路の無料供用区間は経由しません。

☆路線バスを優先し、長時間の都市間バスは極力避けます。

☆徒歩が不可能な海上は船や飛行機で移動。路線バスの運行がない区間は徒歩移動。

☆乗り継ぎダイヤは平日前提で検索しています。ただし曜日限定の路線は考慮していないため、提示した移動目安の日数通りに、連続で移動することはできません。

☆基本はテレビ東京『路線バス乗り継ぎの旅』に準じますが、どうしてもルートがない時はデマンドバス・デマンドタクシー（予約制）も使用可とします。

☆書籍内に出てくる乗りバス時期は平成初期からですが、実際に「日本列島縦断ルート」として乗車記録を始めたのが2008年頃、2016年には北海道～東京～九州間のルートを完成。路線廃止によるルート変更がある場合は、極力再乗車・再検証を行っています。

☆書籍内の乗り継ぎ日程は、あくまでも目安です。また筆者も数年がかりで少しずつ乗車しており、連続で乗車している訳ではありません。ご了承ください。

☆書籍内に登場したルートの中で、筆者が乗車・検証できていないものは「調査段階のデータのみ記載」と断りを入れて掲載しています。

☆書籍内のすべてのデータは、2023年5月1日時点のものです。その後廃止やルート変更などもあるので、ご注意ください。

第1章

北海道乗りバス本線（稚内・宗谷岬＆根室・納沙布岬～札幌駅～函館）

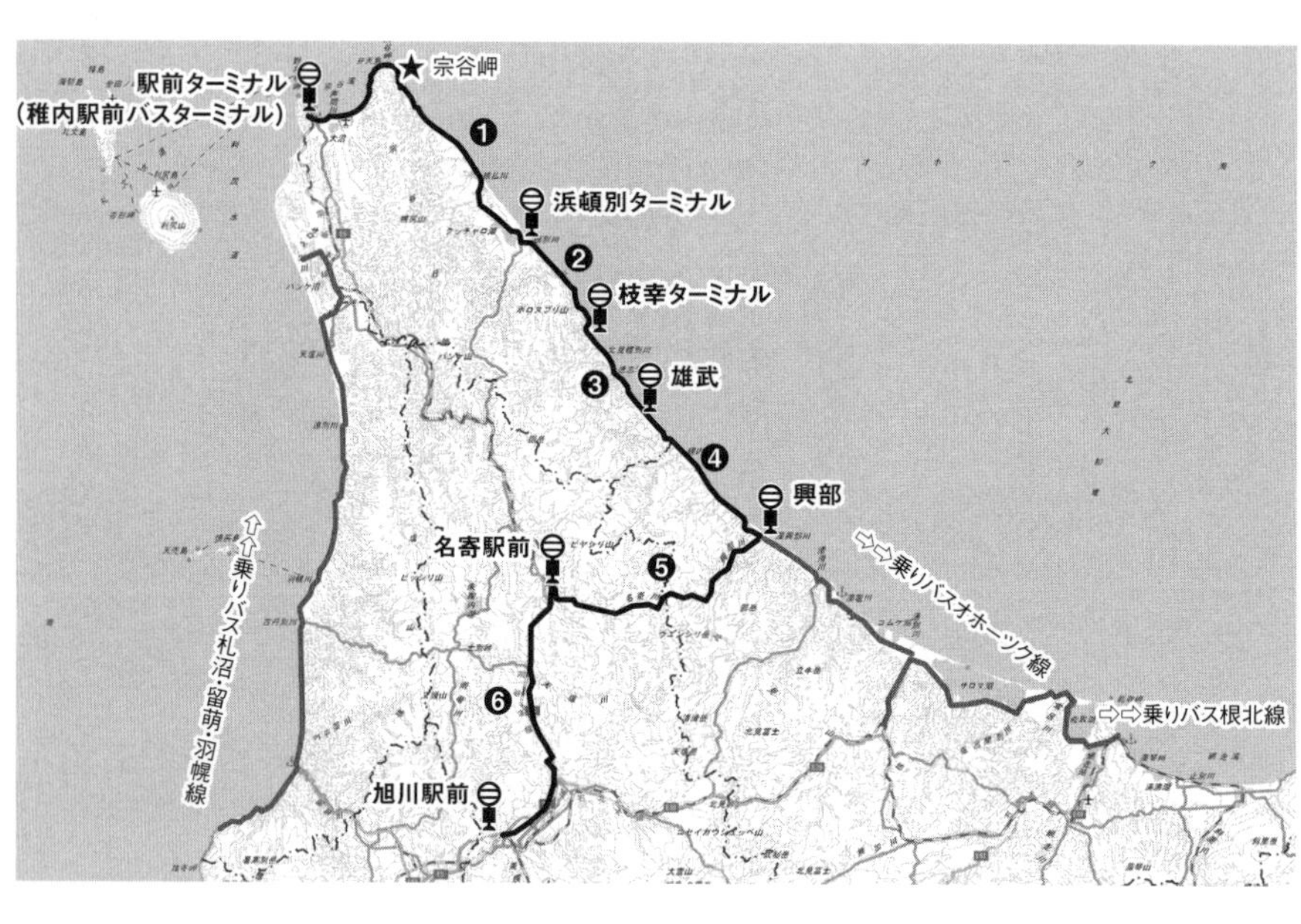

北海道に最初の鉄道（手宮～札幌間）が開業したのは1880年11月のこと。今や鉄道によって北は稚内、東は根室、そして道央の札幌、道南の函館まで繋がっています。

しかし人口が希薄な地域も多く、鉄道の維持も四苦八苦。並行する路線バスはない……かと思いきや、意外とあります。徒歩連絡の区間もなく、意外とスイスイ乗り継げて絶景も味わえる「北海道乗りバス本線」の旅、スタート！

Part 1 稚内～旭川

現在のJR宗谷本線は、着工から30年近い年月をかけて建設がすすめられ、1922年に稚内～旭川間が浜頓別（のちの天北線。1988年廃止）経由で全通、1926年に現在の幌延・豊富経由の区間が全通しました。

この区間のバス乗り継ぎは徒歩連絡こそ要しないものの、宗谷本線沿いではなく天

宗谷岬バス停

COLUMN

立ち寄りたい！宗谷岬

宗谷岬には、「日本最北端の地」モニュメントと、楽曲『宗谷岬』（1972年発売、1976年にダ・カーポがカバーしてヒット）の音楽碑があります。そして近くの土産物店「日本最北端の店・柏屋」では、マイナス20度の世界を有料で体感できる「流氷館」が併設。展望台やサイクリングロードなどもあり、そう飽きません。

なおこの宗谷岬は、稚内駅からは50分、鬼志別からは40分ほど。「北海道乗りバス本線」で始発便から途中下車せずに乗車するなら、鬼志別に宿泊して6時台の始発・稚内行きに乗車。宗谷岬を3時間ほどまわって、音威子府行きの始発に乗る、という手もあります。ただし鬼志別の宿は1軒しかないので注意！

北線・名寄本線など、昭和末期の廃止路線の転換バスを乗り継ぎ、大回りしていきます。

・第1ランナー：駅前ターミナル（稚内駅前バスターミナル）～宗谷岬～浜頓別ターミナル　宗谷バス「天北宗谷岬線」（音威子府行き）〈1日目1本目　2220円〉

かつての天北線転換バスで、日本最北端の地・宗谷岬をまわり、鬼志別・浜頓別へ向かいます。

旧・中頓別駅。天北線の客車が展示されている

この鉄道転換バスも2019年までは1日7往復、稚内駅からの始発は5時台でした。しかしコロナ禍のなかで1日4往復に減便、稚内駅からの始発は朝の9時台に。最北端の地への到達の難易度は上がりましたが、それでも宗谷岬には寄っていきたいものです。

天北線は路線バスに転

COLUMN

オホーツクの旅は「旅館」に泊まろう！

オホーツク地方に限らず、ニシン・カニなどの漁場に近い港では、豪華仕様の旅館に泊まれることも。

枝幸町の「大崎旅館」は、戦後に漁業が好景気だった頃には、関係者でいつも満員だったとのこと。「この木を探すのは難しかったのでは？」というほど木目の揃った内装。廊下と階段を通るたびに、かつての漁業の繁栄を窺うことができます。

なお1泊2食（2015年時点では6500円）で頼むと、季節によっては毛ガニが1匹丸々ついてくるのだとか。素泊まりにするんじゃなかった！

換した後も、一部区間を宗谷岬経由に変更するなど、実情に合わせた改正を進めてきました。現在は浜頓別高校を中心に、猿払～中頓別間の通学需要に支えられているそうです。

しかし学区をまたぎ、通学需要がほぼ途絶えた中頓別～音威子府間は、いまデマンド化に向けて話し合いが進められています。その手前の「浜頓別ターミナル」で下車。

・第2ランナー：浜頓別ターミナル～枝幸ターミナル　宗谷バス「浜頓別線」（枝幸国保病院前行き）〈1日目2本目　730円〉

浜頓別～興部間は国鉄興浜北線（浜頓別～北見枝幸）、興浜南線（雄武～興部）ならびに、建設されなかった区間（北見枝幸～興部）間を進みます。「興浜北線」が現役であった頃は、半径200mという急カーブを最徐行で回り込む北見神威岬からの絶景が知られていました。しかし現在の国道238号は内陸部を進み、急なカーブもなくあっさり到着します。

・第3ランナー：枝幸ターミナル～雄武　宗谷バス「雄武線」〈2日目1本目　2030円〉

乗り換え　乗りバスオホーツク縦貫線　興部～遠軽～網走

かつては名寄本線・湧網線を通じて興部・紋別・遠軽・網走まで繋がっていました。廃止検討時は興浜線も含めて浜頓別～網走間で「オホーツク縦貫線」開業、という構想も持ち上がりましたが、採算面から断念。路線バスも「週1日のみ運行」などの路線があり、かつ終点は駅ではなく病院となっています。

北紋バス「興部線」興部～紋別ターミナル

↓

北海道北見バス「清里線」紋別ターミナル～遠軽

↓

佐呂間町ふれあいバス「遠軽線」（月・水・金曜日のみ運行）遠軽共立病院～バスターミナル

↓

佐呂間町ふれあいバス「網走線」（水曜日のみ運行）バスターミナル～網走向陽ヶ丘病院

前述のとおり浜頓別～枝幸・雄武～興部間は「興浜北線」「興浜南線」転換バスとして、鉄道に合わせた運賃が設定されています。しかし開業を果たせなかったこの区間の運賃は、1時間少々で2030円！　運賃加算のペースは、他路線のほぼ倍です。

なお、近年は雄武町側の区間で廃止が検討されているので、乗り継ぎ乗車はお早めに。

・第4ランナー：雄武～興部　北紋バス「興部線」（雄武高校入口発・紋別高校行き）〈2日目2本目　640円〉

北見枝幸・興部などでは駅をバスターミナルや道の駅などに改造し、バスの乗り継ぎポイントとしています。

バス乗り場の前にある「道の駅おこっぺ」では、JR名寄本線（1989年廃止）の客車を無料宿泊施設として開放しています（ただし夏場限定）。乗り継ぎの際は是非どうぞ。

・第5ランナー：興部～名寄駅前　名士バス「興部線」（市立病院前行き）〈2日目3本目　1790円〉

ここからバスは国道239号に入り、名寄本線の線路跡を

国道40号を走行する道北バス・急行便

眺めながら内陸部へ進みます。途中の「下川バスターミナル（旧・名寄本線下川駅）」から名寄市内までの間は、いまでも通学利用が多いのだとか。

鉄道廃止が議論にのぼった際も「名寄～下川だけ第3セクターで存続」という案が最後まで検討されましたが、採算面をクリアできずに断念。そのまま名士バスに引き継がれました。

なお名寄駅前では、ＪＲ深名線の代替バス（ＪＲバス深名線）への乗り換えもアリです。旭川をスルーして一気に深川市内まで行けますが、日本有数の豪雪地帯・朱鞠内（マイナス30度＋積雪２ｍ越え！）を経由するため、冬場の車窓は絶景とはいかず、曇ってほとんど景色が見えない、とは運転手さんのお話。

・第6ランナー：名寄駅前～旭川駅前　道北バス「名寄線」〈2日目4本目　1320円〉

名寄～旭川間の路線バスは、２時間35分かかる「普通便」、２時間15分ほどの「急行便」があり、経由地はほとんど変わらず。どちらに乗車しても良いでしょう。

なお、この区間はＪＲ宗谷本線なら1時間弱。またバスは旭川の市街地に入る手前の比布（ぴっぷ）・永山あたりから流れが悪くなることもあり、時速１３０㎞で走行する鉄道の有難みをひしひしと感じます。

Part 2 旭川～札幌

この区間では、バスはJR函館本線に平行しつつ、国道12号をひた走っていきます。乗り継ぐ街も深川・滝川・美唄・岩見沢と、鉄道とほぼ一緒。かつ途中区間では、30㎞にも及ぶ「日本最長の直線国道」を淡々と走っていきます。

・第7ランナー：旭川駅前～深川十字路　空知中央バス「深旭線」（深川市立病院行き）〈2日目5本目　730円〉

長らく工事が続いていた旭川駅も、2011年に全面開業。各所に分散されていたバス乗り場も1か所にまとまりました。しかし週末の旭山動物園行きのバスは、積み残しが出るほどの大混雑。一方で深川行きのバスはそこまでの乗車もなく、国道12号をひたすら行きます。

石狩川の南岸を走行し、神居古潭の急流を眺めながら、いよいよ石狩平野へ。

JR旭川駅

・第8ランナー：深川十字街～滝川駅　空知中央バス「深滝線」〈2日目6本目　680円〉

深川～滝川間は、JR函館本線から離れて石狩川西岸の雨竜町を経由する「深滝線」と、函館本線に近い石狩川東岸・国道12号を走行する「滝深線」のどちらに乗ってもOK。ただし、「滝深線」は深川十字街を経由しないので、その場合は深川市立病院での乗り換えとなります。

「滝深線」の方は「14丁目」「15丁目」「16丁目」などと何か所も続くバス停を過ぎ、江部乙に入ると、約10kmにも及ぶ一直線の道路を走り始めます。しかしこれで驚くのはまだ早い。この後の路線では……。

一直線に伸びる国道12号

・第9ランナー：滝川駅～美唄駅前　北海道中央バス「滝川美唄線」〈3日目1本目　710円〉

滝川駅を出たバスは石狩川支流・空知川を渡り、国道12号に戻ります。この区間こそ、全長29・2kmにも及ぶ「日本一長い直線国道区間」。途中で砂川市立病院・奈井江駅に立ち寄る以外は、バスが走る進路はまっすぐ。停留所に車体を寄せる時以外は、ハンドルを切ることはありません。

1886年から順次開通したこの区間は、北海道開拓と同時に設置された樺戸集治監の囚人たちの過酷な労働によって建設されたと言われています。当時の書類にも残っている「可成直線路に為すを主と」する道路建設のために、政治犯として収監されていた多くの人々が命を落としたと言われています。

・第10ランナー：美唄駅前～岩見沢ターミナル　北海道中央バス「24　岩見沢美唄線」〈3日目2本目　530円〉

COLUMN

〈立ち寄りたいスポット〉美唄に来たら「自動車学校のバス」に乗ろう!

美唄市内の路線バス「ビジコーバス」を運営するのは「美唄自動車学校（美自校）」。2005年に中央バスが美唄市内路線から撤退した際に、あとを引き継いだものです。

現在では美唄市営バス・JR札沼線（2020年廃止）の代替バスなど、徐々に路線網を広げています。全国でも珍しい「自動車学校の路線バス」、車内に入校のチラシがひっそりと置かれているあたり、さすがは自動車学校経営。

美唄駅を出たバスは１００ｍほどで国道12号に戻り、「十二線」バス停を越えたあたりでようやくカーブに差し掛かります。しかしその後、光珠内・峰延と進む道すがらも、５㎞ほどの直線。石狩川水系の数本の川・用水路を渡りると、ようやく岩見沢の市街地です。

・第11ランナー：岩見沢ターミナル〜栗山駅　北海道中央バス「25　岩見沢長沼線」「26　岩見沢栗山線」「27　岩見沢栗山線」「28　岩見沢由仁線」「29　夕張線」〈3日目3本目　600円〉

・第12ランナー：栗山駅〜新さっぽろ駅　夕鉄バス「札幌代行線」「新札夕線」（新夕張駅前発）〈3日目4本目　970円〉

函館本線は岩見沢・江別・新札幌とほぼ直線で進みますが、路線バスは繋がっておらず、ＪＲ室蘭本線沿いの栗山町を目指します。他にも、新篠津経由ルートもあります。

しかし、夕鉄バスは２０２３年10月１日付で路線網の大幅縮小を表明しており、この書籍の発売後に夕張経由は途切れ、「北海道乗りバス本線」の岩見沢〜栗山〜新

JR栗山駅前

さっぽろ間も、栗山～南幌間（約10㎞）が廃止される見込み。新篠津村経由も、新篠津～江別方面のバスがコロナ禍のさなかに運休、未だに再開していません。

夕鉄バスの廃止がこのまま行われる場合は、新篠津村経由か、岩見沢から北海道中央バス「月形線」で月形駅前、そこから札沼線の廃止代替バスなどを乗り継いで札幌駅へ、というルートを辿っていきましょう。

・第13ランナー：新札幌駅～JR札幌駅　ジェイ・アール北海道バス「1・新札幌線」〈3日目5本目　240円〉

新札幌まで来れば、あとのルートは選び放題。その中でも最短ルートは、札幌江別通（国道12号）をほぼまっすぐ突っ切るJRバス「新札幌線」でしょう。しかしそれ以外にも、少し北側の厚別通などを通って、中央バス白38→55と乗り継ぐのもアリ。終点・白石営業所へ向かう道路は曲がりくねって狭く、車幅ギリギリの凍結した路面を走り抜けていきます。

札幌に到着したら、このあとは小樽・長万部・函館と乗り継いで行きます。しかしその前に、日本最東の地・根室から札幌までのルートも辿ってみましょう。どちらも「北海道乗りバス本線」扱いです。

白石営業所バス停で発車を待つ北海道中央バス・55系統

Part 3 根室～帯広

現在のJR根室本線が根室駅に到達したのは、1921年のこと。釧路～根室間は5年間の工事を経て、ようやく開業を果たしました。「日本最東端の地」は根室の市街地からさらに東の果て、納沙布岬。

「北海道乗りバス本線（根室ルート）」の始発点・納沙布岬から帯広方面への路線バス乗り継ぎは、丸2日間をかけて〝ジグザグ〟に進みます。

・第1ランナー：納沙布岬～根室駅前ターミナル　根室交通「納沙布線」〈1日目1本目　1090円〉

納沙布岬の碑が立っている場所は、根室交通「納沙布岬」バス停から300mほど。土産物屋が数軒あるものの、宗谷岬ほどの活気はなく、お店も早ければ夕方4時で閉めてしまうそうです。

ここから根室市内までは約20㎞。バス路線を運行している根室交通は、かつて根室～歯舞（北方領土の歯舞ではない。根室市歯舞）間で〝日本最東端の鉄道〟を運営していた「根室拓殖鉄道」の後継会社でもあります。

バスは道道「根室半島線」を走り、市街地で国道44号の起点に合流。ほどなく根室駅に到着。

・第2ランナー：根室駅前ターミナル～中標津バスターミナル　根室交通「中標津空港線」

根室駅前に停車するバス。オホーツク海回り（温根元経由）もあったが、2000年代に廃止されたという

納沙布岬バス停

COLUMN

中標津空港で、尾崎豊さんにご挨拶！

中標津町の市街地から3㎞ほど離れた「中標津空港」のターミナルビル前に建つのは、何と「尾崎豊像」！

とはいっても、あのロックシンガーの方ではなく、同姓同名の元・中標津町長。空港の旅客化に尽力したことから、1990年に胸像が建てられたそうです。

乗り換え 乗りバス根北線 中標津～網走

札幌方面へのバスを乗り継ぐために「北海道乗りバス本線」は、中標津で釧路行きに乗り継ぎます。ここで逆方向の羅臼行きに乗れば、知床半島から網走方面への乗り継ぎが可能。ただし、羅臼～ウトロ間の運行は夏場の5か月間だけ。ご注意ください。線名は、一部区間の開通のみにとどまり1970年に廃止された「国鉄根北線」からとらせていただきました。

阿寒バス「釧路羅臼線」中標津ターミナル～羅臼営業所

▼

阿寒バス「羅臼ウトロ線」羅臼営業所～ウトロ温泉バスターミナル

▼

斜里バス「知床線」ウトロ温泉バスターミナル～斜里バスターミナル

▼

斜里バス「網走線」「知床エアポートライナー」斜里バスターミナル～網走駅前

▼

乗換：乗りバスオホーツク縦貫線（網走～浜頓別）P.13

釧路駅前のバスターミナル

〈中標津空港行き〉〈1日目2本目　1920円〉

人口2・7万人を擁する根室市の中心・根室駅前には、名物料理のエスカロップを出す「ニューモンブラン」「サテンドール」などの喫茶店があります。しかし市街地の賑わいは、国道の北側・日本最東端のイオン（根室店）周辺にも分散されています……が、郊外の街への流出に悩まされているそうです。詳しくは次項。

バスの乗り継ぎは、根室本線に沿って厚床まで進み、北上して中標津に向かうルートを取っています。しかし根室半島には高速道路がないため、都市間バス「特急ねむろ号」でそのまま釧路に向かっても、ルール上はOKです。

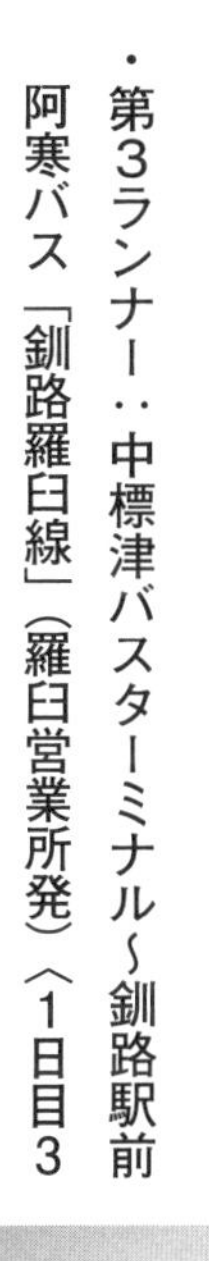

・第3ランナー：中標津バスターミナル～釧路駅前
阿寒バス「釧路羅臼線」（羅臼営業所発）〈1日目3本目　2930円〉

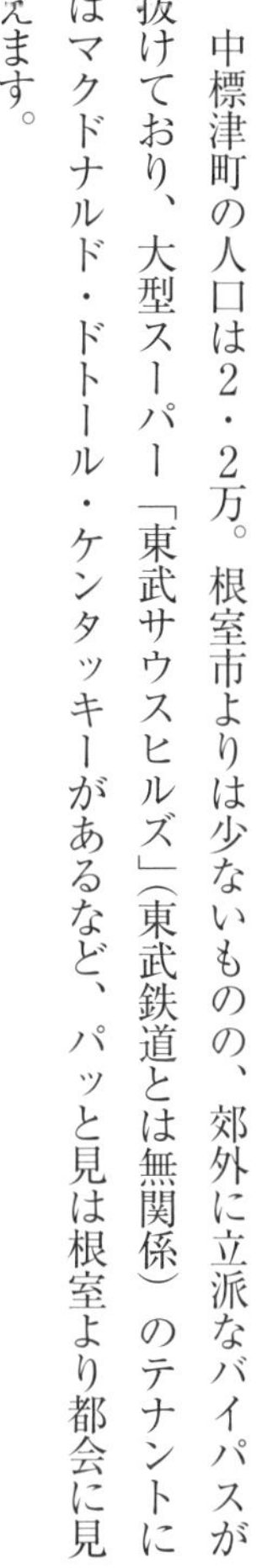

中標津町の人口は2・2万。根室市よりは少ないものの、郊外に立派なバイパスが抜けており、大型スーパー「東武サウスヒルズ」（東武鉄道とは無関係）のテナントにはマクドナルド・ドトール・ケンタッキーがあるなど、パッと見は根室より都会に見えます。

近年はこれらのバイパス立地の店舗が人気で、中標津は20年にわたって人口増が続き、別海・厚床から根室の買い物需要も吸い上げているのだとか。

中標津バスターミナルを発車するバス

ただしこのエリアを通るバスが少なく、運賃もそこそこにかかるため、買い物はクルマか、他の人のクルマに便乗する、とは根室の旅館の方のお話。

・第4ランナー：釧路駅～北見駅　阿寒バス「釧北号」〈2日目1本目　1380円〉

釧路～帯広間で一般道路を走行するバスはなく、帯広～釧路空港間のバスも予約制に移行しています（当面運休中）。ということで、「高速道路を走らない路線バス・都市間バスで、極力予約がいらない」ルールに基づいて、100㎞以上北側に迂回しましょう。

釧路～北見間を結ぶ「釧北号」は阿寒湖を経由し、まりも国道こと国道240号を北上して、一路北見へ。途中から国鉄相生線（1985年廃止）と並走しますが、終点・北見相生駅の跡地である道の駅「あいおい」には立ち寄らず、代替バスの役割は果たしていません。道内有数の人気を誇る道の駅なのに……。

陸別バス停　道の駅りくべつ

・第5ランナー：北見～陸別　北海道北見バス「訓子府（くんねっぷ）・置戸・勝山・陸別線」〈2日目2本目　1580円〉

・第6ランナー：陸別～帯広駅バスターミナル　十勝バス「帯広陸別線」〈2日目3本目　2300円〉

2006年に廃止された北海道ちほく高原鉄道ふるさと銀河線の代替バスで、1978年に非公式ながらマイナス38・1度を記録した、日本一寒い町・陸別町へ。毎年2月には「しばれフェスティバル」を開催、2023年には芸人・とにかく明るい安村さんがマイナス14度の中、ブリーフ一丁でネタを披露したことが話題となりました。

なお陸別駅跡地には、かつて運行していた鉄道車両がピカピカな状態でスタンバイ。当時のレールをそのまま残して運転体験を行い、体験回数によって運転できる距離が延びるシステムをとっているため、何度も訪れる人が多いと言います。

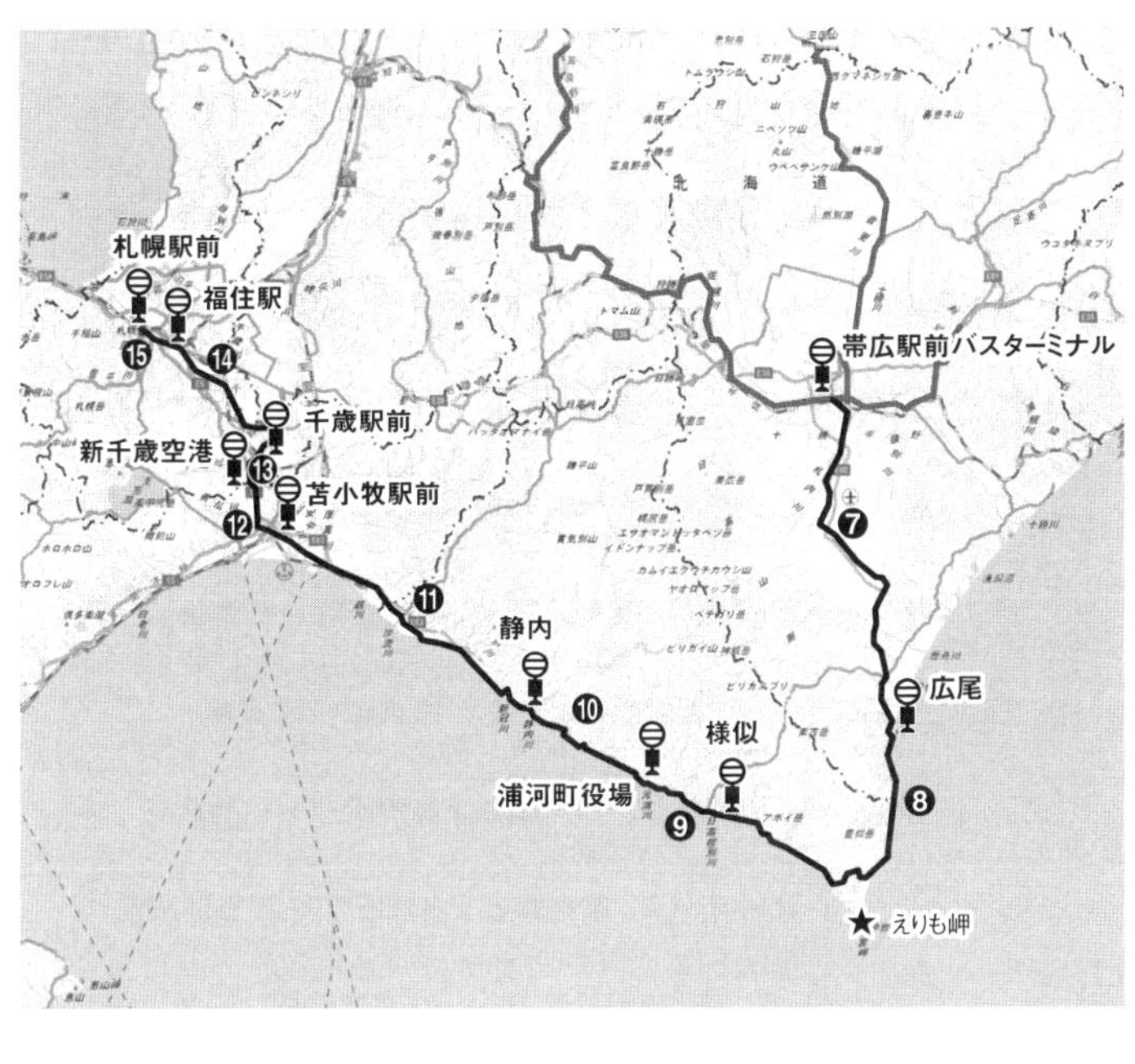

Part 3 帯広～札幌

この区間の鉄道での移動は、石勝線「スーパーとかち」で何本もの長大トンネルを走り抜け、3時間弱で到着します。しかしバスの乗り継ぎは、何と襟裳岬経由。乗り継ぎはまあまあ良く、景色は絶景！　ゆっくり遠回りしましょう。

・第7ランナー：帯広駅前～広尾　十勝バス「広尾線」（広尾営業所行き）〈3日目1本目　1910円〉

帯広からは、国道236号をひたすら南下。日勝

JR帯広駅前バス乗り場

COLUMN

旭川への抜け道！一般道経由の都市間バス「ノースライナー」

都市間バス「ノースライナー」は「三国峠経由」「狩勝峠経由」の2系統があり、一般道経由で帯広から旭川方面に抜けることができます。

経由地は、三国峠経由であれば上士幌・層雲峡温泉など、狩勝峠経由なら、南富良野町・富良野など。

その他、鉄道運休の代替バスを含めれば、以下のようなルートも可能です。

拓殖バス「鹿追新得線」帯広駅前～新得駅前

↓

根室本線代行バス　新得駅～幾寅駅

↓

占冠村営バス「トマム線」幾寅駅前～占冠駅前

↓

占冠村営バス「富良野線」占冠駅前～富良野駅前

↓

ふらのバス「快速ラベンダー号」富良野駅前～旭川駅

半島の南端・襟裳岬を目指します。

沿線は座標軸をもとに碁盤の目のように区画整理されているため、バス停も「大正○号」が9～30まで、「野塚○線」が3～13までと、同じような名前のバス停が延々と続きます。

なお、このバス路線も国鉄広尾線（1987年廃止）の廃止代替バス。歌謡曲『愛の国から幸福へ』がきっかけでブームを巻き起こした「愛国駅」「幸福駅」も経由します。年間7枚しか売れていなかった2駅間の切符は、1973年には300万枚を販売。以降4年間で1000万枚を超えたと言います。ただそれでも、全長84㎞・1日6往復の広尾線を存続させることはできませんでした。

・第8ランナー：広尾駅～えりも岬～様似　ジェイ・アール北海道バス「日勝線」（様似営業所行き）〈3日目2本目　2450円〉

バスは、旧・国鉄広尾駅敷地の一角にある広尾バス停を出発。1㎞ほど南下して小さな川を渡ると、黄金道路こと国道336号に入ります。黄金道路という通

COLUMN

立ち寄りたい！ 襟裳岬

襟裳岬と言えば、森進一さんのヒット曲を思い浮かべる人も多いでしょう。岬の果てに向かうには、JRバス「えりも岬」バス停から徒歩15分ほど。近くには森進一さんの『襟裳岬』歌碑、そして島倉千代子さんが歌った『襟裳岬』（1961年発売）の歌碑もあります。

なお襟裳岬は年間270日にわたり風速10m以上と、とにかく風が強い場所です。寒さ対策をお忘れなく。

「えりも黄金トンネル」付近を通過するバス。道路脇には旧道が残る

称は、「景色が黄金のように美しい」……というのは事実ですが、実際には「建設・維持に莫大な費用がかかった」ことから、いつしかこの名前で呼ばれるようになりました。

日高山脈・日勝半島の中でも、広尾～襟裳岬間の道路はそそり立つ崖下にあり、背後の山もタービダイト・花崗岩など脆いものばかり。しかもわずかな海岸線は昆布の干し場として使われ、山肌を削って完成した道路は検査3日前に崩落。1931年に開通した広尾～襟裳岬～様似間の工費は、当時の金額で90万円（現在の価値で約70億円）ほど。昭和末期にも15年間で300億円ほどの補修費用がかかっていたといいます。

現在は「えりも黄金トンネル（4941m）」「宇遠別トンネル（3215m）」などの長大なトンネルで災害多発地帯を突き抜けています。

・第9ランナー：様似～浦河町役場　ジェイ・アール北海道バス「日勝線」
〈3日目3本目　590円〉

「日高本線代行バス」時代のバス。様似駅にて

・第10ランナー：浦河町役場〜静内　道南バス（浦河老人ホーム発）〈3日目4本目　960円〉

様似〜苫小牧間（146㎞）を結んでいたJR日高本線は、2021年に廃止。しかし全線の約8割にもあたる鵡川〜様似間は、2015年の高波被害から一度も運行されず、足かけ7年間の代行バスを経て、バス転換されました。とはいっても、この区間では鉄道廃止前からJRバス・道南バスの路線バスや「ペガサス号」などの高速バスが運行されており、実質的には「鉄道での輸送分を既存の路線バスに集約」したような形となります。

JRバス日勝線は、もともと様似〜浦河間で運行されてきたJRバスを延伸するかたちで、一部便で様似〜静内間を直通。しかし浦河町内までの区間便も多く、浦河〜静内間の道南バスに乗り継ぐ方が、乗車チャンスは広がります。ただし運賃は〝通し〟でないので注意。

・第11ランナー：静内〜苫小牧駅前　道南バス〈3日目5本目　1500円〉

静内駅は新ひだか町観光情報センター「ぽっぽ」と併設されていることもあり、駅舎は健在。2023年現在でも駅そば屋さん・西谷弁当店は健在です。

静内町の観光案内所。2021年まではJR静内駅の駅舎も兼ねていた

乗り換え

乗りバス室蘭本線 苫小牧〜伊達〜札幌

JR室蘭本線に沿って室蘭市・伊達市と進み、都市間バスで札幌へ。かつては1986年に廃止となった国鉄胆振線の転換バスで倶知安へのワープが可能でしたが、2022年に一部区間が廃止されています（登場路線はすべて道南バス）。

苫小牧駅前〜登別駅前

登別駅前〜室蘭駅前広場

蘭駅前広場〜伊達駅前〜洞爺湖温泉

洞爺湖温泉〜札幌駅前バスターミナル

バスは国道235号を苫小牧に進みますが、途中の厚賀からは日高自動車道とほぼ並行。「ペガサス号（浦河〜札幌）」、「えりも号（様似〜札幌）」などの都市間バス・高速バスは、ここ数年で開通したばかりの真新しい高速道路に入っていきます。

・第12ランナー：苫小牧駅前〜新千歳空港　道南バス「千歳空港線」〈3日目6本目　630円〉

駅と空中通路で繋がっていたダイエーの閉店や、バスターミナルの縮小で、苫小牧駅前はかなり寂しくなった印象です。

しかし駅近くにある喫茶「DONDON」の賑わいは健在。テレビ番組『ローカル路線バス乗り継ぎの旅』では、デビュー間もないころの太川陽介さんのサインが出てくるというミラクルが起きた場所でもあります。とりあえずここはナポリタンやハンバーグをどうぞ。

・第13ランナー：新千歳空港〜千歳駅前　北海道中央バス「空5新星空港線」（新星行き）〈3日目7本目　370円〉

新千歳空港は、国際線ターミナル・国内線ターミナルどちらでも乗り継げます。また千歳市内へのバスも、「空6」（本町2丁目行き）でもOK。

乗り換え

乗りバス札沼・留萌・羽幌線 札幌〜留萌〜幌延〜(稚咲内第二)

札沼線（2020年・北海道医療大学〜新十津川間廃止）、留萌本線（2023年・石狩沼田〜留萌間廃止）、羽幌線（1987年廃止）の廃止代替バスを乗り継いでいきます。

北海道中央バス「22」札幌ターミナル〜あいの里教育大駅

▼

当別ふれあいバス　あいの里教育大駅〜JR当別駅南口

▼

とべーる号「月形当別線」JR当別駅南口〜月形駅前

▼

浦臼町営バス「かばとーる号」月形駅前〜浦臼駅

▼

浦臼町営バス「浦臼滝川線」浦臼駅〜滝川駅前

▼

空知中央バス「滝深線・深滝線」滝川駅〜深川十字街

▼

沿岸バス「旭川留萌線」深川十字街〜留萌十字街

▼

沿岸バス「幌延留萌線」留萌駅前〜豊富駅前

▼

沿岸バス「サロベツ線」豊富駅前〜稚咲内第二（2020年廃止）

なお苫小牧〜千歳間は、あつまバスの路線を厚真で乗り継いでも到達できます。

・第14ランナー：千歳駅前〜福住駅　北海道中央バス「千歳線」〈3日目8本目　840円〉

・第15ランナー：福住駅〜札幌駅前　北海道中央バス「96　柏葉台団地線」（柏葉台団地発）〈4日目1本目　210円〉

国道36・月寒通。バスも頻繁に行き交う

千歳市からは国道36号をひたすら進み、地下鉄東豊線・福住駅へ。そこから札幌駅方面に乗り換えます。

車窓から札幌ドームを眺めることもできます。

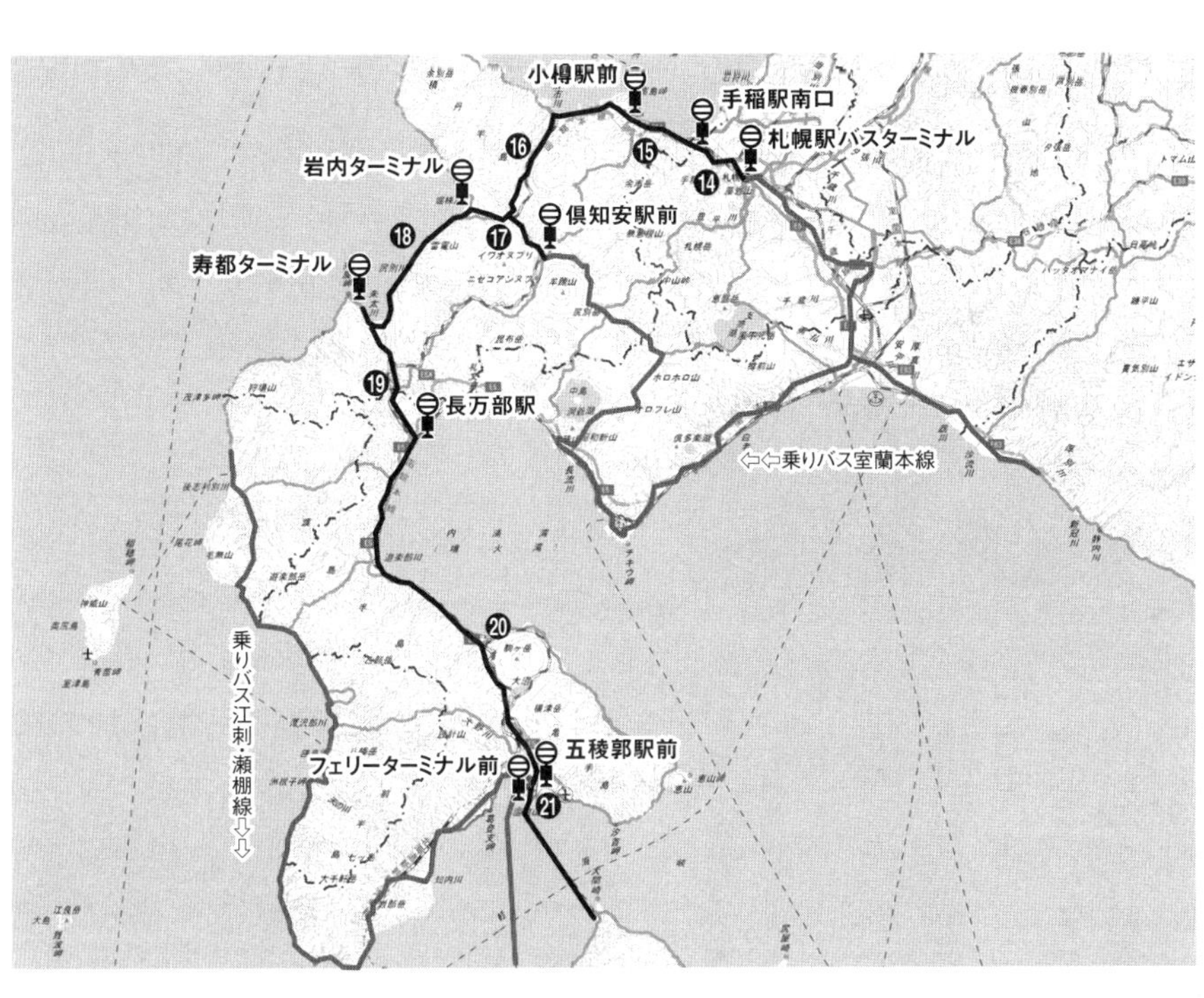

稚内～札幌、根室～札幌の路線バス乗り継ぎは、いずれも3日間で到達。この後はいよいよ、札幌から道南・函館に向かいます。

Part 5 札幌～函館

鉄道での札幌～長万部間の移動は、室蘭経由の「海線」、小樽経由の「山線」の選択肢があります。

そのうち「海線」ルートは伊達駅まで繋がるものの、そこから長万部までの間で途切れてしまいます。（途中区間までは「乗りバス室蘭線」（P.27）を参照）乗り継ぎはおおむね「山線」沿いに進むことにしましょう。

長万部～函館では函館本線に沿って、八雲町・森町・大沼町などを経由して函館へ。特急「北斗」なら90分弱で駆け抜ける区間ですが、路線バスなら……。

なお、バスの順番・所要日数は稚内～札幌ルートからの通しで表記します。

・第14ランナー：札幌駅バスターミナル～手稲駅南口
ジェイ・アール北海道バス「手稲線・55」（手稲営業所行き）〈3日目6本目　370円〉

COLUMN

変貌を遂げつつある倶知安駅一帯

JR倶知安駅の一帯は、北海道新幹線の開業に向けて再開発が進んでいます。

すでに駅構内も、ほぼ全便が倶知安での乗り換えを前提としたつくりに。周辺には国鉄胆振線代替バスのためのターミナルなどもありますが、ここ数年で一挙に姿を変えるものと思われます。

訪問はお早めに。

手稲駅南口

・第15ランナー：手稲駅南口〜小樽駅前　ジェイ・アール北海道バス「小樽線・手65」〈3日目7本目　590円〉

札幌〜小樽間のバス運行の開始は1934年と早く、戦後も急行便を設定したり、1972年の札樽バイパス開通に合わせて路線を開通させるなど、鉄道と競合するゆえの対策を取ってきました。

しかし現在は地下鉄東西線の開通などもあり、一般道経由のバスはJR手稲駅で系統が分割されています（高速道路経由の都市間バスあり）。

・第16ランナー：小樽駅前〜倶知安駅前　ニセコバス「小樽線」（ニセコ駅前行き）〈4日目1本目　1340円〉

・第17ランナー：倶知安駅前〜岩内ターミナル　ニセコバス「小沢線」〈4日目2本目　780円〉

余市町内を走行するバス

ニセコバス　寿都ターミナル

北海道新幹線の開業に伴って廃止が濃厚な並行在来線〝山線〟に沿って進みます。途中の余市町内までは1時間に4～6本の高頻度運転なので、駅前のニッカウヰスキー蒸留所などで観光して、「余市駅前十字街」バス停から「急行小樽線」に乗り継いでも良いでしょう。

なお「急行小樽線」は1日3往復のみの運行ですが、他にも都市間バス「高速いわない号」の一般道区間（小樽駅前～岩内間）でもＯＫ。こちらは1日15往復運行されています。

・第18ランナー：岩内ターミナル～寿都ターミナル　ニセコバス「雷電線」〈4日目3本目　１４５０円〉

・第19ランナー：寿都ターミナル～長万部駅　ニセコバス「長万部線」〈5日目1本目　１３３０円〉

寿都ターミナル～長万部駅前間の運行は、何と寿都10時10分発の1往復のみ。〝山線〟の廃止である程度本数は増加すると思われますが、路線バス乗り継ぎは計画的にどうぞ。

なお寿都ターミナルは街中から外れ、かなりターミナルではない場所にあります。ほかに長万部ターミナルや函館

乗り換え

乗りバス北桧山海岸線　函館〜せたな

函館から渡島半島をぐるりと回って北桧山海岸沿いに江差方面に進むルートも、戦前には「国鉄松前線」の延伸区間として鉄道建設が進んでいました。現在は江差線も廃止となってしまいましたが、路線バスで函館・松前・江差・せたなと乗り継いでみましょう（路線は一部を除き函館バス）。

「510」函館駅前〜松前出張所

「大漁くん」松前出張所〜原口漁港前

「621」原口漁港前〜江差ターミナル

「624」江差ターミナル〜熊石

せたな町デマンドバス「桧山海岸線」
（予約制。路線バスとしては2020年10月廃止）
熊石〜大成学校前

「722」大成学校前〜北桧山

「721」北桧山〜上三本杉

※ほか、1日1本の「快速瀬棚号」なら、函館〜せたな〜上三本杉間を直通しています。

ターミナルなども離れているため、うっかり降りない方が良いかもしれません。

・第20ランナー：長万部駅前〜五稜郭駅前　函館バス「310」（函館駅前・函館バスセンター行き）〈5日目2本目　1900円〉

長万部〜函館間を直通するバスの走行時間は、何と3時間以上！　途中3か所で小休憩をとりつつ、噴火湾と駒ヶ岳を眺めながら進みます。

バスのルートとなる国道5号は、1872年から建設された「札幌本道」が原型となっています。いまも森町には室蘭までの海路連絡を果たしていた当時の港が残っていますが、函館〜森間は飲み水を確保できず泥水を

JR森駅前にあるバスの待合所。現在は閉鎖された

すすりながら森林を切り開いていたのだとか。

この建設の際に開拓使として奮闘したのが、高輪築堤（日本初の鉄道の遺跡）にも関わった平野弥十郎氏。タレント・歌手の中川翔子さんの曽祖父にあたる方です。

いよいよ函館に到着！　このあとは本州に渡ります。

・第21ランナー：五稜郭駅前～フェリーターミナル前　函館バス「16・16A」（日吉営業所発）〈5日目3本目　240円〉

津軽海峡はさすがにバスで渡れないので、フェリーを利用します。とりあえず海上移動が最短で済む津軽海峡フェリー・函館～大間航路へ。

他のフェリー航路には、以下のバスで乗り継げます。

・津軽海峡フェリー・函館～青森間

〈函館港〉函館バス「6・16A」北大・フェリー前行き〈青森港〉「あおもりシャトルdeルートバス」「ねぶたん号」津軽海峡フェリーターミナル～青森港

・青函フェリー・函館～青森間

〈函館港〉函館バス「18」「22」など　函館駅前～万年橋　徒歩1㎞〈青森港〉青森市営バス「W54」新田～青森駅
「乗りバス本線」次のバスの出発地点、青森県・大間港へワープ！

函館港

奥羽乗りバス本線・山形縦断ルート
（宮城・白石〜山形〜秋田）

JR奥羽本線・秋田〜青森間の並行路線バス乗り継ぎはP.179から触れています。こちらは山形〜秋田間の並行路線バスをたどってみましょう。

●白石〜新庄

山形県内では奥羽本線・国道13号がほぼ並行していますが、路線バスは本数多めで生き残っています。

- 第1ランナー：白石駅前〜蔵王刈田山頂　ミヤコーバス「白石遠刈田線」
- 第2ランナー：蔵王刈田山頂〜山交ビルバスターミナル　山交バス
- 第3ランナー：山交ビルバスターミナル〜天童駅前　山交バス
- 第4ランナー：天童駅前〜村山駅前　山交バス
- 第5ランナー：村山駅前〜新庄駅前　山交バス「特急48ライナー」

●新庄〜秋田

金山町は鉄道ルートから少し外れており、県境に近い及位(のぞき)駅まで乗り継ぎが繋がります。この区間は、『ローカル路線バス乗り継ぎの旅』でもおなじみですね。

- 第6ランナー：新庄駅前〜金山駅前　山交バス
- 第7ランナー：金山町役場〜真室川駅　真室川町営バス「金山線」
- 第8ランナー：真室川駅〜及位駅　真室川町営バス「及位線」
  - 及位駅〜横堀駅前　徒歩13・2㎞
  - 第9ランナー：横堀駅前〜湯沢営業所　羽後交通「横堀線」
  - 第10ランナー：湯沢営業所〜横手バスターミナル　羽後交通「横手・湯沢線」
  - 第11ランナー：横手バスターミナル〜本荘駅前角　羽後交通「急行横手・本荘線」
  - 第12ランナー：本荘駅前角〜秋田駅西口　羽後交通「急行本荘・秋田線」

第2章

東北乗りバス本線

（大間港〜東京駅）

青森県から都内まで、1891年に全線開業した東北本線を、路線バスを乗り継いで辿ります。鉄道沿いから外れることも多く、意外なところへの立ち寄りを楽しみつつ、青森～仙台～東京と続く9日間の旅を楽しみましょう。なお、鉄道路線としての東北本線は青森～上野間ですが、「乗りバス本線」は下北半島の最北端近く、フェリーを降りてすぐの青森県大間町からスタートします。

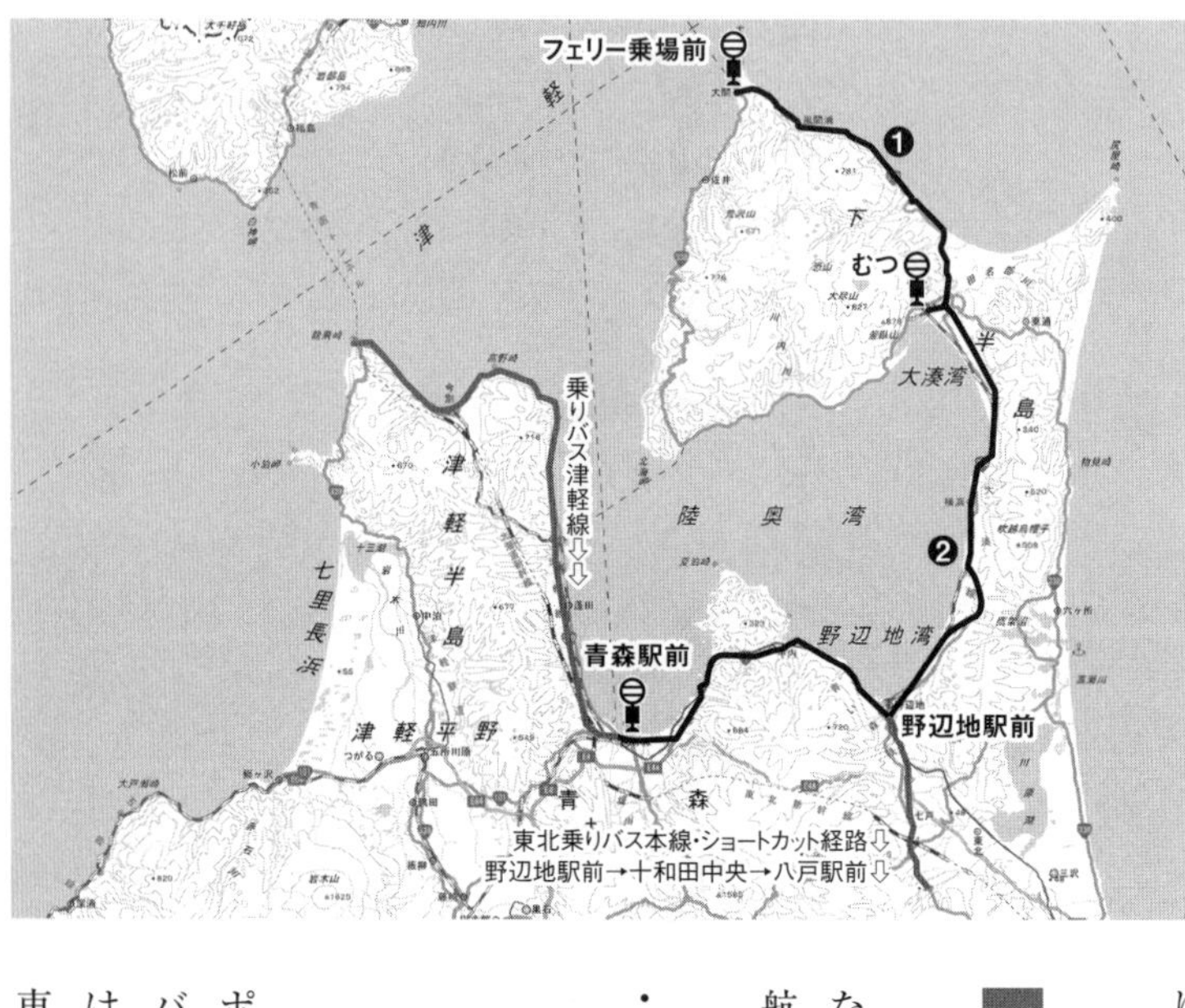

Part 1 大間～青森

北海道～青森県の航路としては「函館～青森」「苫小牧～八戸」などもありますが、今回は海上移動が最短で済む「函館～大間」航路を選択。下北半島から青森へ向かいます。

・第1ランナー：フェリー乗場前～むつ　下北交通「佐井線」（佐井車庫発・下北駅行き）〈1日目1本目　1960円〉

船からバスへの乗り継ぎスポットは「フェリー乗場前」バス停ですが、実際の始発点はさらに30分ほど先の「佐井車庫」。外壁も錆びて「よくこ

下北交通　佐井車庫。ここから乗車するのも良い

COLUMN

青函トンネル、なぜ下北半島側じゃないの？

北海道～本州を最短で結ぶ函館～大間航路は30㎞少々。北海道・本州の陸地同士の距離は20㎞を切っています。なぜこちらが青函トンネルのルートでないのでしょうか。

下北半島は、北海道へのメインルートを担っていたかもしれません。半島への鉄道敷設の構想は1894年と古く、大湊線・大畑線・大間線で大間港まで鉄道、そこから函館までの航路連絡で上野～札幌を速達（構想では35時間、9時間短縮）する計画もあったものの、最終的に航路連絡は青森～函館間となりました。

1946年には青函トンネルの計画が持ち上がり、連絡鉄道として大間線の建設も再浮上。しかし海底の地形の険しさや、地質上では那須火山帯にかかることもありトンネルは津軽半島側に。大間線の用地も一部は国道に転用され、建設は完全に中止となりました。

の場所で長年持っているな」と思わせる車庫は、見に行く価値があります。

港を出たバスは10分ほどで半島の最北端・大間崎を通過。バスの車窓からは、北側にうねり続ける津軽海峡、南側に未成線の大間線をながめることができます。

そして「大畑駅」バス停で小休憩。ここから、開通を果たしたものの2001年に廃止となった下北交通大畑線に沿って走り、むつ市の中心部に入ります。

・第2ランナー：むつ～野辺地駅前～青森駅前　下北交通「青森線」〈1日目2本目　2640円〉

半島の路線バスの一大拠点、むつバスターミナルは見るからに雪や寒さをしのげそうな頑丈なつくりで、発車のたびに音量大き目のベルを「ビィ――！」と鳴らす、大変に趣があるターミナルでした。2022年5月に営業終了、すでに更地となっていますが、バスの乗り継ぎは引き続きターミナル跡地で行えるようです。

バスはJR大湊線に沿うように南下し、野辺地駅を経由して青森駅へ。1日5往復のむつ～野辺地間のうち青森行きは午前中の2往復のみなので、次のような使い分けができます。

青森駅に寄らなくてよいのであれば、十和田観光電鉄バスで野辺地駅・十和田市中央・八戸駅と乗り継いで盛岡方面に南下。午後だけど青森駅にバスで行きたいのであれば、平内町民バス・浅虫温泉線（野辺地駅前〜浅虫温泉）と青森市営バス（浅虫温泉〜青森駅前）を乗り継げます。ただし町民バスは17時台の1本のみとなります。

Part 2 青森〜盛岡

人口28万人の青森市を中心に、弘前市（16万）・十和田市（6万）・三沢市（3・9万）など、小都市が平野部に散らばっている青森県での路線バス乗り継ぎは、これらをどう渡っていくかが焦点となります。

これら都市間を連絡する路線バスが意外と健在で、組み合わせ次第ですんなり移動できます。ただし経路は、青い森鉄道沿いではありません。

岩手県内では旧・東北本線沿いにバス路線がありません。三陸の海岸沿いにある久慈市まで回り込んで、峠越えで一挙に盛岡へ！

・第3ランナー：青森駅前〜奥入瀬渓流温泉　ジェイアールバス東北「みずうみ号」（十和田湖行き）〈1日目3本目

COLUMN

十和田経由なら寄りたい！ 旧・三沢駅の駅そば

2012年に廃止となった十和田観光電鉄線の「とうてつ駅そば」は、香りのよいそばだけでなく、ピリッとスパイスのきいたカレーも絶品！ 鉄道線の両端である三沢駅・十和田市駅で長らく営業を続けました。

うち三沢駅の店舗は利用者も多く、鉄道廃止後も2019年の駅舎解体まで営業を継続。仮店舗で営業ののち、青い森鉄道駅舎を兼ねた「交流プラザみーくる」で新装オープンを果たしました。

なお十和田市駅側の店舗は鉄道廃止とともに十和田市中央バス停前に移転。「東北乗りバス本線」の乗り継ぎついでに立ち寄るのにちょうどよい場所で、かわらず営業しています。

2650円〉

・第4ランナー：奥入瀬渓流温泉〜八戸駅西口　ジェイアールバス東北「おいらせ号」（十和田湖発）〈1日目4本目　2270円〉

青森からの路線バス乗り継ぎは、いま来た経路を引き返し、前述の十和田市中央を通り南下する野辺地経由、青森駅から直接十和田市中央〜八戸に至る十和田市経由、十和田湖方面のバスを乗り継ぐ奥入瀬経由の3通りがあります。

うち、十和田市方面はみちのく有料道路経由のため、今回のルート基準を満たさず。今回の奥入瀬経由のJRバスに乗り継ぎますが、青森側の「みずうみ号」は酸ヶ湯温泉から奥入瀬・十和田湖側が冬期運休のため、乗り継ぎは4月〜11月限定。それ以外は、青森駅を経由しない野辺地経由でどうぞ。

八戸市内

COLUMN

立ち寄りたい！ドラマ『あまちゃん』所縁のスポット

2013年に放送されたNHKドラマ『あまちゃん』は、舞台となった久慈市に朝ドラ屈指の経済効果をもたらしました。放送から10年がたった今でも主要なキャストは街の祭に呼ばれ喝采を浴び、駅前デパートが入居していたビルにはファンアート（通称「あま絵」）を掲示。街のいたるところに、ドラマの原風景があります。

駅からほど近い「喫茶モカ」は作中の「喫茶リアス」のモデルでもあり、「不良の食い物だ!」と名指しされたナポリタンを頼みたいところ。また三陸鉄道・久慈駅舎内の駅そば屋さんは、作中の“夏ばっぱ”（主人公のおばあちゃん）のモデルとなった方が、今でもお店にいらっしゃいます。ここはそばだけでなく、東北屈指の名駅弁「うに弁当」を、争奪戦を勝ち抜いてでも食べたいものです。

・第5ランナー：八戸駅前～ラピアバスターミナル　八戸市営・南部バスなど〈1日目5本目　320円〉

八戸の街の中心部は馬淵川を挟んだ東岸にあり、JR八戸駅は西岸のかなり外れ。ショッピングセンター「ラピア」方面のバスは八戸市営バス・南部バスなどが複数系統で頻繁に行き交っており、ほぼ待たずに乗れます。

・第6ランナー：ラピアバスターミナル～大野　南部バス「大野線」〈2日目1本目　1410円〉

ラピアを出て、八戸の市街地をぐるりと回ったバスは南側の山手に入り、青森県道・八戸大野線をひたすら南下。八戸久慈道・是川ICの下を通過してからは、20km以上にわたって右左折すらなく進みます。

江戸時代には南部藩として同じ地域だった南部地方（青森県東部・岩手県北部）は、八戸～久慈を海岸線沿いに直通する八久線など、国鉄バスの路線網が細やかに展開されていました。

岩手県洋野町、旧・大野村にある自動車駅「陸中大野駅」は、金田一温泉を経由する盛岡金田一急行線の経路上でもあり、かつてはバスや小荷物などで賑わっていたといいます。

しかし2005年に金田一・軽米方面の路線が廃止、2008年にはJRバスも撤退。「陸中大野駅」は建て替えられたものの、いまもターミナルとして多くの人々で賑わって……あれ、バスが来たのに誰も乗らない？ ただの〝茶飲み場〟になってる！

・第7ランナー：陸中大野～久慈駅　岩手県北バス「久慈大野線」〈2日目2本目　880円〉

県北バスの大野バス停は、陸中大野駅のすぐ前にあり、運転手さんも「乗られる方～？」と見に来てくれる様子。三陸の海を眺めながら山をくだり、JR久慈駅に到着します。

・第8ランナー：久慈駅前～盛岡駅前　ジェイアールバス東北「白樺号」〈2日目3本目　3000円〉

久慈駅からは全区間が下道の都市間バス「白樺号」で3時間近くかけ、国道281号で平庭峠を越えて一気に盛岡に向かいます。途中では牧場のソフトクリームが絶品の高原都市・葛巻などにも立ち寄りたいものです。

久慈駅前に停車するJRバス

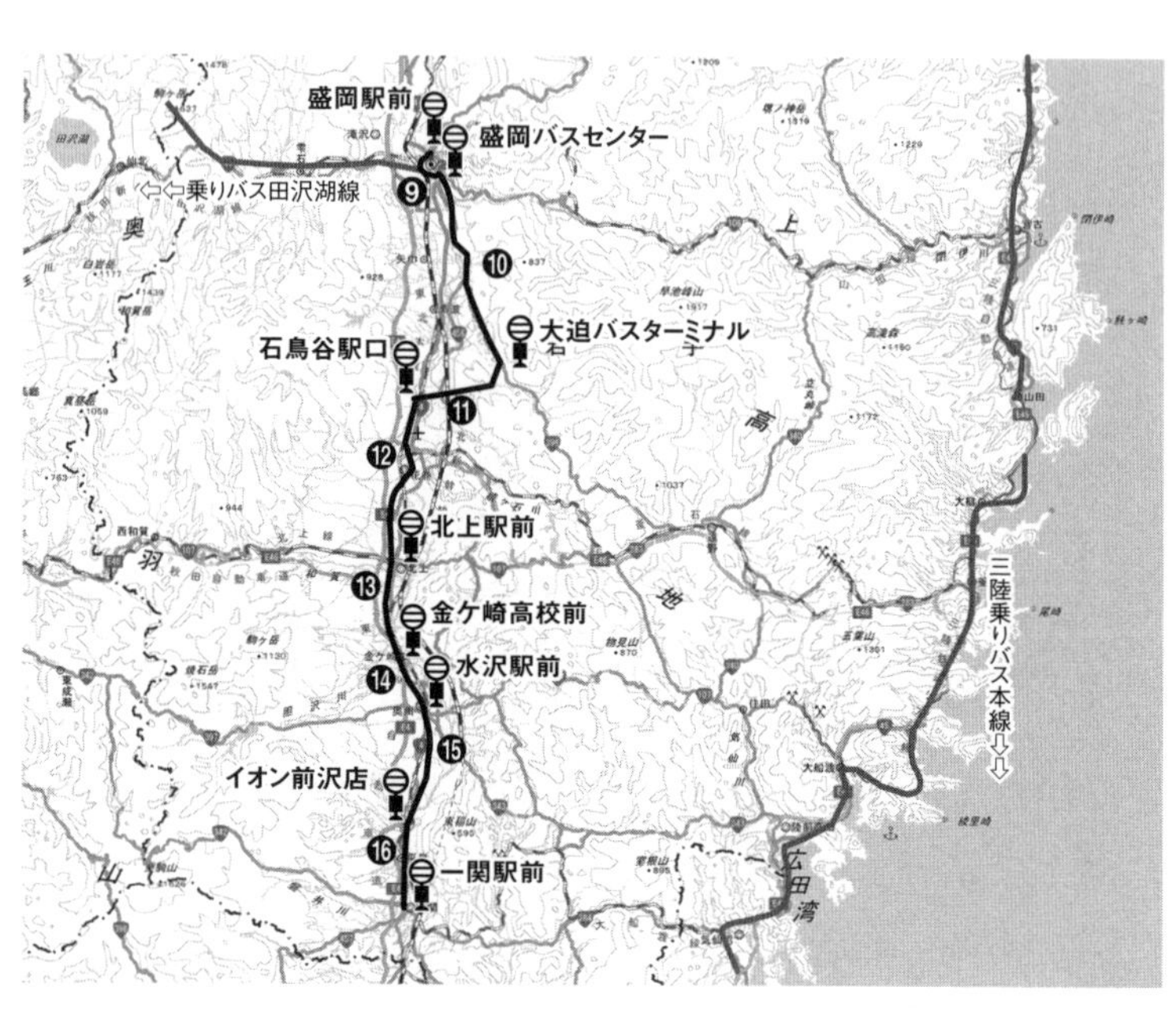

Part 3 盛岡～一関

盛岡市・花巻市・北上市・奥州市・一関市と、それなりに人口の多い自治体が続きます。ただしこれらは既に東北本線で繋がっています。バスをどう乗り継ぐのでしょうか？

・第9ランナー：盛岡駅前～盛岡バスセンター　盛岡中心市街地循環バス「でんでんむし」〈3日目1本目　１２０円〉

・第10ランナー：盛岡バスセンター～大迫バスターミナル　岩手県交通「大船渡盛岡線」（大船渡駅前行き）〈3日目2本目　１２００円〉

盛岡から南側は、北上川西岸なら国道4号、東岸は国道３９６号で移動可能。「東北乗りバス本線」に指定となった「大船渡盛岡線」は、東岸をひたすら進んで山の中に入っていきます。

実はこの区間、もともとは国道4号経由の盛岡～花巻間の急行バスがありました。市境手前のＪＲ日詰駅まではいまも頻繁に運行がありますが、市境を挟む盛岡市日詰～花巻市石鳥谷は平成初期に廃止。少し手前の紫波中央から大迫に向かう系統も２０１８年に廃止となり、平野部を使ったバス乗り継ぎは途絶えました。

また盛岡～ＪＲほっとゆだ駅間の深い山あいを進む、その名も「岩手県交通・山伏線」も２０２０年に廃止、前後し

乗り換え 三陸男鹿・乗りバス横断線 宮古〜盛岡〜秋田

岩手県交通「A31」宮古駅前〜小元駅前

岩泉町民バス「小本線」小本駅前〜龍泉洞前（岩泉消防署前行き）

JRバス　龍泉洞前〜盛岡駅前東口

岩手県北バス「急行八幡平線」盛岡駅前〜八幡平頂上

羽後交通　八幡平頂上〜田沢湖駅（季節限定　2023年は運休）

羽後交通「角館田沢湖線」田沢湖駅前〜角館駅前

羽後交通「大曲角館線」角館駅前〜大曲バスターミナル

羽後交通「横手大曲線」大曲バスターミナル〜横手バスターミナル

羽後交通「横手本荘線」横手バスターミナル〜本荘営業所

羽後交通「急行本荘秋田線」本荘営業所〜秋田駅前

てほっとゆだ駅を含む西和賀町から岩手県交通が姿を消し、盛岡〜北上のバス乗り継ぎはほぼ消滅したのです。

こうして残された大船渡行きのバス経由の乗り継ぎですが、最短ルートからかなり迂回を余儀なくされるうえに、運行も1日1本。時間がない方は、日詰〜石鳥谷間を4・8㎞ほど歩きましょう。

・第11ランナー：大迫バスターミナル〜石鳥谷駅口　岩手県交通「大迫・石鳥谷線」（石鳥谷駅前行き）〈3日目3本目　610円〉

・第12ランナー：石鳥谷駅口〜北上駅前　岩手県交通「石鳥谷線」（志和口発）〈3日目4本目　960円〉

かつては早池峰（はやちね）山麓方面のバスがずらりと顔をそろえていた大迫バスターミナル（立ちそば屋さんまであった！）も、現在は更地になったそうです。

バスはそのまま国道4号に入り、宮沢賢治が名付けたイギリス海岸（北上川河川敷。地質がドーバー海峡っぽいことから命名）の近くを通り抜け、北上駅に到着します。

・第13ランナー：北上駅前〜金ケ崎高校前　岩手県交通「北上金ケ崎線」（金ケ崎町役場行き）〈3日目5本目　370円〉

・第14ランナー：金ケ崎高校前〜水沢駅前　岩手県交通「水沢金ヶ崎線」（県南免許センター発・胆沢病院行き）〈3日目6本目　400円〉

岩手県交通　水沢車庫

北上市を過ぎても、まだまだ国道4号や旧道の走行が続きます。

この周辺では昭和40年代前半まで、国鉄の列車運行があまりにも少なかったこともあり、岩手県交通バスの牙城でもありました。しかし、国鉄民営化による本数増加やサービス向上に割を食うかたちで、路線バスは徐々に衰退。その中でも、まだまだ乗り継ぎできる程度に確保されているのは、不思議ながらもありがたいことです。

その中でも、胆沢病院のバス乗り場は、もはやバス会社の車庫前乗り場や、JR水沢駅のバス乗り場よりも賑わいを見せていました。

・第15ランナー：水沢駅前〜イオン前沢店　岩手県交通「水沢前沢線」〈3日目7本目　430円〉

イオン前沢に到着するバス

一ノ関駅前

この地域は冬場の豪雪や極寒もあって、バスの車体は塗装剥げやケバ立ちなどが目立ちます。しかしここでは、そのバスが真新しいショッピングモール・イオン前沢に入っていき、正面玄関のど真ん前で下車！　お客さんもそこそこに乗車しています。なおイオンの南側・国道4号沿いには前沢牛の名店・おがたがあります。時間帯によっては3000～5000円ほど、ランチでも1000円台後半。それぐらいの価値は、十分にあります！

・第16ランナー：イオン前沢店～一関駅前　岩手県交通「一関前沢線」〈3日目8本目　550円〉

バスはイオン前沢から世界遺産・平泉を旧道で抜け、現在の国道4号（平泉バイパス）を避けるように進みます。はるか向こうのバイパスをとばす自家用車に対して、こちらの年季モノのバスは、ゆっくりゆっくりと一ノ関駅に到着。

Part 4　一関～仙台

このあたりの自治体は、栗原市は9町1村、大崎市が1市6町という信じられない広域合併で成立しているため、かつての町役場から町役場へと続くバスが、そこそこ細やかに運行されています。

道中の一関・栗原などからは仙台方面へ直接高速バスで行けますが、あえて路線バス乗り継ぎでゆっくりと進みましょう。新幹線（くりこま高原駅）や鉄道との接続も多いので、少し乗車して仙台に戻って宿泊、また翌朝に現地に戻って出発、という手もあります。

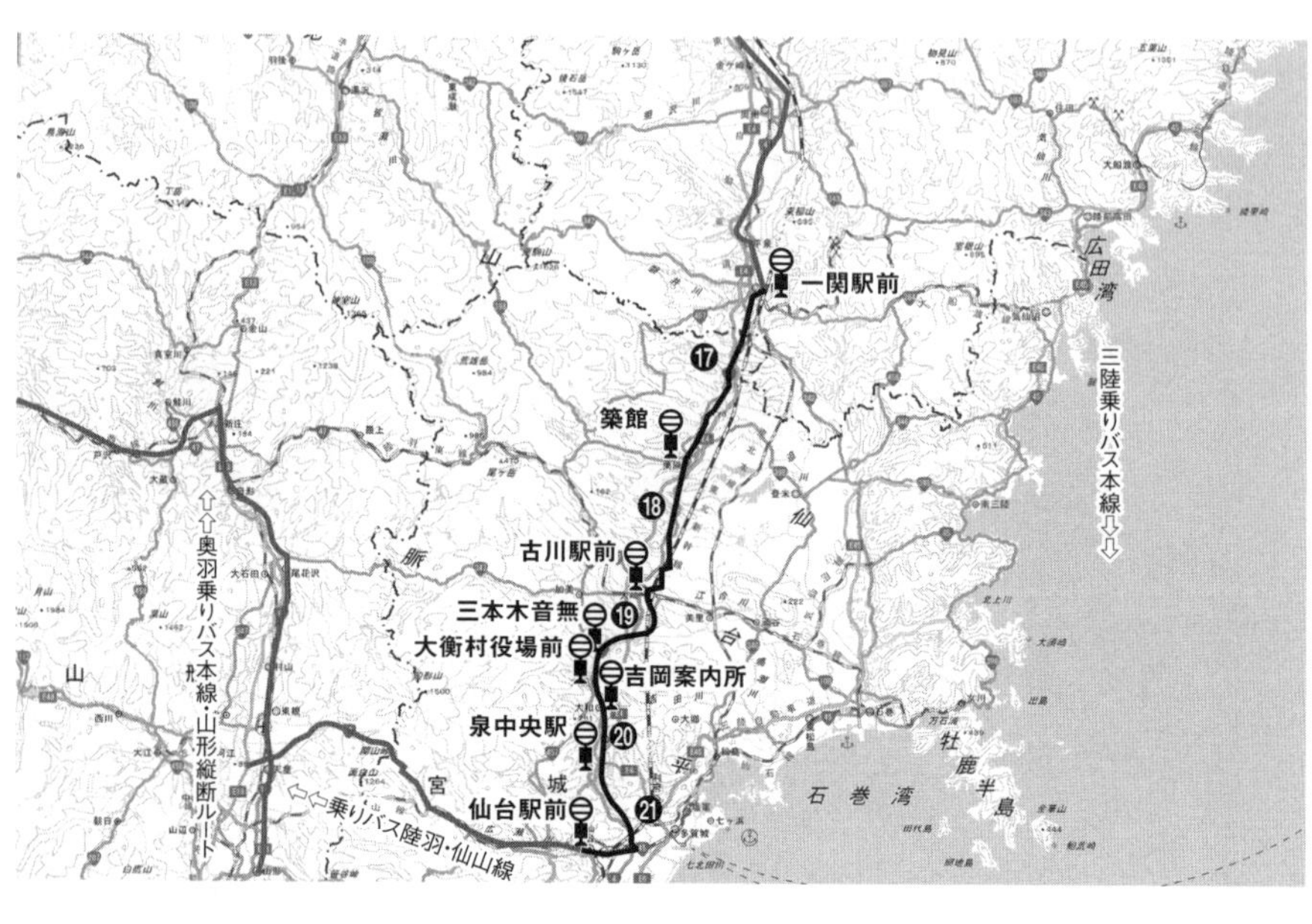

・第17ランナー：一関駅前〜築館　栗原市民バス「築館一関線」（伊豆三丁目行き）〈4日目1本目　100円〉
・第18ランナー：築館町〜古川駅前　栗原市民バス「古川線」（栗原中央病院発）〈4日目2本目　100円〉

ここからは「市民バス」「村営バス」などが続きますが、運営しているのはだいたいミヤコーバス（宮城交通の子会社）。車体も白地に赤の、同様の車両が続きます。

栗原市の中心部となる旧・築館町の従来の交通拠点は、JRバス時代の自動車駅「築館町駅」と、ミヤコーバスの営業所となった旧・仙北鉄道築館駅。しかし現在は、少し町はずれの「栗原中央病院」バス停が一番賑わいを見せています。

・第19ランナー：古川駅前〜大衡（おおひら）村役場前　大崎市民バス「三本木大衡線」（古川営業所発）〈4日目3本目　500円〉

大衡村役場前に停車するバス

COLUMN

実は私鉄王国だった！宮城県北部

南北軸を国道4号、東西軸を国道398号・108号が貫く宮城県北部（栗原市・登米市・大崎市など）は、駐車場も広々とした郊外型店舗がズラリと並ぶ、典型的な”クルマ社会”。しかしかつては、国鉄瀬峰駅を拠点に「築館線」「登米線」を運行する仙北鉄道、仙台市内と西古川を結んでいた仙台鉄道など、縦横無尽に私鉄でカバーされていたのです。

しかし、これらの私鉄は昭和40年代初頭までにすべて廃止。宮城交通のバス路線に代わっていきましたが、こちらも2000年台後半までに自治体のバスに転換。しかし、登米線佐沼駅、築館線築館駅、仙台鉄道吉岡駅がそれぞれ、ミヤコーバスの営業所に。独特の敷地の形にほんのりと鉄道の面影を残しています。

古川駅からいったん北側に進んだあと、国道4号を南下。鳴瀬川を渡ってすぐ大きく西にカーブを描き、また南下して大衡村へ。平日のみ1日6便の運行ですが、うち2便は大崎市の南端に近く、本当に何にもない「三本木音無」が終点。7㎞ほど歩いて大衡村でバスに乗り継ぐという手もあります。

・大衡村役場前～吉岡案内所　徒歩3・4㎞

宮城県大衡村は、南隣の大和町に向かう村営バス「駒場線」や、村営の「万葉バス」が2023年3月末に廃止。代替となるバスは地元の子供のみ乗車可能、予約制タクシーも村内の方限定。路線バスを乗り継ぐ場合は、大衡村役場～大和町内の3・4㎞で徒歩が必要となります。

村のホームページによると、バスはいずれも「ほとんど利用がなかった」とのこと。車両も老朽化していたため、まだ一定の乗車があるスクールバスに振り向けるための廃止だったようです。

大衡村は村内に「トヨタ自動車東日本」の工場があり、人口もしばらく増加基調が続いていました。そのためか仙台駅前行の高速バスも運行を開始しており、これまでのように吉岡町に出て、仙台までバスを乗り継ぐ必要もなくなっています。

何より、トヨタ車の購入に補助金が出るほどの〝企業城下村〟なので、クルマの保有率が……。路線バスには厳しい環境だったのかもしれません。

・第20ランナー：吉岡案内所～泉中央駅　宮城交通「吉岡線」〈4日目5本目　780円〉

かつての仙台鉄道・吉岡駅（1950年に災害で休止、そのまま廃止）跡地にあるミヤコーバス・吉岡営業所。その軒先から泉中央方面のバスが出ます。

・第21ランナー：泉中央駅～仙台駅前　宮城交通「泉桜ケ丘線」〈4日目6本目　680円〉

青森から乗り継いで21本目、仙台方面の最後のバスはこれに決めた！

この区間は地下鉄との並行もあって本数は少なく、もう1系統の並行路線である宮城交通「虹の丘団地線」は平日2往復のみ。1時間1～2本は運行されている「泉桜ケ丘線」一択で。片側2車線の県道（大衡仙台線）を突っ走り、仙台駅に到着します。

吉岡案内所バス停で発車を待つバス

仙台駅に到着！　そのまま東京方面への乗り継ぎや支線のご案内もありますが、仙台駅は西口・東口合わせて81番までホームがるので、しっかり確認して乗り換えましょう。仙台から東京方面への「タケヤ交通」は63番（荘銀前）、山形方面への「陸羽東西線」の特急バスは23番（エデン前）。これだけ覚えておきましょう！

仙台駅

Part 5 仙台～福島

いよいよ仙台から東京を目指します。辿るルートは、秋保(あきう)から山間部に分け入り、白石市から福島県の〝中通り〟に出るルートと、長町から阿武隈川を渡ってＪＲ常磐線沿いに進む〝浜通り〟ルート。今回は中通りルートを選択、浜通り側は別記事にしました。

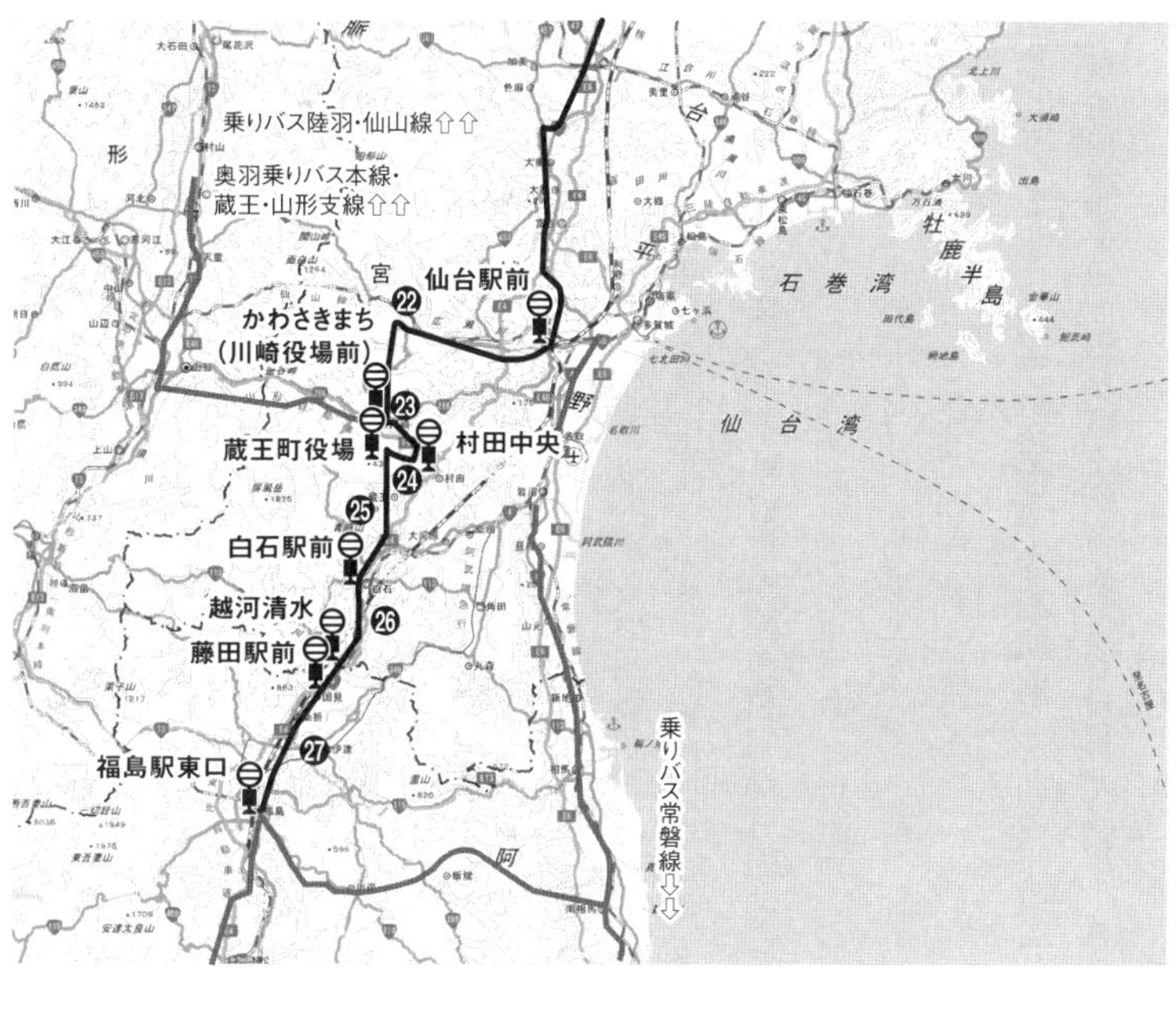

・第22ランナー：仙台駅前～かわさきまち　タケヤ交通「仙台西部ライナー」（タケヤ交通本社前行き）〈4日目7本目　1170円〉

仙台駅を出たバス「仙台西部ライナー」は、一度も曲がることなく広瀬通から仙台西部道路、愛子(あやし)バイパスと「これ高速じゃないの？」という道をひた走ります。なおこれらはすべて〝普通の〟国道48号なので、ご安心を。

なお、「陸羽乗りバス支線」のルートでもある急行バス「48ライナー」（山形県・新庄駅行き）も、あやし歩道橋交差点まではまったく同ルートを辿るものの、このあたりでは互いのバス停位置はほとんど異なっています。仙台を経由せずに蔵王町・川崎→新庄に抜けるというマニアックな乗り継ぎは、「仙台西部ライナー」の「仙台市天文台」から「48ライナー」

の「仙台高専広瀬キャンパス入口」まで2・6㎞の徒歩で実現可能です。

その先は途中で太白区秋保の街を通過しますが、ここまでは仙台駅～秋保間の仙台市バス・宮城交通バスが直通しているため、秋保～川崎間だけ「仙台西部ライナー」の利用も可能です。

・第23ランナー：川崎役場前～村田中央　ミヤコーバス「川崎線」（川崎発・大河原駅前行き）〈4日目8本目　670円〉

・第24ランナー：村田中央～蔵王町役場前　ミヤコーバス「永野線」（村田営業所発・蔵王町総合運動公園行き）〈5日目1本目　470円〉

川崎町→村田町→蔵王町と細かく乗り継いでいきます。

蔵王町・村田町は仙台市内からの距離が30～40㎞と近く、東北自動車道で最短距離で繋がっていることもあり、仙台駅～村田・蔵王・遠刈田間の高速バスが1日10便運行。うち平日朝の上りを除くほとんどの便が遠刈田～蔵王町～村田町の区間利用が可能（この区間は下道）になっています。

一方、「東北乗りバス本線」に指定させていただいた「永野線」は1日3往復（土日運休）。高速バスの区間利用もOKとします。こちらは蔵王町役場～村田町役場前間で330円です。

・第25ランナー：蔵王町役場～白石駅前　ミヤコーバス「白石遠刈田線」（アクティブリゾーツ宮城蔵王発・白石蔵王駅行き）〈5日目2本目　630円〉

蔵王町からいよいよ白石市へ。途中の宮の街は羽前街道・奥州街道の分岐点でもあり、拝殿の彫刻が壮麗な「刈田嶺神社」や数々の石塔が立ち並んでいます。バスの本数もここまで来ると1時間に1本程度あるので、立ち寄ってみては？

越河地区を走るバス「きゃっするくん」

乗り換え　東北乗りバス本線・蔵王山形支線 白石〜山形〜村山・新庄

蔵王刈田山頂でバスが繋がるのは、宮城県側・山形県側ともに4月後半から10月末あたりまで。山形市内に出ると、山形本線・山形新幹線と並行するように村山〜山形〜上山間でバスが繋がっています。

ミヤコーバス「蔵王ハイライン」白石駅前〜蔵王刈田山頂

山交バス「蔵王刈田山頂線」蔵王刈田山頂〜鈴らん街（山形駅前行き）

（徒歩300m）

山交バス「C4」山交ビルバスターミナル〜天童駅前

山交バス 天童駅前〜村山駅前（北町行き）

特急「48ライナー」乗り換え可能

なお白石↓山形市内から村山・新庄まで路線バスで乗り継ぐルートもありますが、季節限定なので注意。

・第26ランナー：白石駅前〜越河清水　白石市民バスきゃっするくん「越河線」〈5日目3本目　200円〉

県境の「国見峠」にほど近い白石の街を戦国時代に統治していた領主は、白石氏↓伊達氏↓蒲生氏↓上杉氏と、軍事上の重要性もあって〝オールスター〟状態。のちに徳川家康にも力量を高く買われていた片倉景綱が城主として入ったこともあり、白石城は江戸時代にも改築を認められていたのだとか。

その白石の出口ともいえるのが、峠の手前の越河宿。一帯はいまでも往時の面影を残し、市が運営するコミュニティバスが、1日数便ひっそりと行き交っています。この辺の乗り継ぎルートは越河経由しかない

COLUMN

立ち寄りたい　宮・玉浦屋

奥州街道・羽前街道の分岐点である宮交差点三叉路にある和菓子屋店「玉浦屋」は、1902年創業の密かな名店。乗りバスついでに、"水まんじゅう""かりんとうまんじゅう"はいかが？

 こともあり、『ローカル路線バス乗り継ぎの旅』をご覧になったことのある方なら、「あぁ。あそこ！」となることでしょう。

・越河清水〜藤田駅　徒歩　6・5㎞（貝田駅まで1・0㎞）

市街地の最南端にある「越河清水」バス停で降り、目の前の国道4号をひたすら歩いて国見峠を越えます。かつては人馬・クルマの難所といわれた峠も拡張と切り下げで、すっかり普通の快適な国道に変貌を遂げ、歩くのにそこまで難渋することはありません。

ただし地形的に峠であることに変わりはなく、雪雲がたまる冬にはクルマが立ち往生し、いっこうに来ないJAFを路肩で待ち続ける人々の姿も。徒歩距離を縮めたい方は、県境の福島県側にある貝田駅から1駅だけ電車に乗れば、次の目的地であるJR藤田駅にたどり着けます。

藤田駅に到着するバス

・第27ランナー：藤田駅前〜福島駅前　福島交通　〈5日目4本目　930円〉

バスの終点・始発地点は、国道4号から少し離れたJR藤田駅。もし国道を歩いてきたのなら、手前側で駅に入らず、道の駅国見あつかしの郷でバスを待つのも良いでしょう。

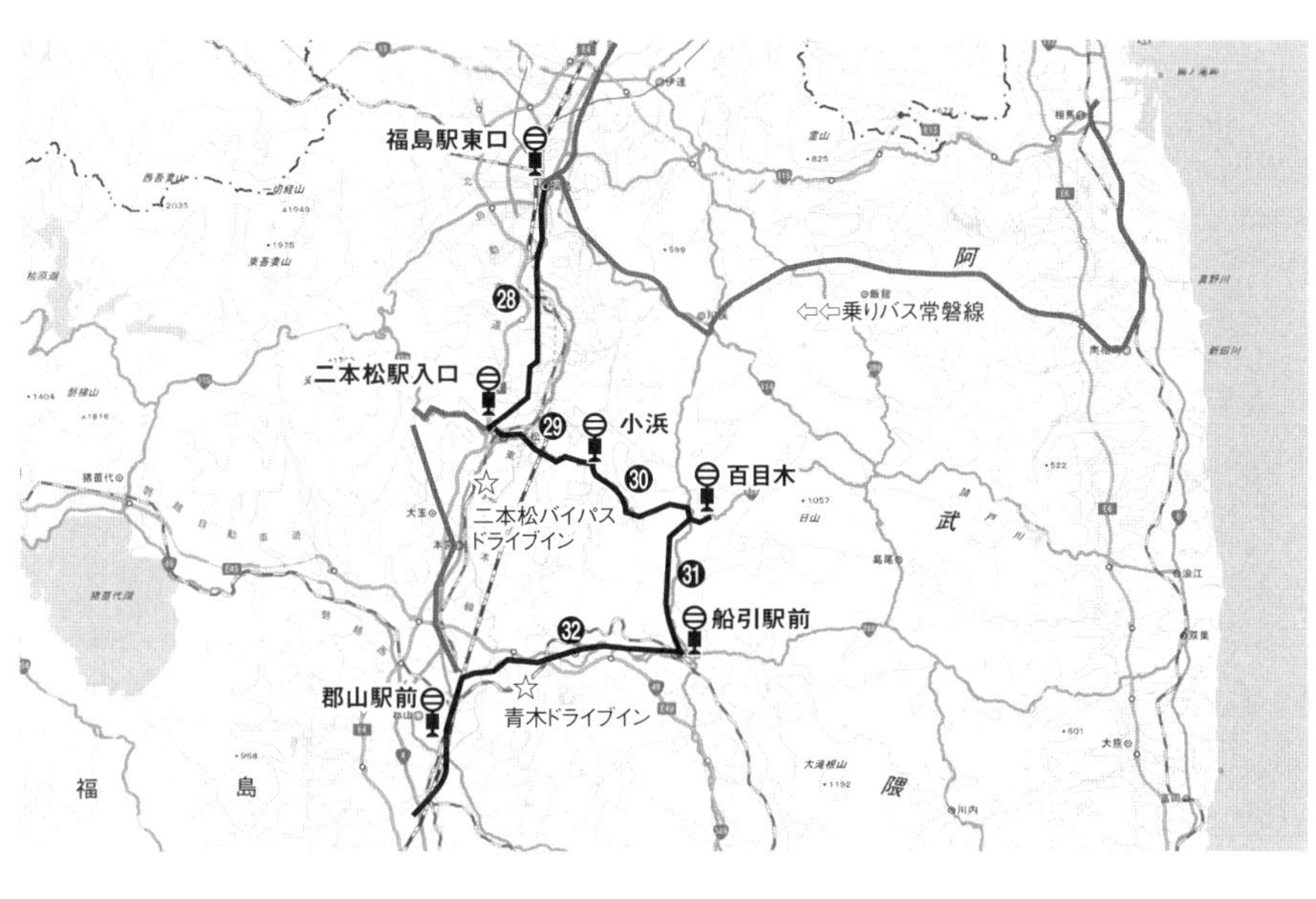

Part 6 福島〜郡山

福島市から二本松市・本宮市を経由して、郡山市へ。福島県内陸部の「中通り」と呼ばれるこの地域は、JR東北本線や東北道、高規格な国道4号バイパスが南北を貫いています。国道4号バイパスや旧道にバスは走っているのか、そして繋がるのか？

また、トラック通りの多いこの地域は昔ながらのドライブインが多く残っています。ガツンとスタミナの付く「ドライブインめし」も一緒にどうぞ。

・第28ランナー：福島駅東口〜二本松駅入口　福島交通（若宮二丁目行き）〈5日目5本目　1070円〉

福島駅を出たバスは、6車線の福島南バイパスには入らず、対面通行の旧道をゆったりと走行します。医大病院に立ち寄ったらまた旧道に戻り、結局ほぼバイパスに近づかないまま、二本松市内へ。

なお、歌人・高村光太郎の妻にして、詩集『智恵子抄』のモチーフとしても知られる画家・高村智恵子は現在の二本松市の出身。「八軒」バス停を降りるとすぐ、智恵子の生家や智恵子記念館があります。立ち寄るもよし、彼女が「本当の空」と言った福島・

COLUMN

乗りバス＋ドライブイン①「二本松バイパスドライブイン」

路線バスがまったく来ない国道4号・二本松バイパスですが、昔ながらの個人経営ドライブインが軒を連ねています。徒歩で本宮→二本松を移動する際に、絶妙な位置にある「二本松バイパスドライブイン」に寄っていきましょう。

このドライブインは、バイパススタミナ定食（ホルモン肉野菜炒め）をはじめとする食事だけでなく、サウナや簡易宿泊・ゲームコーナーなどが勢ぞろい。かなり古びているものの、1日楽しめるサービスがいっぱい！ ただし周りはドライバーさんが多いので、静かに過ごしたほうがよさそうです。

なお、『ローカル路線バス乗り継ぎの旅』では太川・蛭子コンビの最終回2日目で登場。バイパススタミナ定食を召し上がられたそうです。たまたま放送前に訪れた際、店の方は「どうせこんな店、カットされてるよ」と仰られていました。いやいや、ガッツリ写ってましたよ！

安達太良山麓の空をバスの車窓から眺めながら、先を急ぐのもよし。

そしてここからが問題。二本松市から本宮市は、国道4号の二本松バイパス、旧道ともに、ほとんどバスが途切れています。また周辺の乗り継ぎルートも、ここ数年で途絶。以下のような状況となっています。

☆岳温泉経由ルート

福島交通・二本松駅前〜岳温泉↓大玉村広域バス・岳温泉〜本宮駅前は、後者が2020年に廃止となり途切れました。

☆旧・国道4号（県道355号）ルート

福島交通・二本松駅前〜高越（岳温泉行き）↓徒歩5㎞↓本宮市市街地循環バス・大山字岩ヶ作交差点〜本宮駅前。どちらも本数が少なめ。

☆二本松バイパスルート

トラックがビュンビュン行き交う高規格道路、まわりに民家なし。バス路線？ない‼

本宮市内までくれば、本宮市役所～フェスタ（商業施設）～郡山駅間のバス路線があります。ただしこの路線は２０２１年に新設。今後の運行は利用状況しだいとのことで、積極的に乗車をどうぞ。

しかし実は、まったく歩かず郡山まで乗り継げるルートがあります。山あいの町・二本松市百目木(どうめき)に向かいましょう。

・第29ランナー：二本松駅前～小浜　福島交通（若宮二丁目発・岩代支所行き）〈５日目６本目　５００円〉

・第30ランナー：小浜～百目木　二本松市コミュニティバス（安達東高校発・大森行き）〈５日目７本目　２００円〉

二本松駅を出たバスは、西に方向を変え、阿武隈川を渡って一路二本松市・岩代地区（旧・岩代町）へ。伊達政宗公が幼少期を過ごしたという小浜城址の近くにある支所までバスは向かいますが、市街地の小浜バス停で下車し、コミュニティバスで百目木の街に向かいます。

・第31ランナー：百目木～船引駅前　福島交通（掛手発）〈６日目１本目　７３０円〉

百目木は戦国時代の武将・石川光昌の居城があったことでも知られ、主君が石橋氏→田村氏→大内氏→相馬氏→上杉氏と変わるたびに戦乱に巻き込まれてきたといいます。ここまで主君を変えたのに、ことごとく宿敵・伊達政宗に勝てないという……。

街の中心部にある「百目木」バス停に乗り換え地点を設定していますが、バス

福島交通・掛手バス停　転回場がある

COLUMN

乗りバス＋ドライブイン②「舞木ドライブイン」

船引〜郡山間のバスでは、「舞木駅前」バス停で下車して、ドラマ『孤独のグルメ』にも登場した舞木ドライブインに立ち寄ってみましょう。

製菓会社が母体となって開業したというこのドライブイン、ウリはやはり肉がウマい！＆デカ盛りなことに尽きます。たっぷりのバラ肉にたっぷりの野菜がついた焼肉定食や野菜炒め定食、オイル焼肉定食のどれをとっても肉の旨味の暴力！　そして、ご飯は大きめのお茶碗にこんもり一杯、付け合わせの豚汁に至ってはうどん鉢くらいの入れ物になみなみと！　具もゴロゴロあり、1日これ1食でもいいかも、というレベルのボリュームです。

なおこのドライブインの裏手にはＪＲ磐越東線・舞木駅があるので、乗り鉄ついでにも立ち寄り可能。バス・鉄道ともに本数が少ないので、うまく組み合わせると良いでしょう。

の転回場がある「搦手」や「百目木入口」などでも乗り換え可能です。

・第32ランナー：船引駅前〜郡山駅前　福島交通　〈6日目2本目　1130円〉

船引〜郡山間はＪＲ磐越東線とも並行していますが、大きく違うのが「三春町の街なかを通るかどうか」。三春駅は市街地からかなり北に外れた場所にあり、バスは国道288号（バイパスではなく旧道）をひた走り、三春城跡の西側ではクランクカーブをカクン、カクンと曲がりつつ、昔ながらの街並みを抜けていきます。

Part 7 郡山〜水戸

国道4号と東北本線は白河市から〝白河の関〟を越えて栃木県に入りますが、「東北乗りバス本線」は棚倉街道沿いにルートをとり、そのまま茨城県水戸市を目指しま

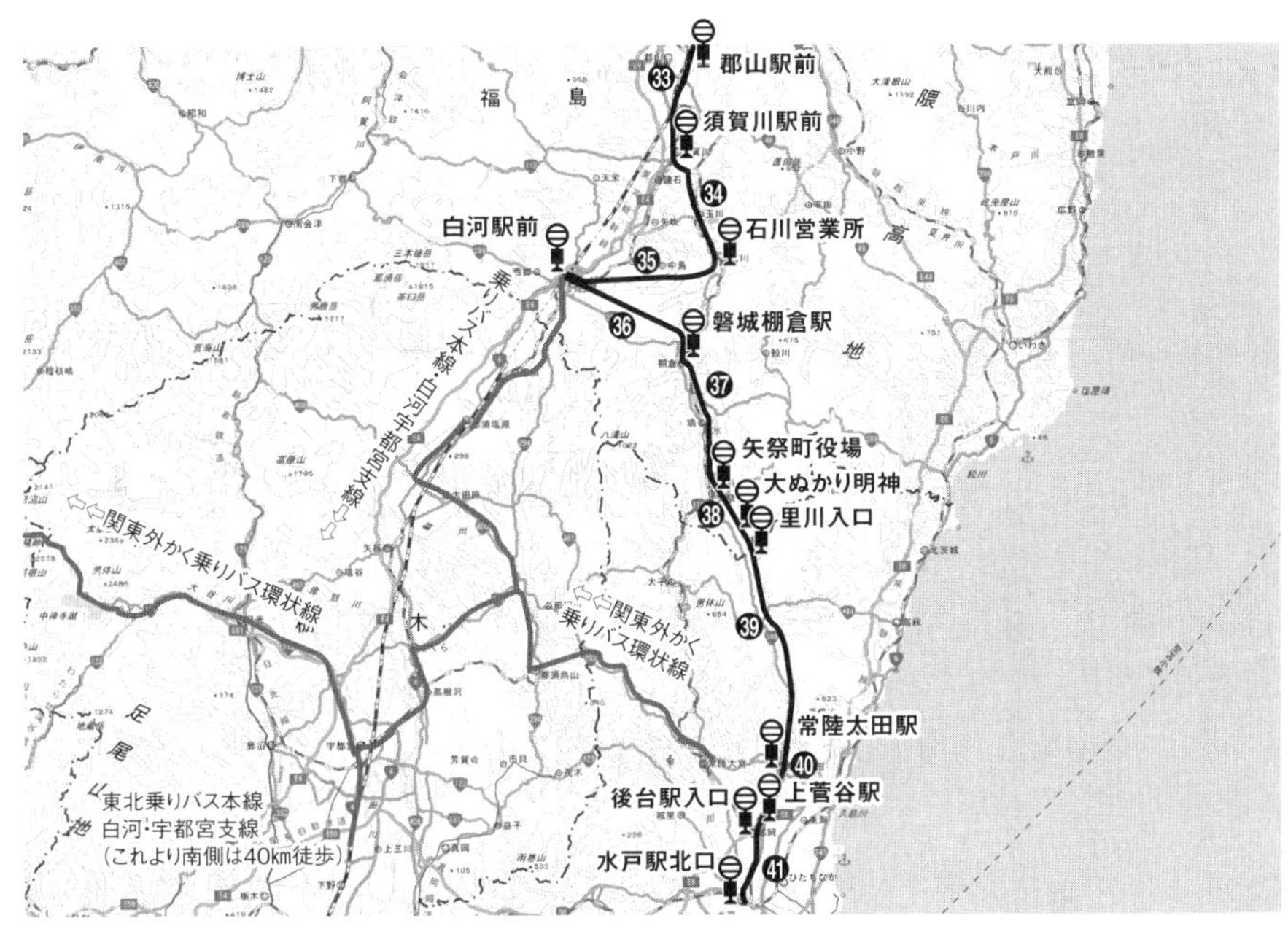

す。栃木県内は、特に宇都宮以南で路線バス網がほぼ消滅していて乗り継げなくなるのです……。

・第33ランナー：郡山駅前～須賀川駅前　福島交通　〈6日目3本目　710円〉

郡山～須賀川間は現在の国道4号経由と、旧道（県道355号。本宮市での歩きルートから続く道）経由がありますが、どちらでもOK。しかし本数は2系統合わせても1日6往復と、すっかり激減しています。

郡山駅前のバスロータリーは11番線までの乗り場がある

なお須賀川の本来の市街地は、JR須賀川駅からバスで5分以上の南側。蒸気機関車の煙害で宿場町・須賀川宿への駅設置を反対されたという鉄道忌避伝説が実際にあった場所でもあります。本来の須賀川の街を見るなら、「須賀川本町」などのバスで乗り換えをどうぞ。

・**第34ランナー：須賀川駅前〜石川営業所　福島交通〈6日目4本目　1090円〉**

JR水郡線の磐城石川駅を擁する石川町には、実に11系統もの路線を管轄する福島交通・石川営業所があります。バスがターンするための敷地が広い！

福島交通・石川営業所

・**第35ランナー：石川営業所〜白河駅前　福島交通〈6日目5本目　1200円〉**

阿武隈川を上流にさかのぼりながら、白河市へ。

なお、郡山〜白河間のバス運行は、大信庁舎経由（郡山駅前〜須賀川駅前〜天栄村役場〜大信庁舎前〜白河駅前）、上蓬田経由（郡山駅前〜上蓬田〜石川営業所〜白河駅前）の2ルートもあります。

・**第36ランナー：白河駅前〜磐城棚倉駅　ジェイアールバス関東「白棚線」〈6日目6本目　800円〉**

「東北乗りバス本線」は白河市で東北本線や国道4号とお別れ。ここから1944年に休止となった国鉄白棚線（はくほうせん）の線路跡を利用したバス専用道で、城下町・棚倉を目指し

バス専用道を走る白棚線。駅では無線連絡で交換（すれ違い）を行う

乗り継ぎ

東北乗りバス本線・白河・宇都宮支線 白河～宇都宮～？

「東北乗りバス本線」はこのあと茨城県を目指し、東北本線や国道4号からは外れます。そのまま鉄道沿いに宇都宮～大宮を目指すと、どうなるのでしょう。

福島交通　白河駅前～白河の関（関の森公園行き）

↓

徒歩（2・8㎞）

↓

那須町民バス「追分黒磯駅線」追分～黒磯駅西口

↓

関東自動車「那須線」黒磯駅西口～那須塩原駅西口

↓

ゆーバス「西那須野線」那須塩原駅西口～西那須野駅西口

↓

関東自動車「馬頭線」西那須野駅東口～小川仲町（馬頭車庫行き）

↓

関東自動車「氏家・喜連川・馬頭線」（馬頭車庫発）小川仲町～氏家駅前

↓

上河内地域路線バス「氏家線」氏家駅～自治センター玄関前

↓

上河内地域路線バス「済生会病院線」自治センター玄関前～済生会病院

↓

関東自動車「01」済生会病院～宇都宮西口

↓

関東自動車「01」宇都宮駅西口～石橋駅

↓

関東自動車　石橋駅～獨協大学病院

この先で乗り継ぎに使えそうな“自治体またぎバス”に乗り継ぐには、40㎞南側のJR古河駅まで移動を必要とします。古河からは朝日バスで関宿・越谷方面に乗り継ぎ可能。宇都宮から南側の下野市・小山市・結城市は市域内のコミュニティバスのみ、野木町に至ってはバス路線が事実上全廃されています（少し通っているが、停留所はない）。

ということで、「東北乗りバス本線」は鉄道・国道4号を離れ、郡山～水戸ルートを選択させていただきました。

矢祭中学校の正門前。バスの待機場となっている

ます。

ＪＲバスの「磐城棚倉駅」バス停はＪＲ水郡線の駅前、次に乗る福島交通の「棚倉駅前」は棚倉街道（国道１１８号）沿いにあり、２００ｍほど場所が違うのでご注意ください。

・第37ランナー：棚倉駅前～矢祭町役場　福島交通（矢祭小学校行き）〈7日目1本目　960円〉

棚倉から矢祭町、茨城県常陸太田市まで続く棚倉街道は、奥州大名の参勤交代の経路として重宝されていたといいます。しかし幕末の戊申戦争の際には、常陸国から土佐藩・板垣退助率いる迅衛隊が攻め上り、兵のほとんどを鳥羽伏見の戦いに取られていた棚倉城はあっという間に落城。このあと新政府軍は、一挙に奥州になだれ込み、あの会津戦争に繋がっていきます。

１５０年が経過し、棚倉街道はそこまで通るクルマもなく、街もとても静か。学校前のひまわり畑が奇麗でした。

・第38ランナー：矢祭町役場～大ぬかり明神　福島交通（中学校前発）〈7日目2本目　550円〉

「大ぬかり」行き。漢字でこう書く

COLUMN

ローカルバスで行われている実験「みちのりホールディングス」とは？

青森からここまでお世話になったバス会社の中で、南部バス・岩手県北バス・福島交通・茨城交通は、地方交通の経営再建を行うみちのりホールディングスの傘下に加わり、これまでの路線バスの概念を覆す取り組みを行っています。

長らくマイカーに頼ってきた高齢者は、「どこで待てばいいの?」「どう料金を払ったらいいの?」という段階から分からないことも。茨城交通ではそんな方のために、路線バスで買い物に出かける体験ツアーを実施。初歩から乗り方を伝授してくれる上に、車内に備え付けた簡易型の冷蔵庫で生鮮品を持ち帰るなどの体験もできます。

同じ傘下の福島交通でも、「バスの乗り方教室」を積極的に開催し、乗客増に繋げています。

県境近くのバス路線は概して経営状況が良くないなかで、維持に向けた工夫が行われることは、バス乗り継ぎファンにはとてもありがたいことです。

県境の明神峠を越えてすぐにある「里川入口」バス停は、常陸太田市民バスの運行となっていたものの、現在はまた茨城交通の直営に復帰。もとより運行は茨城交通が担っていました。

・大ぬかり明神〜里川入口　徒歩約900m

茨城交通のバスは、かつて常陸太田から明神峠を越えてJR東館駅（福島県矢祭町）まで運行されていました。しかし2002年に福島県側の区間が廃止され、福島交通が一部区間（矢祭〜大ぬかり明神）を引き継いだことで、県境の約900m区間はバスの運行が途絶え現在の状態に。しかし勾配もほとんどなく、比較的ラクに歩けます。

・第39ランナー：里川入口〜常陸太田駅　茨城交通（太田営業所行き）〈8日目1本目　510円〉

「里川入口」バス停は、明神峠で県境を越えてすぐ。目の前の三叉路から棚倉街道を外れて、旧・里美村（2004年に常陸太田市に合併）に向かうバスもあります。

常陸太田駅行きのバスは、棚倉街道の新道・旧道を転々としながら、ゆるゆると降っていきます。

・第40ランナー：常陸太田駅～上萱谷駅　茨城交通（増井車庫発）〈8日目2本目　510円〉
・上萱谷駅～後台駅入口　徒歩3・6㎞
・第41ランナー：後台駅入口～水戸駅北口　茨城交通〈8日目3本目　410円〉

水戸駅～常陸太田間は直行する路線バスが2014年に廃止されて以降、バス乗り継ぎのルート最適解がたびたび変わっています。

水戸平野の中でもこのエリアには久慈川・里川・源氏川などが集中しており、人口も希薄とあって、当初から路線バスがあまりないのです。各ルートの現状を見ていきましょう。

☆松栄・瓜連ルート
茨城交通・（一高前発）常陸太田駅～松栄酒店→徒歩2・0㎞→茨城交通・「61」（大宮営業所発）南瓜連～水戸駅北口
「栄橋」で久慈川を渡って、常陸太田市・那珂市の市境をまたぐルートなら、徒歩距離は抑えられます。しかし、常陸太田市側が1日2往復、那珂市側が6往復と、本数の少なさがネックです。

☆日立・東海ルート
茨城交通・（一高前発）常陸太田駅～大みか駅西口→ひたちBRT・大みか駅西口～おさかなセンター→徒歩4・4㎞→茨城交通・原研前～東海駅西口→水戸駅
常陸太田市→日立市→東海村→水戸市と大きく迂回します。各系統とも本数的には問題ないものの、冬場だと河口の

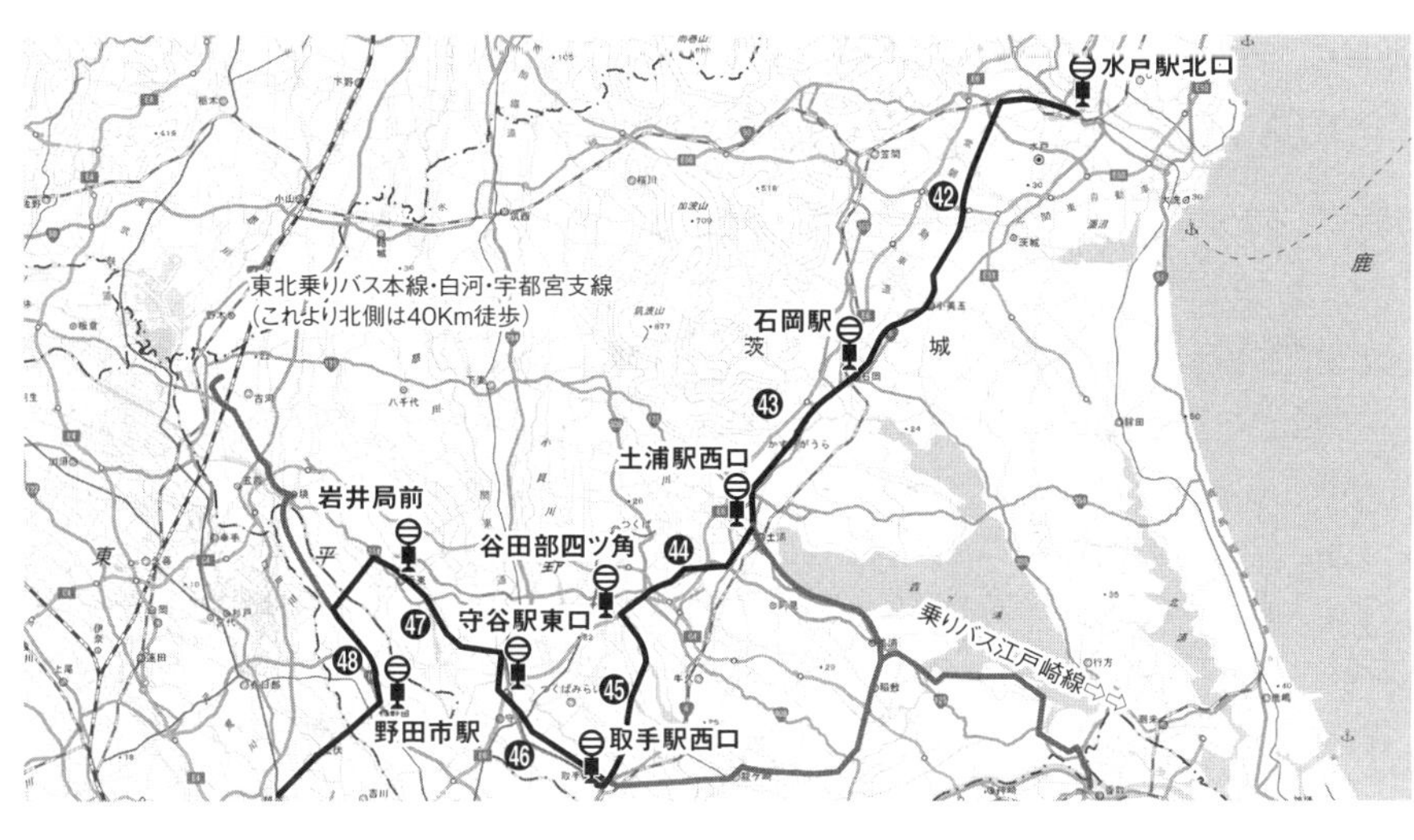

「久慈大橋」を徒歩で越えるのが寒いのがネックでしょうか。

☆上菅谷・後台ルート

久慈川を渡る数少ない路線バスを使ったルートですが、渡ってすぐのJR後台駅手前でバスは途切れます。今回はこのルートを採用しました。

Part 8 水戸〜野田

ようやく水戸市に出た後は、JR常磐線に沿ってじわじわと東京へ。しかし利根川を渡るバス路線は限られ、坂東市岩井方面に大きく迂回せざるを得ません。

・第42ランナー：水戸駅北口〜石岡駅
関東鉄道「水戸石岡線」〈8日目4本目　1210円〉

水戸駅から石岡駅に直行する関鉄グリーンバス路線の本数は、1日6往復と少なめ。

石岡駅方面がすぐなければ、いった

JR水戸駅

COLUMN

おススメ立ち寄りスポット　石岡駅「ヨット食堂」

石岡駅前のヨット食堂は、慌ただしい路線バス乗り継ぎ旅にぴったり。

「特急メニュー」と指定された品目を頼むと、その瞬間に厨房で大将の華麗な躍動が始まります。他にお客さんもいるのに、肉野菜炒め定食が1分少々で出てきました。

「特急メニューの注文を聞くと、大将もヨッ！ と張り切るからヨット食堂なんだよ」とは、近くの席にいた常連さんの話。店名の由来は不明ですが、多分それはないと思います。

ん茨城空港行きに乗り、そこから「かしてつバス」（茨城空港～石岡駅）に乗り継ぐのも良いでしょう。「かしてつバス」は2007年に廃止となった鹿島鉄道の線路跡に整備されたバス専用道を走るBRT。本数も1日12本と、やや多めです。

・第43ランナー：石岡駅～土浦駅西口　関鉄グリーンバス「石岡土浦線」（石岡車庫発）〈8日目5本目　730円〉

国道6号をひたすらまっすぐ、まっすぐ進み、旧道に入って土浦駅へ。窓から見える「ドン・キホーテ」は百数十台の駐車場が一杯なのに、バスに乗って行く人がいなさそうな……。

・第44ランナー：土浦駅西口～谷田部四ツ角　関東鉄道「水海道土浦線」（みどりの駅行き）〈8日目6本目　700円〉

石岡駅バスターミナル。「かしてつバス」開業後の現在は、すっかり改修されて明るくなっている

乗り換え　乗りバス江戸崎支線　取手駅〜江戸崎〜佐原駅〜銚子

霞ヶ浦南岸の船運の要衝だった江戸崎を経由して、銚子方面に"ショートカット"で乗り継ぐことが可能です。

関東鉄道　取手駅東口〜竜ケ崎駅

関東鉄道　竜ケ崎駅〜江戸崎

桜東バス「江戸崎佐原線」江戸崎〜佐原駅

佐原駅〜銚子間は総武乗りバス本線（P.209）に接続

国道6号をJR常磐線と並走するバスは、土浦市内でいったん途切れます。ここは自衛隊の街・谷田部に迂回しましょう。

・第45ランナー：谷田部四ツ角〜取手駅西口　関東鉄道「谷田部車庫取手線」〈9日目1本目　800円〉

谷田部からは取手→守谷と乗り継ぎが可能ですが、取手市内の渋滞を避けるのであれば、途中の「谷井田中央」バス停での乗り継ぎも可能。すぐ近くにコンビニもあるので、ある程度雨風をしのぎながらバスを待てます。

なおこの周辺では、つくばエクスプレス終点の「つくば中央駅」経由での乗り継ぎルートもあります。

谷田部〜取手間の谷井田地区を走るバス

・第46ランナー：取手駅西口〜守谷駅東口　関東鉄道「取手守谷線」〈9日目2本目　800円〉

取手駅まで出たものの、目の前にある利根川を渡るバスはありません。ルートとしては、東側の「大利根ニュータウン」から布佐駅・天王台駅・

我孫子駅とつなぐ方法と、西側の守谷市に抜ける方法があります。ここはあえて後者で。

・**第47ランナー：守谷駅西口〜岩井局前　関東鉄道「守谷岩井線」〈9日目3本目　740円〉**

・**第48ランナー：岩井局前〜野田市駅　茨急バス〈9日目4本目　650円〉**

2005年に合併で坂東市となった旧・岩井市エリアは、東京から直線距離で40㎞圏内にあるにもかかわらず、鉄道が近くを通っていません。岩井〜野田市間のバスは東武野田線や伊勢崎線へ乗り継いで東京へ向かうルートの入口として重宝されてきましたが、現在では都心へ直接向かう高速バスとの競争によって、徐々に減便が進んでいます。

ほか岩井方面へは土浦駅→水海道駅→岩井というルートもあったものの、水海道〜岩井が近年廃止。つくばエクスプレスに接続する守谷駅からの乗り継ぎルートのみとなりました。

Part 9 野田〜東京

東武野田線・野田市駅の前には巨大な醤油工場が聳え立ち、江戸

芽吹大橋の上。遥か向こうに県境の看板が見える

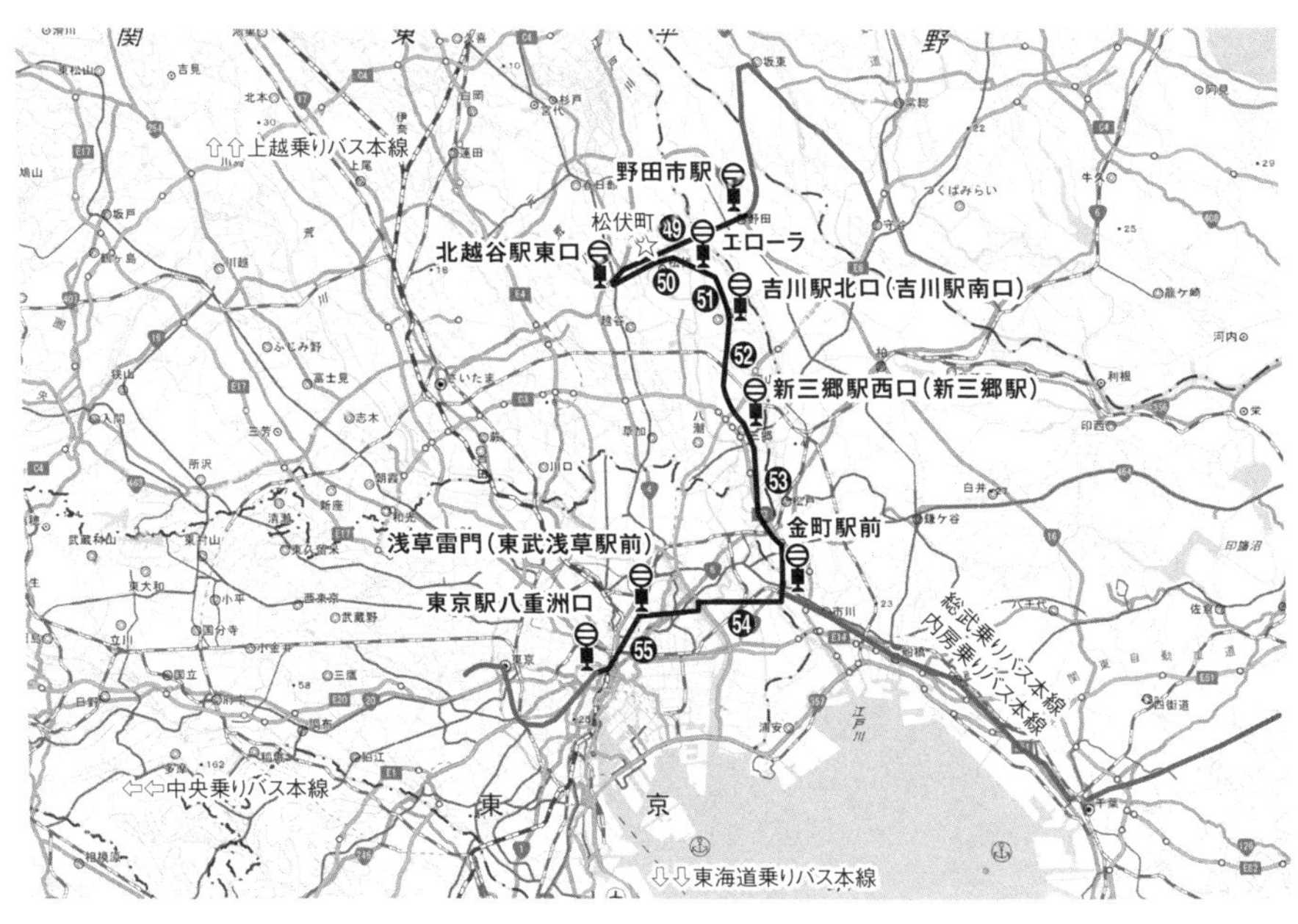

時代にはここから江戸城下への醤油の船積みが隆盛を極めたといいます。

船運に使われた江戸川をまっすぐ南下すれば、「東北乗りバス本線」の終点・東京駅までは易々とたどり着けます。しかし川に並行する路線バスはもちろんなく、街から街へ、細かくバスを乗り継いで行きます。

・第49ランナー：野田市駅〜北越谷駅東口　茨急バス〈9日目5本目　530円〉

野田市を出たバスは、人口3万人近くにもかかわらず鉄道駅から遠い松伏町へ。北越谷駅方面のバスは朝5時台から運行され、7時台には本数がガクンと減少するなど、完全に〝首都圏のベッドタウン〟としての運行体制をとっています。

なお、テレビ東京系『ローカル路線バス乗り継ぎの旅

松伏町内を走行するバス

Z』でおなじみ、作家・羽田圭介さんも、この松伏町出身。ある意味「路線バス乗り継ぎ」の聖地、ということで立ち寄りさせていただきました。

・第50ランナー：北越谷駅東口〜エローラ　茨急バス　〈9日目6本目　320円〉

・第51ランナー：エローラ〜吉川駅北口　茨急バス　〈9日目7本目　360円〉

松伏町の中央公民館「エローラ」と一体化するように、路線バスの運行拠点が構えられています。北越谷駅側・吉川駅側ともそこそこに本数が多いのですぐに乗り継げますが、余裕があれば併設の「田園ホール・エローラ」を外から眺めていきましょう。

なお、乗り継ぎで先を急ぐ方は、野田市駅〜北越谷駅東口の「松伏町役場前」と、エローラ〜吉川駅北口の「松伏町役場入口」間の200mを歩けば、あっさりと乗り継ぐことができます。

・第52ランナー：吉川駅南〜新三郷駅西口

メートー観光バスの路線は、裏路地をひたすら進む

COLUMN

松伏町「田園ホール・エローラ」

音楽ホール「エローラ」は、完成半年前に作曲家・芥川也寸志氏が逝去、氏の代表作『エローラ交響曲』からその名がつけられました（ご本人は「『田園ホール』でどうですか？」とおっしゃられていたとのこと。折衷案で決定したようです）。

このホールと町ぐるみの文化事業の賜物といえば、松伏高校の合唱部・吹奏楽部でしょう。どちらも埼玉県で勝ち抜くだけでも全国レベルと言われる環境で、何度も全国大会に出場する名門。演奏会も頻繁に行っているので、バスで「エローラ」まで聴きに行かれてはいかがでしょうか。

乗り換え　埼玉横断乗りバス線　吉川〜浦和

「東北乗りバス本線」は前述のとおり、栃木県南部・埼玉県北部のバス路線網が見事に壊滅しているため、JR東北本線から離れざるを得ませんでした。

ここで、武蔵野線沿いに埼玉県を東西移動する支線を設定しました。東北本線・上越線沿いにバスを乗り継げる「上越乗りバス本線」への乗り換えをどうぞ。

朝日バス　吉川駅北口〜越谷駅東口

↓

朝日バス　越谷駅西口〜岩槻駅東口

↓

国際興業バス「岩11-3S」岩槻駅〜浦和美園駅東口（東川口駅北口行き）

↓

国際興業バス「美01」浦和美園駅西口〜浦和駅東口

メートー観光「M1」〈9日目8本目　250円〉

JR武蔵野線・吉川駅の北口から南口へ、自由通路を通ってすぐに乗り換え。しかしその先、新三郷駅まで行くメートー観光はメインルートである県道を通らず、狭隘な住宅街を小型車でグネグネと抜けていきます。

三郷市内のバスはメートー観光以外にも、タローズジャパンやマイスカイ交通など小規模の事業者が目白押し。三郷市は自前でコミュニティバスを運行せず、小規模な貸し切り事業者に補助を行いつつ路線を運営する「三郷方式」のためこのような動きとなっています。

・第53ランナー：新三郷駅〜金町駅前　東武バスセントラル「金52」〈9日目9本目　360円〉

青森・下北半島を出て9日目、いよいよ東京都へ！

埼玉県から東京都足立区へのバスの乗り継ぎだと、他にも八潮駅から綾瀬駅・西新井駅方面という方法も。「東北乗りバス本線」では都内の乗り継ぎを考えて、三郷市からまっすぐ南下し、葛飾区の金町駅に出るルートをとりました。

漫画『こちら葛飾区亀有公園前派出所』のモデルとなった建物は、金町駅北口でバスを降りてすぐ。改札前の自由通路を北から南に抜けて、「東北乗りバス本線」ラストスパートへ！

・第54ランナー：金町駅前～浅草雷門　東京都交通局「草39」（浅草寿町・上野松坂屋行き）〈9日目10本目　210円〉

もうここまで来ると、何も考えずに乗り継いでも東京駅に出ることができます。しかしここは、浅草の雷門にもちょっと寄っていきましょう。金町駅を出たバスは、茨城県土浦市で離れて以来の国道6号と再会。荒川・隅田川を渡って、吾妻橋交差点を渡って「浅草雷門」バス停へ。

・第55ランナー：東武浅草駅前～東京駅八重洲口　「東42-1」（南千住駅西口発）〈9日目11本目　210円〉

さっきまで乗っていた「草39」は吾妻橋交差点の南東側、国道6号沿いの「駒形橋」バス停近くを通っているものの、雷門通り沿いにバス停を設ける余裕がないのか、あっさり通過してしまいます。国道6号沿いにある「駒形橋バス停」までは徒歩200mほど。もうここは独断で、同じ停留所扱いとさせていただきました。

バスは国道を蔵前・浅草橋・日本橋と抜け、JR総武線・新日本橋駅の直上の道にある室町3丁目交差点を左折して、ほどなく東京駅に到着。

全9日間にも及ぶ「青森県・下北半島～東京駅」の旅はこれにて終了、お疲れ様でした！

乗り換えは、「東海道乗りバス本線」なら、そのまま神戸へ。ほか銚子・新潟など、各種ルートを豊富に準備しています。

吾妻橋のたもとから眺める東京スカイツリー

三陸乗りバス本線
（盛岡〜宮古〜気仙沼〜石巻）

三陸地方は、青森県八戸から宮古〜釜石〜大船渡〜気仙沼〜南三陸〜前谷地と、約300㎞の距離が鉄道＋BRTで繋がっています。並行する路線バスに乗り継いで行きましょう。

●盛岡〜盛

JR山田線が東日本大震災で不通となったあと、三陸鉄道として2019年に復活するまで、岩手県交通が釜石駅前〜浪板海岸駅間の路線を「道の駅やまだ」まで延伸。宮古〜釜石間の移動手段を確保していました。現在はこの区間は廃止となっており、浪板海岸駅の前にあるバス停まで徒歩が必要です。

- 第1ランナー：盛岡駅前東口〜龍泉洞前　JRバス東北
- 第2ランナー：龍泉洞前〜小本駅前　岩泉町民バス「小本線」
- 第3ランナー：小本駅前〜宮古駅前　岩手県北バス「A31」
- 第4ランナー：宮古駅前〜岩手船越駅前　岩手県北バス「B43」
- 岩手船越駅前〜浪板　徒歩6・4㎞
- 第5ランナー：浪板〜釜石駅前　岩手県交通「波板線」
- 第6ランナー：釜石駅前〜上平田　岩手県交通「平田ニュータウン線」
- 第7ランナー：上平田〜荒川集会場　釜石市コミュニティバス「南部コミュニティバス」
- 荒川集会場〜立根　徒歩20㎞
- 第8ランナー：立根〜盛駅　岩手県交通各路線

●盛〜仙台

この区間のうち、バス乗り継ぎはBRTでも良いのですが、既存路線を乗り継いで行きましょう。なお盛〜陸前高田なら、岩手県交通・碁石海岸線から徒歩3㎞、小友駅から陸前高田の市民バスに乗り継ぎ、というルートもあります。

- 第9ランナー：立根〜気仙沼市役所前　岩手県交通「一関大船渡線」
- 第10ランナー：気仙沼市役所〜津谷まちなか　気仙沼市民バス「三陸線」
- 第11ランナー：津谷まちなか〜歌生　気仙沼市乗り合いタクシー「本吉三陸線」
- 第12ランナー：陸前港駅〜歌津駅　南三陸乗合バス「港・名足線」
- 第13ランナー：歌津駅〜志津川駅（南三陸さんさん商店街）　南三陸乗合バス「荒砥線」
- 第14ランナー：志津川駅〜登米市役所　南三陸乗合バス「志津川登米線」
- 第15ランナー：登米市役所前〜迫桜高校前　登米市民バス「石越線」
- 第16ランナー：迫桜高校前〜築館　栗原市民バス「若柳線」

以降、東北乗りバス本線（P.46）に合流、仙台駅へ

乗りバス常磐線
（仙台～原ノ町～福島）

JR常磐線沿いに仙台から福島県南相馬市、さらに福島市まで進みます。「東北乗りバス本線」との徒歩距離があまり変わらずルート選定に悩みましたが、こちらは亘理町・山元町・新地町などの町営バス乗り継ぎがかなり困難なこともあり、本線は仙台～秋保温泉～蔵王～白石～福島ルートを選択しました。

●仙台～新地

名取駅を過ぎると、バスの運転本数はガクッと減少。かつ阿武隈川を徒歩で渡る必要があります。その後も亘理町・山元町の町営バスに2本乗車する必要があり、いずれも駅を中心にしたダイヤなので接続は行っていません。たった4本の乗り継ぎが、かなりヘビーです。

- 第1ランナー：仙台駅前～長町駅東口　宮城交通「八木山動物公園線」
- 第2ランナー：長町駅・たいはっくる前～南仙台駅東口　仙台市営バス「10」
- 第3ランナー：南仙台駅西口～名取駅西口　名取市なとりん号「高舘線」
- 第4ランナー：名取駅前～総合南東北病院　名取市なとりん号「館腰植松線」
- 第5ランナー：市民会館北～岩沼駅～阿武隈　岩沼市民バス「駅東・中央循環線」
- 阿武隈～水塚　徒歩2km
- 第6ランナー：水塚～亘理駅前　亘理町民バス「北部循環線」
- 第7ランナー：亘理駅前～浜吉田駅前　亘理町民バス「南部循環線」
- 第8ランナー：浜吉田駅西～山下駅　山元町民バス・ぐるりん号「北部線」
- 第9ランナー：山下駅～社台山元トレーニングセンター前　山元町民バス・ぐるりん号「南部線」
- 社台山元トレーニングセンター前～役場前　徒歩4.3km

●新地～福島

宮城県山元町・福島県新地町内は、震災前の2004年頃には町内の路線バスが一気に廃止となったとのこと。相馬方面への「しんちゃんGO」乗車は予約制、かつ事前登録が必要です。

- 第10ランナー：役場前～相馬駅　新地町民バス「しんちゃんGO」（事前登録・予約制）
- 第11ランナー：相馬営業所～原町駅前　福島交通
- 第12ランナー：原町駅前～福島駅東口　福島交通

第3章

東海道乗りバス本線

（東京駅丸の内口〜神戸駅）

日本の鉄道の嚆矢といえば、1872年10月14日に開通した新橋～横浜間を含む「東海道本線」を置いて他にないでしょう。東京から神戸までを結ぶ大動脈であるこの路線を、路線バスを乗り継いでなぞっていくことは可能でしょうか。ただし、全区間が繋がっているわけではないので、徒歩移動（距離は最高でも5㎞までに抑えました）区間もアリ。11日ほどかかるので、乗り通される方は、日程に余裕をもってどうぞ。

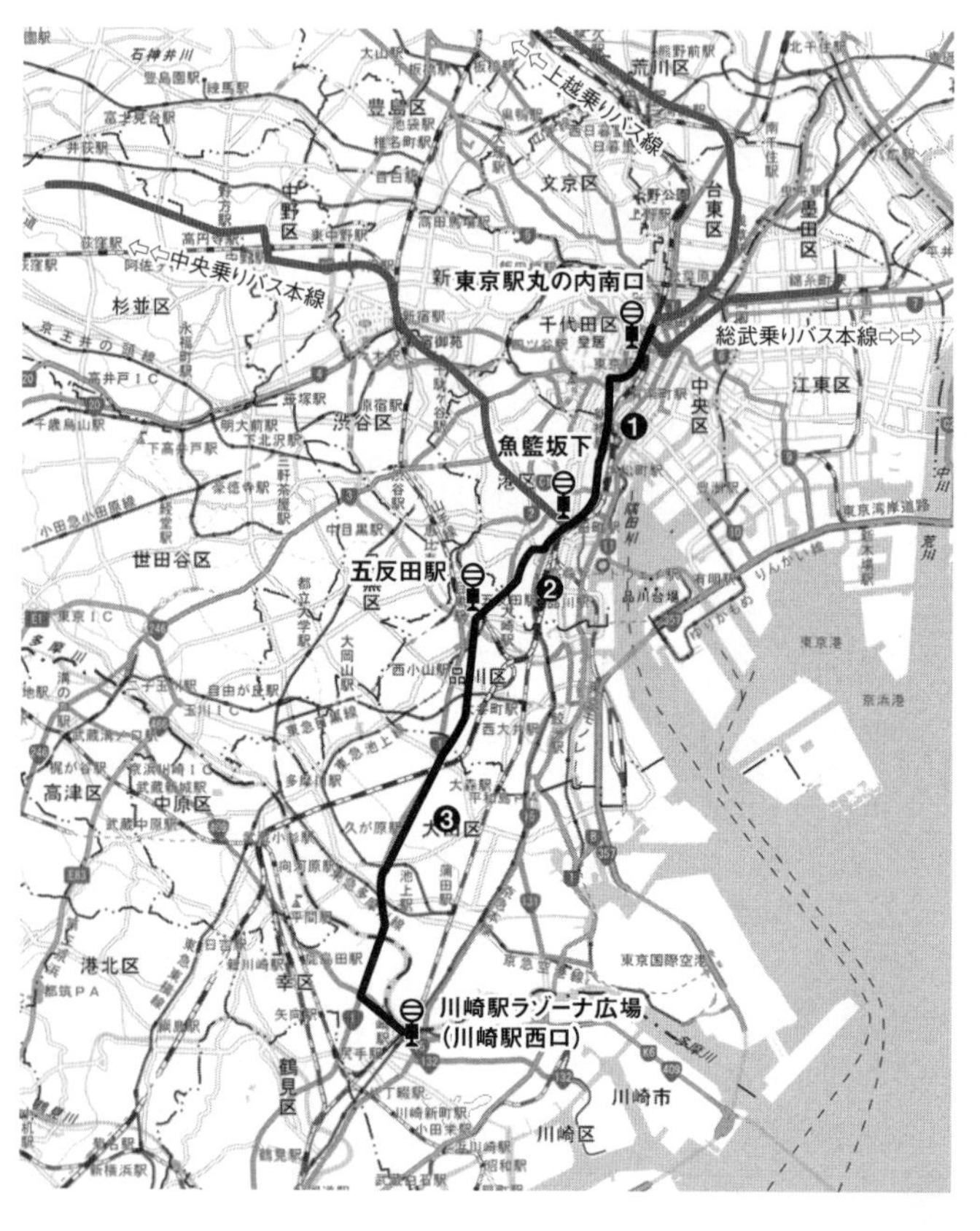

Part 1 東京～川崎

路線バスで東海道、そして日本列島を縦断する出発点……ここは東京駅一択！

この駅から路線バスに乗るには、八重洲北口・丸の内北口・八重洲口などがありますが、トップバッターには丸の内南口から発車する東急バス・「東98」系統（東京駅丸の内南口～清水・等々力操車場）を選びました。

途中の赤羽橋駅で都営「反96」、さらに五反田駅で「反01」に乗り換えれば、国道1号で多摩川を越えて、あっさり神奈川県川崎市に抜けることができます。

都県境越えでポイントとなるのが、「どこで多摩川を渡るか」。両岸の開発がこれだけ進んでいても、多摩川をまたぐ路線バスは意外と限られます。多摩水道橋に至っては、川崎市側のたもとの近くに小田急バス・登戸営業所があるにもかかわらず、川を渡って東京都に向かうバスはなし。

この中で路線バス乗り継ぎに使えそうなのは六郷橋・多摩川大橋のどちらかですが、この中でもっとも乗り換えが少なく、本数も多い東急バス「反01」を「東海道乗りバス本線」に指定させていただきました。

東京駅丸の内南口バス乗り場

・第1ランナー：東京駅丸の内南口〜魚籃坂下　東急バス「東98」（清水・等々力操車場行き）〈1日目1本目　220円〉

丸ビルやJPタワー（旧・東京中央郵便局）などの高層ビルに囲まれた東京駅丸の内南口を出たバスは、江戸城の馬場先門交差点で日比谷通りに入り、日比谷公園の南側を回り込みます。そのまま増上寺の西側を抜けて国道1号（桜田通り）に入り、都営地下鉄の白金高輪駅手前にある「魚籃坂下」バス停で「反96」に乗り継ぎ。

なおこの路線は2021年まで、ほぼ全便が1時間をかけて「等々力操車場」まで走り通すロングラン路線でした。現在は大半の便が東急バスの営業所に近い「清水」バス停止まりとなっています。

・第2ランナー：魚籃坂下〜五反田駅　都営バス「反96」（六本木ヒルズ発）〈1日目2本目　210円〉

バスは「魚籃坂」から南下して国道15号（第一京浜）に入り、日本最古の鉄

COLUMN

高輪築堤、見ることができなくても……

日本の鉄道の嚆矢・東海道本線を路線バスでたどるなら、1872年に開業した"日本初の鉄道"の名残を残す高輪築堤にも寄っていきたいところ。しかし、現地は高輪ゲートウェイ駅周辺の再開発工事中。一部のみ保存予定ですが、その痕跡を窺うことはできません。

ここは、築堤の建設に関わった平野弥十郎（タレント・中川翔子さんの曽祖父にあたる）の他の仕事を見ていきましょう。1853年のペリー艦隊襲来に備えて作られた砲台跡がある台場公園は、「反96」品川駅高輪口バス停で降りて「品川駅港南口」まで歩き、お台場レインボーバスで「台場学園前」下車。中川弥十郎はこの砲台の築造のために人の手配や、八ッ山や真鶴などから土・石の手配を行ったといいます。

また東神奈川の住宅街の中にある砲台跡・神奈川台場は、横浜駅から市営バス「48」系統に乗り換え、「中央市場通り」下車。ここで石垣の築造のノウハウを得た平野弥十郎は、高輪築堤の建設にかかわることになったのです。

道遺跡・高輪築堤（2023年現在は再開発工事中）の西側を抜け、新八ッ山橋を左折。御殿山の坂道をグッとのぼってグッと降りたら、もう五反田駅です。なお東京駅～箱根間のもう一つのバス乗り継ぎルートもこの魚籃坂からの乗り換えになります。

なお魚籃坂以外にも、赤羽橋駅前バス停から「反94」で五反田駅方面に乗り継ぎ可能。この系統は年々減便を繰り返し、ついに日中の運行のみとなりました。ただこちらは渋谷から流れる古川沿いで車窓に緑が多く、麻布十番のあたりでは、あの有名な日向坂をチラ見できるのでお勧めです。

・第3ランナー：五反田駅～川崎駅ラゾーナ広場　東急バス「反01」〈1日目3本目　270円〉

「反96」から「反01」に乗り継ぎ、ずっと国道1号を南下。ただし、道路の愛称は途中で「桜田通り」から「第二京浜」に変わります。

COLUMN

複雑な「赤羽橋駅前」バス停

都営大江戸線・赤羽橋駅と接続するバス停はその名の通り、国道1号（桜田通り）の赤羽橋近辺にあります。ただし周辺に首都高環状線や古川もあるので、バス乗り場は複雑なことこの上なし！ 都バスが5か所、東急は2か所に分かれています。

東98→反94と乗り継ぐ場合は、赤羽橋南交差点（見える距離にある）を渡って、済生会病院（赤い「救急外来」の看板を目印に）へどうぞ。

なお、地下鉄駅を出てすぐのバス停は、千代田区のコミュニティバス「ちぃばす」のもの。目の前の古川を大回りして、緑色で「6」と書いてある都バスの停留所を探しましょう。

このルートを選んだのは、「トップナンバー国道を延々バスで乗り通してみたい」という理由もあったりします。ただし、都内の国道1号はもともと国道2号で、1885年に制定された国道1号は「第一京浜」（現在は国道15号）なのですが……。

そのまま多摩川大橋を渡って神奈川県へ、左折して多摩川が見えたら、川崎駅はもうすぐそこです。

Part 2 川崎～藤沢

川崎駅から横浜駅を経て藤沢市に出るまでは乗り継ぎルートがありすぎて、どれを選んでも順調そのもの。戸塚駅東口から西口のバスセンターは、自由通路を渡って200mほどです。

あとはショートカット路線として、戸塚バスセンターから「戸60」で内陸部の立場（たてば）、さらに「湘07」で湘南台駅と進めば、「湘11」で一気に茅ケ崎駅まで出ることも可能（いずれも神奈中バス）。また戸塚からそのまま藤沢駅に至る「戸81」もあります。……すみません、大船軒の駅そばに寄りたかったので、このルートにさせていただきました。

・第4ランナー：川崎駅西口～横浜駅前　横浜市営バス「7」

〈1日目4本目　220円〉

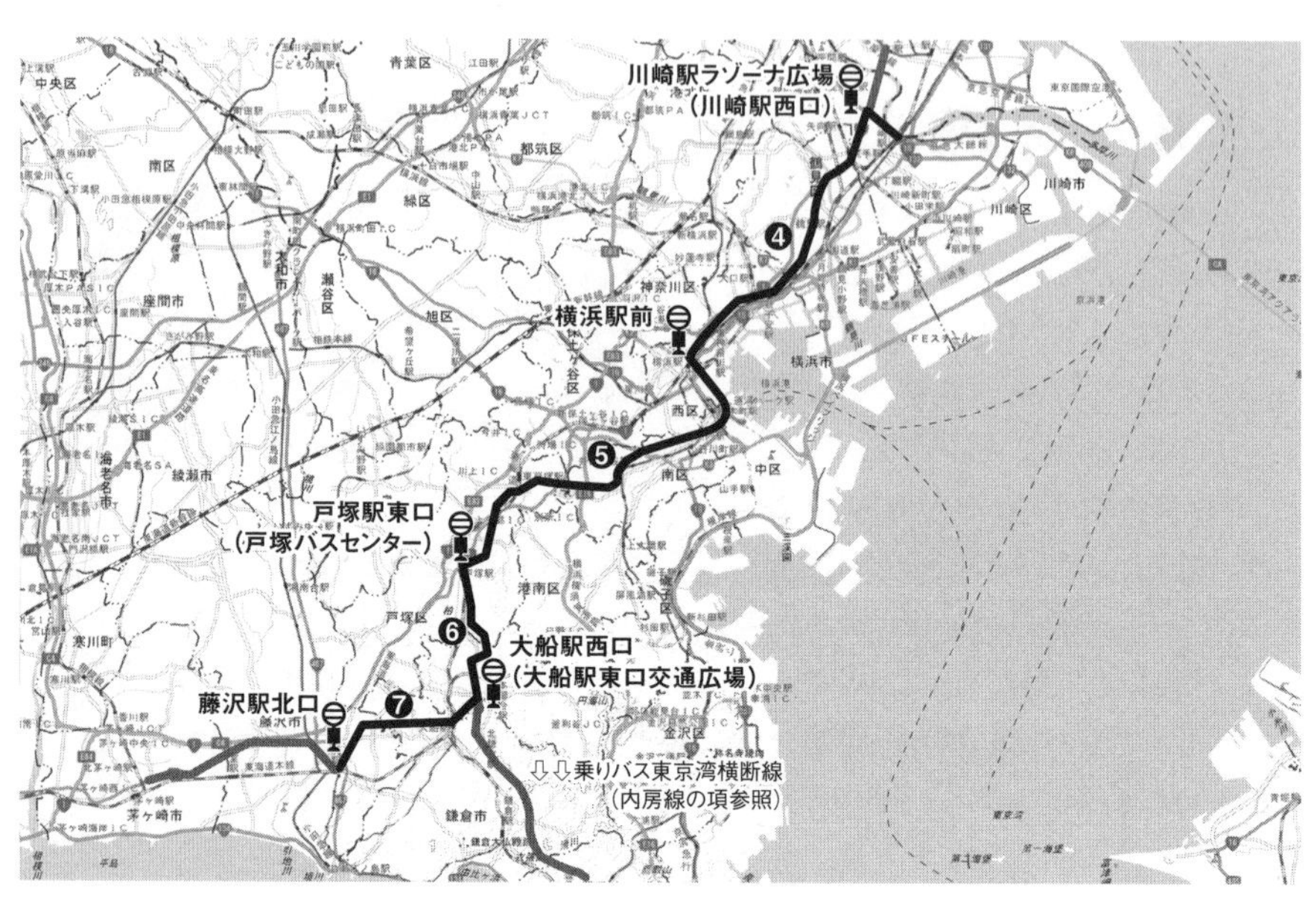

川崎駅での乗り換えは、「ラゾーナ広場前」から駅の自由通路を通って、南口へどうぞ。

南口を出たバスは第二京浜に戻り、さらに南下して第一京浜と合流。横浜駅の東口に到着します。

・第5ランナー：横浜駅東口〜戸塚駅東口　神奈中バス「横43」〈1日目5本目　220円〉

・第6ランナー：戸塚バスセンター〜大船駅西口　神奈中バス「戸71」〈1日目6本目　270円〉

横浜駅を出たバスは高島町交差点で国道1号と分かれ、日本初の鉄道の終点・初代横浜駅の面影を残す桜木町駅に立ち寄って、進路を西側に変更。井土ヶ谷から山麓の住宅街を駆け上り、横浜横須賀道路をくぐってしばらく走ると、また国道1号に戻ります。あとは戸塚新道に入らず、旧道

バスは東海道（国道1号）を南へ進む

COLUMN

川崎市「さいか屋前」バス停

川崎駅東口の「川崎駅前」バス停と、次の「さいか屋前」バス停のあいだは、川崎鶴見臨港バスの13もの系統が集まるため、通過するバスの本数は平日朝7時台だけで片道100本以上、1日で2000本を超えるバスが集中します。時刻表はもはや意味をなさず、ひっきりなしに来るバスを見ているだけでも飽きません。

しかしこの場所は川崎駅から400mほど、目の前に見えているうえに、目の前にあったデパート・さいか屋も2015年に閉店しているため、乗客はあまり多くありません。バス停の名称の変更には負担が必要で、バス停は現在も「さいか屋前」のまま。現在では建物が低層階のビルに代わり、景色も様変わりしてしまいました。

COLUMN

箱根駅伝2区中継場（タックルベリー）

箱根駅伝の戸塚中継所でタスキが渡る瞬間に写りこむ中古釣り具店「タックルベリー」の店名は、その名も「箱根中継店」。視聴率30%に達することもあり、お店の認知度は全国区に近いものがあるでしょう。

このお店に路線バスで行くには、戸塚駅から藤沢駅方面に向かう「戸81」で「新道大坂上」バス停へ。背後に見える坂を歩いて登るとすぐ見えます。

なお戸塚新道は自動車専用なので、国道から歩道沿いに歩いてもまったく到達できません。ご注意ください。

COLUMN

湘南モノレール・大船駅

乗り継ぎのわずかな時間で、路線バスが発着する大船駅東口交通広場の頭上にある「湘南モノレール・大船駅」を眺めていきましょう。

頭上を通過するモノレールを地上から眺めるもよし、2階に上がると駅部分がガラス張りになっているので、目の前で「ぎゅぅぅぅぅん！」と急減速して到着するモノレールを観察するもよし。

を戸塚駅へ。

そのままJR戸塚駅の自由通路で東口から西口へ抜けて、バスセンターで乗り換え。下郷・田谷などの住宅街をうねうねと抜けて、大船駅西口に到着します。

・第7ランナー：大船駅東口　交通広場〜藤沢駅北口　江ノ電バス「N6」〈1日目7本目　310円〉

大船駅から藤沢駅は、「東海道乗りバス本線」唯一の江ノ電バスで移動しましょう。

なおこの区間は神奈中バス「船32」（大船駅西口〜藤沢駅北口）でも移動可能。発着地点や経由地の違い（江ノ電バスは湘南アイパーク経由、神奈中は1㎞ほど北側の渡内経由）で、所要時間や本数は大差ありません。この後はずっと神奈中バスが続くので、あえて江ノ電バスの方を「乗りバス本線」に指定させていただきました。

大船駅東口で発車を待つバス。頭上にはモノレールの駅がある

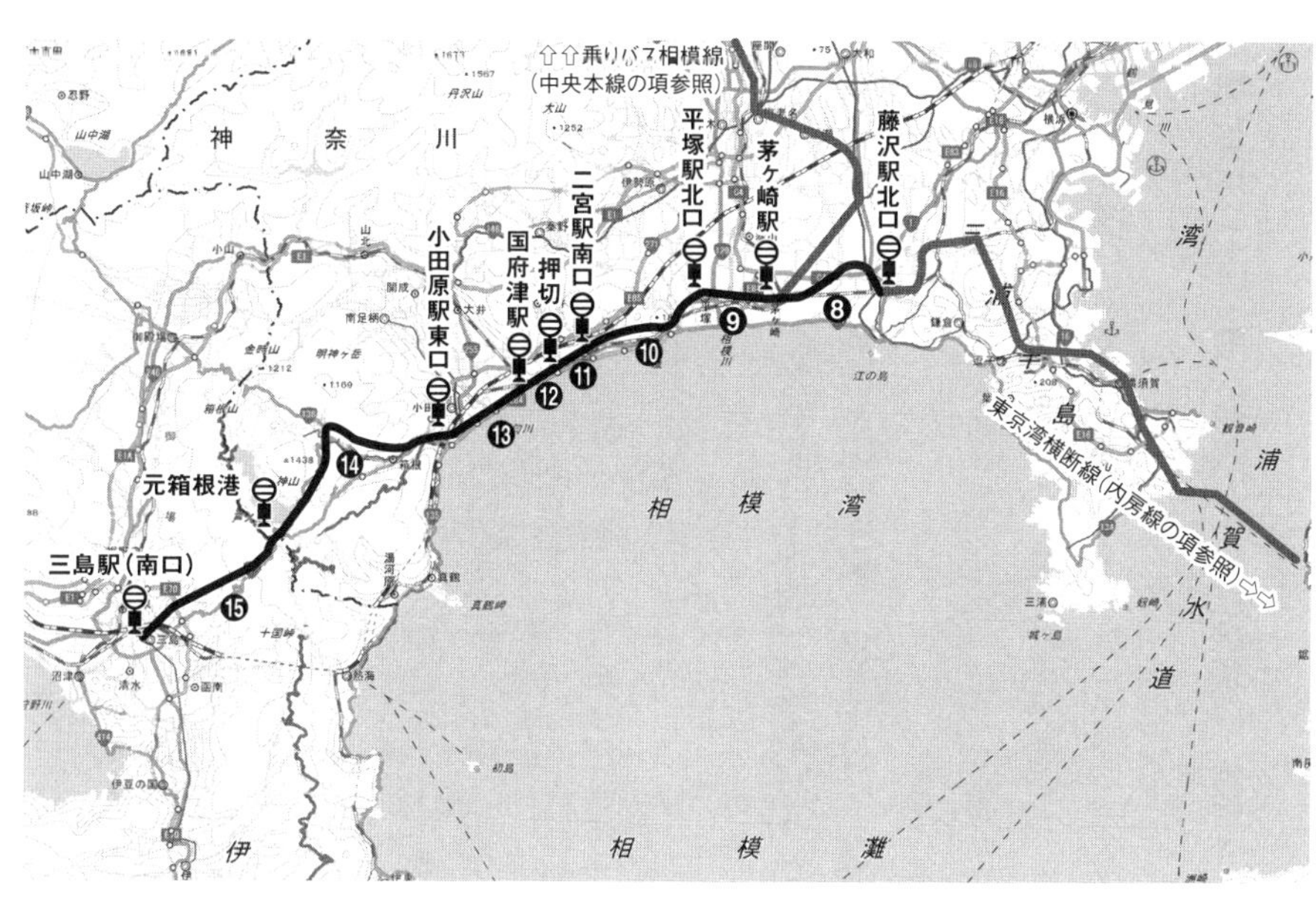

Part 3 藤沢～三島

藤沢・茅ケ崎・平塚・二宮・小田原と東海道線沿いに乗り継いでいきましょう。なお、平塚駅～小田原駅間には神奈中バスの直通路線（平44・平45）もあるものの、本数は休日の早朝1本のみ。二宮・国府津で地道に乗り継いだ方がよさそうです。

小田原からは、箱根駅伝の5区・6区ルートをそのままたどる伊豆箱根バス、そして折り返し地点にほど近い元箱根港から静岡県側の三島駅へ。運転本数もそこそこ、2022年時点のダイヤなら初日に元箱根に到着、2日目の早朝には東海地方に入ることができます。

・第8ランナー：藤沢駅北口～茅ヶ崎駅　神奈中バス「藤07」「藤08」〈1日目8本目　370円〉

・第9ランナー：茅ヶ崎駅～平塚駅北口　神奈中バス「茅06」〈1日目9本目　270円〉

藤沢駅北口を出たバス「藤07」は、小田急江ノ島線・藤沢本町駅の南側を抜け、少しだけ江戸時代の旧・東海道を走って国道1号に合流、茅ヶ崎駅へ。

「茅06」は国道1号を走り、また旧・東海道に入ってすぐ平塚駅へ。

座席に居ながらにして鉄道（東海道本線）・街道（旧東海道、東海道）を、自家用車よりちょっと高い目線で広々と眺めることができるのが、「東海道乗りバス本線」の魅力です。

・第10ランナー：平塚駅北口～二宮駅南口　神奈中バス「平47」〈1日目10本目　380円〉

「平47」の大磯町内での楽しみは、何といっても乗りバスしながらの歴史探訪。バスは東海道の松並木の下を軽快に走り抜け、陸奥宗光別邸・伊藤博文邸跡・吉田茂邸などを横目に見ながら進みます。最寄りバス停の「統監道」も伊藤博文が当時の朝鮮統監だったことに由来するもので、この道路の拡張にポンと30万円（1905年当時）出したのだとか。なお平塚駅～二宮駅間は、他にも山手の公所地区を回り込む「平32」への乗車でもOK。ただし「平47」が30分で乗り通せる区間を、45分かけて走ります。

・第11ランナー：二宮駅北口～押切　神奈中バス「二30」（中井町役場入口行き）〈1日目11本目　180円〉

・第12ランナー：押切～国府津駅　神奈中バス「国04」「国05」「国06」（国府津駅循環）〈1日目12本目　180円〉

この区間を直接乗り通せる「二46」は2022年3月に系統廃止。中井町方面に向かう「二30」と、橘団地から国府津方面に向かう「国06」などを乗り継ぐ必要があります。乗り継ぎポイントとなる「押切」バス停から東側に伸びる坂、どこかで見たことがあるような……以下、「おススメ」をご覧ください。

・第13ランナー：国府津駅～小田原駅東口　箱根登山バス「国府津線」〈1日目13本目　450円〉

乗り継ぎ **おススメ・二30「押切坂上」バス停→押切坂**

「押切坂上」バス停から西側に続く下り坂を、正月に見たことがある! 人も多いでしょう。

国道1号（東海道）のこの坂道は箱根駅伝4区・6区のコースとしてお馴染み。レースの内容というより、坂道の途中で選手に声援を送るフリーザ様・ドドリアなどが印象に残っている人も多いでしょう。

この押切坂は、「国06」の「押切」バス停から東に500m歩いてもたどり着けます……が、なかなかの上り坂になるので、「二30」の押切坂上バス停から西側に歩き、坂を降りる方が確実におススメです。

バスは相変わらず東海道沿いに走り、街道沿いの石灯篭や商家跡を眺めながら進みます。藤沢～小田原間は鉄道と東海道が随所で2～3㎞ほど離れており、ほぼ平行する路線バスが生き残れたのではないでしょうか。

小田原城を真正面に見据えながらバスは進み、城の手前で右折してちょっと走ると、もう小田原駅です。

・第14ランナー：小田原駅東口～元箱根港　箱根登山バス「H」（箱根町港行き）〈1日目14本目　1340円〉

小田原駅を出たバスは、小田原城を時計回りに回り込みながら1号に戻り、2016年まで箱根駅伝の中継所があった旧・メガネスーパー本社から、いまの中継所がある鈴廣かまぼこの里を通過し、いよいよ箱根の山へ！

なお小田原駅～元箱根港間を箱根駅伝5区・6区のルートそのままに走るバスは昼間1～2

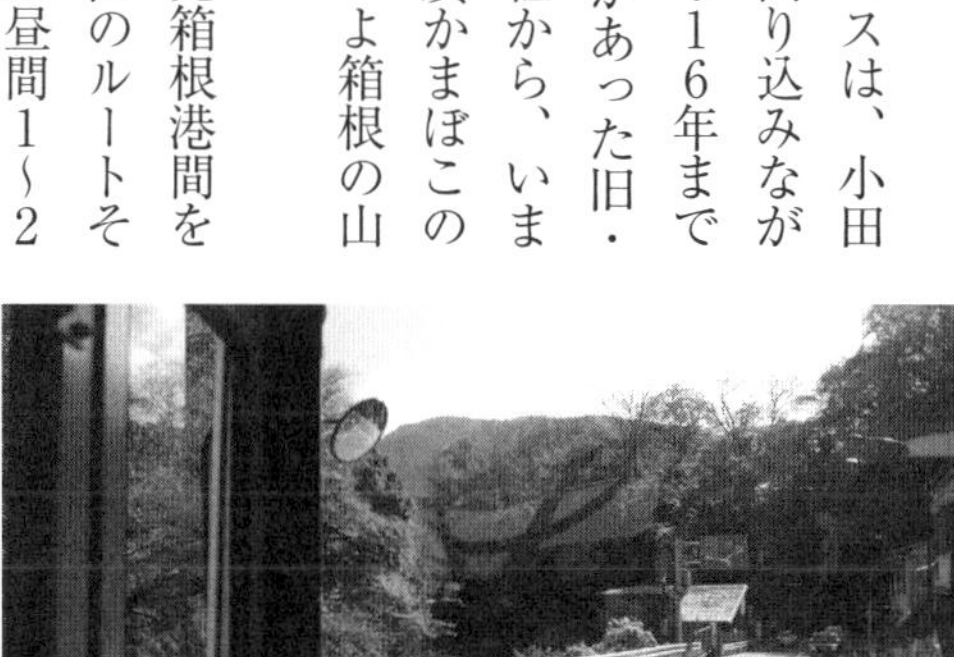

箱根登山バスの路線は、箱根駅伝の5区・6区にあたる区間を走る

COLUMN

観光シーズンの箱根湯本駅

観光シーズンの箱根湯本駅前のバス乗り場には、峠を歩くより体力を吸い取られそうな乗車待ちの行列が伸びています。

ダイヤ通りの1時間6本程度ではとても賄いきれず、箱根登山バスの社員さんが待機中のバスに指示を出す様子を観察できます。

バス待機場は川を挟んだ湯本大橋の向こうにあるようで、「○○、すぐに準備願います。行列30、40、いやもっとあります！ 2台準備！」と無線で叫びながら指示出し。ただしたまに定期観光バスの行列を客待ちと見間違う時もあるようで、筆者が訪問した時は前の便はぎゅうぎゅうだったのに、乗車した便は5人。運転手さんに「あの指令の人がやらかしちゃった（判断を間違えて増便を出した）の。お客さん本当にラッキーだったねぇ」と言われました。

時間に1本。箱根湯本駅～元箱根港間は一挙に本数が増加します。

また時間・体調面で余裕がある方は、元箱根港への最短距離ではあるもののカーブが続く、旧・東海道の箱根登山バス「K」をどうぞ（本数少）。

・第15ランナー：元箱根港～三島駅（南口） 東海バス「N65」〈2日目1本目 1050円〉

芦ノ湖畔の「元箱根港」バスターミナルを出たバスは箱根峠を越え、いよいよ静岡県へ。18㎞で800m以上の高度差をバスはヘアピンカーブで降りて、JR三島駅の南口に到着します。

Part 4 三島～静岡

東京から神戸への路線バス乗り継ぎは、このあたりから徐々に困難になってきます。平成初期までは「富士急バス根方線」（沼津駅～富士駅）、「富士急バス興津線」（富士駅～興津駅）と、ほぼ乗り換えずバス移動できた区間ですが、元号も令和となった今、どなっているのか？

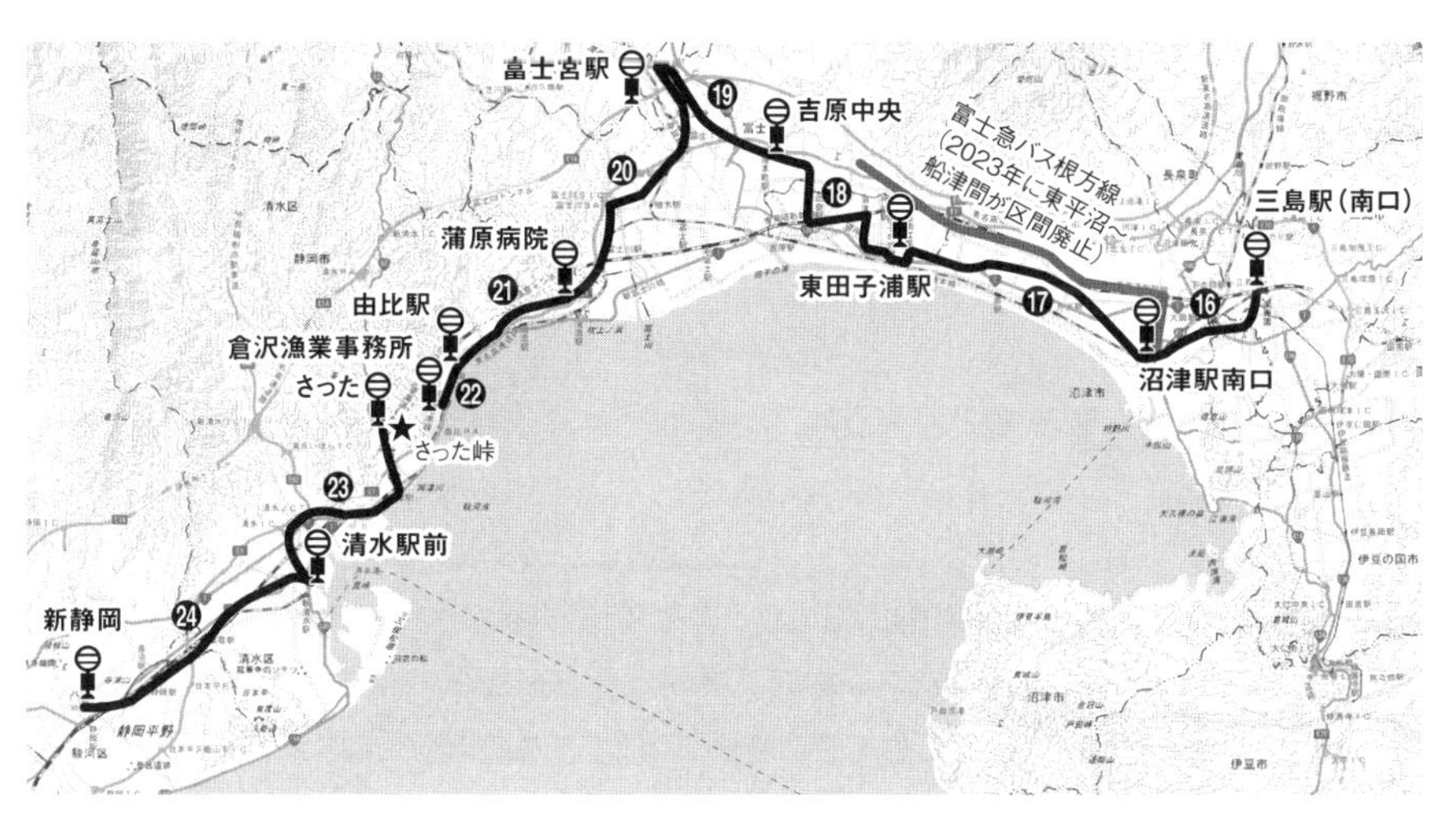

・第16ランナー：三島駅南口〜沼津駅南口　伊豆箱根バス「三07」「三03」「沼51」〈2日目2本目　510円〉

三島駅〜沼津駅はもともとJR（国鉄）だけでなく、路面電車（伊豆箱根軌道線。1963年廃止）が頻繁に運行されていた区間。いまも複数系統が運行され、沼津駅方面へのバスは、ほぼ待たされることはありません。

沼津駅前。今はラブライブ関連の施設などもあり、様変わりした

・第17ランナー：沼津駅南口〜東田子浦駅　富士急シティバス「東海道線」〈2日目3本目　670円〉
・第18ランナー：東田子浦駅〜吉原中央駅　富士急静岡バス「東海道線」〈2日目4本目　450円〉

沼津駅〜富士駅間の移動は、その路線名の通り、東海道をトコトコと走り抜け、東田子の浦駅で乗り継いで吉原へ。東海道五十三次の14番目

COLUMN

岳南原田駅の駅そば「めん太郎」

岳南電車・岳南原田駅の駅舎の一角には、駅そば「めん太郎」があります。この駅は日本製紙の貨物線が分岐するとあって駅舎も広め。しかし今は無人駅となり、面積の大半は駅舎内のそば屋さん「めん太郎」に取られているのです。

とはいっても、お店のカウンターは数席のみ。いつの間にかその前のスペースにもテーブルが置かれ、さらに隣の待合室にもテーブルと椅子が増えて、事前に「こっちで待ってます」と言っておけば、厨房と待合室を隔てる小さい窓から「お待たせ！」とそばを出してくれます。電車の利用者は1日100人弱、そば屋さんの存在感が年々大きくなっていく……。

なお岳南原田駅は、富士急バス根方線の「原田駅前」バス停からもアクセス可能。ただしバスの本数は2時間に1本ほど。岳南電車で吉原本町駅まで行って、「吉原中央」バス停でまたバス乗り継ぎに戻るのも良いでしょう。

の吉原宿があった宿場町は、明治期に鉄道が建設される際は反対があったとか、なかったとか。

宿場町や旧・吉原市（１９６６年の富士市発足に参加、合併で消滅）の中心部にある「吉原中央駅」バス停は、ＪＲ東海道線・吉原駅の２km以上北側にあります。鉄道から離れた街があるからこそ、各方面へのバス路線が生き残っているのでしょう。

そして、この２都市のバス移動は東海道経由以上に、３kmほど北側の根方街道経由の系統が存在感を発揮していました。早々に東田子の浦駅で系統が分断された東海道経由と違って、平成初期までは沼津駅〜富士駅間の通し運行が１時間に１〜２本あったように記憶しています。

しかし運転本数は徐々に減少し、２０１９年には市境に近い「東平沼」で系統分割。そして２０２３年４月、沼津市・富士市にまたがる一部区間（東平沼〜船津間）が廃止となり、根方街道経由のバス路線は途切れました。

ただ、この根方街道は極度な道幅の狭さで知られており、運転手さんの気の使い方、負担も相当なものだったと思われます。「よくこんな道に大型バスが通ってたな！」と感心しながら、バスが走らなくなった道を歩くのも良いでしょう。

・第19ランナー：吉原中央駅〜富士宮駅　富士急静岡バス「大月線」〈2日目5本目　500円〉

富士急バスの路線再編・区間廃止で沼津・富士・由比と最短ルートをたどれなくなったものの、富士宮駅まで大きく遠回りすることで、路線バスでの乗り継ぎは辛うじて維持されています。ただ本数は少なく時間もかかるため、富士駅から富士川橋を渡り、蒲原病院まで6㎞ほど歩いてもよいかもしれません。

なお沼津〜富士宮間は、沼津駅〜原駅〜東田子の浦駅〜吉原中央〜富士宮と乗り継いでも到達可能。また本数はごく少ないものの、富士山駅から一挙に新富士駅まで抜けることもできます（いずれも富士急バス）。

・第20ランナー：富士宮駅〜蒲原病院　山梨交通「富士宮駅〜蒲原病院」〈2日目6本目　750円〉

富士宮駅から沼久保地区で富士川を渡り、左岸の道路をひたすら走って蒲原病院へ。ただこの道路は川沿いと思えないほど起伏が激しく、スピードを出せないこともあって、運転手さんによるとやや遅れることもあるようです。

なお蒲原病院での山交・自主運行バスの乗り継ぎは基本的に考慮されず、便によっては接続時間が6分待ち（午前9時台）の時もあれば、1分しかない（午前11時台）時も。病院の通院に使われるバスなので、接続する必要はほぼないのですが、ここでの乗り継ぎ失敗はちょっと悔しい……。

・第21ランナー：蒲原病院〜由比駅　静岡市自主運行バス「由比・蒲原病院線」〈3日目1本目　300円〉

2019年までは「興津線」として富士駅〜蒲原病院〜寺尾橋（由比駅の少し西側）間を乗り通すことができた区間

COLUMN

薩埵峠　徒歩区間

薩埵峠は標高93mの小ぢんまりした峠ですが、海岸線から1㎞ほどで一挙に急坂を登らないとたどり着けません。

歌川広重の浮世絵『東海道五十三次之内』では、ただの断崖絶壁を「これは『SASUKE』か何かかな？」という状態で、這うようにして越える様子が描かれています。

なお、かつてはこの崖下も断崖絶壁。海沿いに土地が開けたのは1854年の大地震で海岸が隆起してからです。峠の展望台から見下ろす東海道本線・国道1号・東名高速も、この地震がなければトンネルで抜けざるを得なかったかもしれません。

です。ただ末期は1日3本まで減便され、全線廃止は秒読みの状態が続いていました。

なお、このバスは蒲原病院発の最終が14時台と早め。「東海道乗りバス本線」2日目は、どう頑張っても蒲原病院が終点となります。

・第22ランナー：由比駅〜倉沢漁業事務所　ゆいバス「香木穴・倉沢コース」〈3日目2本目　200円〉

海側の国道1号を走れば数分で到着しますが、バスが走るのは100mほど山手に伸びる旧・東海道。由比駅〜倉沢間のバスは循環ルートになっており、時間帯によって1号で倉沢に直行する便と、旧・東海道の狭い街並みをうねうね進む便があります。

そして運行は月・水・金のみ。日程が合わなければ、由比駅〜倉沢間は徒歩1・9㎞。しかし、

ゆいバス・倉沢漁業事務所バス停。表記はないが写真右側の小さな三角スペースに停車する

COLUMN

立ち寄りたい！「駿河健康ランド」

様々な天然温泉を楽しめるこの健康ランドは無料送迎バスがとても充実しており、富士駅・由比駅などからの便、興津駅・清水駅に向かう便を組み合わせると、歩くことなく“バス乗り継ぎ”を果たせます。もちろん無料！

また予約制で、系列の石和健康ランド（山梨県笛吹市）や信州健康ランド（長野県塩尻市）に無料送迎が可能。サウナで整ったあとに、東海道から中山道まで“ワープ”はいかがでしょうか。

次の区間は……。

・倉沢漁業事務所～さった　徒歩　2・8㎞

東京から約150㎞、ついに徒歩連絡区間の登場です！

この区間は目の前の国道1号を歩くのも良いですが、徒歩距離としては遠回りになる上に排ガスまみれで、明らかに快適な環境ではありません。急がずゆっくり、バス停のすぐ近くにある坂道を登って、昔の旅人と同様に峠を越えていきましょう。

1日1本のバスの始発点「承元寺」バス停

・第23ランナー：さった～清水駅　しずてつジャストライン「三保山の手線」〈4日目1本目　370円〉

旧・東海道沿いの寺院や石灯籠を眺めながら歩くと、程なくしずてつジャストラインの「さった」バス停に出ます。しかし、ここには平日朝1本しかバスが停車しないので、

COLUMN

立ち寄りたい！スポット
炭焼きレストラン「さわやか」はバス旅の途中に寄れるか？

静岡まで来たら、「さわやか」でげんこつハンバーグを食べたいですよね！「東海道乗りバス本線」の途中で寄れそうな「さわやか」をピックアップしてみました。

・長泉店→三島駅から富士急シティバス桜堤線「勤労者体育センター東」下車 徒歩200m（少し寄り道）

・新静岡セノバ店→言わずと知れた「新静岡セノバ」5階！

・掛川インター店→掛川大東浜岡線「矢崎」バス停下車　300m（経路上！）

・浜松遠鉄店→浜松駅前「遠鉄百貨店」8階

・浜松高塚店→遠鉄バス「10」馬郡車庫行き 「高塚西」下車（湖西市内で徒歩を選択した場合は経路上）

他にもバスで行けそうなお店は数々ありそうです。中にはバスの本数が1〜2時間に1本、というお店もありますが……いいじゃないですか、「さわやか」なのでそれくらい待たされるだろうし。

目の前の興津川に架かる橋を渡って500m先にある「新浦安橋」バス停を利用した方が良いでしょう。こちらはかつてよりかなり減便されたものの、1時間に1〜2本は運行されています。

・第24ランナー：清水駅〜新静岡　しずてつジャストライン「北街道線」（静岡駅前行き）〈4日目2本目　550円〉

かつては人口20万人強を擁していた清水市も2003年に静岡市に合併。清水〜静岡間のバスは「久能山下」「東静岡駅」バス停などでの乗り継ぎでも移動できますが、直通するのは現在では、国道1号（静清バイパス）を突っ走る「北街道線」のみです。

たまに裏筋に入るものの基本的にはまっすぐ。「鳥坂営業所」からは混雑で徐々にスピードを落とすものの、おおむね快適に静岡市の市街地に突入します。

バスは静岡駅前まで行きますが、静岡鉄道の駅やバスターミナル、商業施設・セノバがある「新静岡」で下車しましょう。

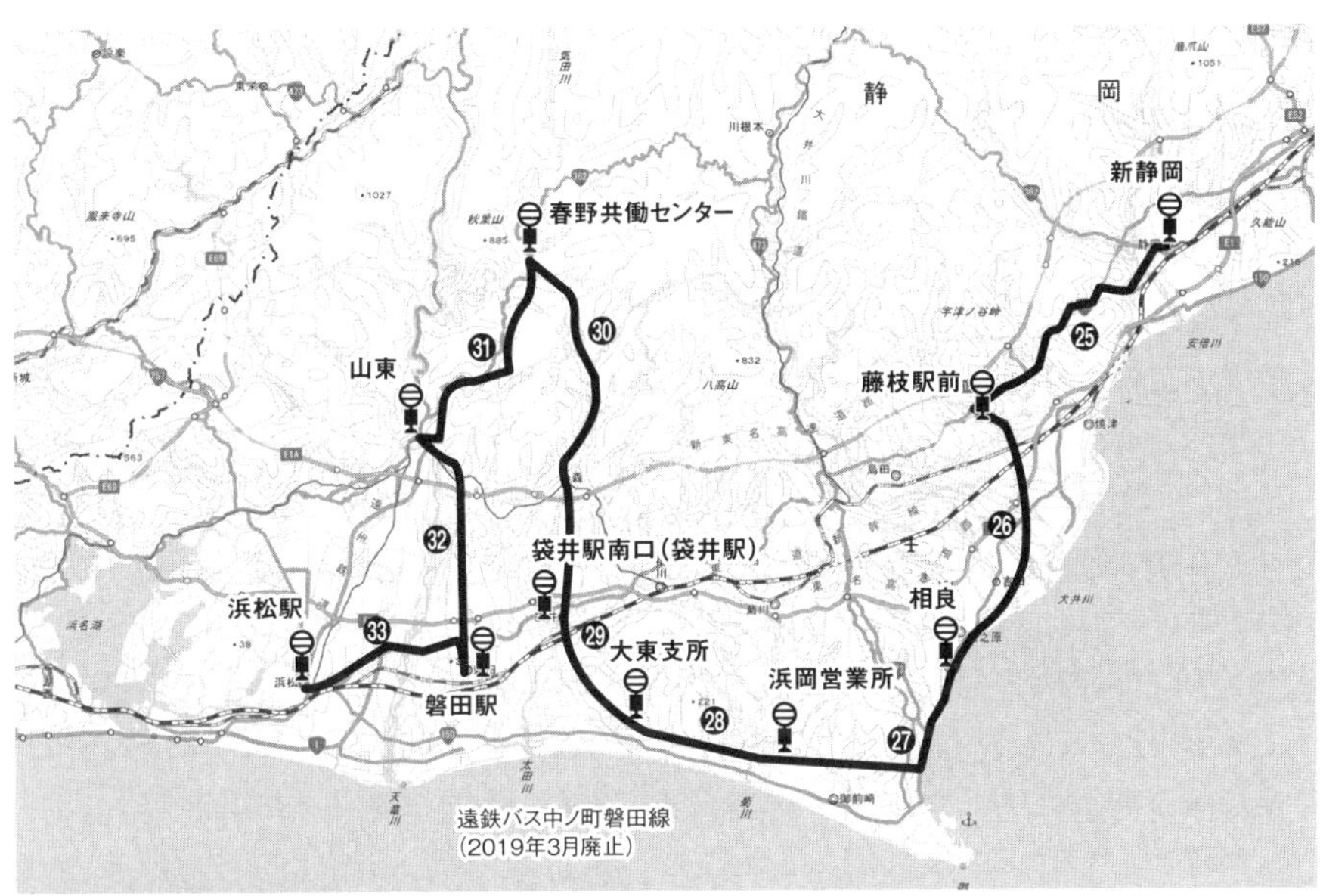

Part 5 静岡～浜松

静岡県中部はしずてつジャストライン（静岡鉄道バス）、や、系列の秋葉バスサービスの独壇場。かなり似通った塗装のバスが続きます。

この区間はかつて国道1号経由の急行バス「静岡浜松線」が一時代を築いていましたが、高速道路経由に経路変更となった後廃止。現在はほとんど乗り継げなくなっています。

ということで、国道1号を走るのは藤枝あたりまで。あとは海沿いに行ったり、山に入っていったり。

新静岡セノバから出発するバス

- 第25ランナー：新静岡～藤枝駅前　しずてつジャストライン「中部国道線」〈4日目3本目　610円〉
- 第26ランナー：藤枝駅南口～相良本町　しずてつジャストライン「藤枝相良線」〈4日目4本目　940円〉

新静岡を出たバスは国道1号に

COLUMN

鉄道廃線跡をたどる

しずてつジャストライン・相良営業所は、2020年まではかつての静岡鉄道・駿遠線の新相良駅跡地にありました。同年に営業所が移転、現在は代替バス停も別の場所に移設されています。跡地にはドラッグストアがオープンするも、数日後に突風で外壁の一部が吹き飛ばされたとのこと。海にほど近いこの地は、なかなか自然条件が厳しいところです。

そして浜岡から掛川方面の「駿遠線」廃線跡は、歩道・笠原軽便通り 軽便電車道として整備され、旧･新岡崎駅のホームなどをバスから眺めることが可能。東海道本線よりはるかに遠回りなルートで静岡〜袋井間を結んでいた駿遠線の痕跡を、バスから眺めてみましょう。

戻り、岡部バイパス区間を経て藤枝駅、乗り換えて相良営業所へと進みます。なお静岡市内から相良営業所間は直行バス「特急相良静岡線」もありますが、高速道路経由なのでご注意ください。

・第27ランナー：相良本通〜浜岡営業所　自主運行バス「相良浜岡線」〈4日目5本目　560円〉

先に触れた特急「相良静岡線」は、一部便が浜岡まで乗り入れ、この区間は一般道を走るため、どちらを利用してもOK。

２０２０年のダイヤ改正から始まったこの乗り入れは、特急バスの一部車両を浜岡営業所が受け持っていたことから、そのまま客扱いで延長したと思われます。それまでは、普通の路線バスの区間でも日野セレガなどの高速バス用車両での運行がよく見られました。

・第28ランナー：浜岡営業所〜大東支所　しずてつジャストライン「掛川大東浜岡線」（掛川駅前行き）〈4日目6本目　420円〉

・第29ランナー：大東支所〜袋井駅南口　秋葉バスサービス「秋葉中遠線」〈4日目7本目　800円〉

COLUMN

立ち寄りたい！スポット　春野「すみれの湯」

協働センター１階に入居している「すみれの湯」は、遠州・春野の杉を浴槽に贅沢に使用。そればかりでなく、外には巨大な春の杉の木桶が設けられて、そこでお湯を溜めて配水。施設中が杉のいい香りでいっぱい！

泉質じたいは温泉感がまったくない普通のスーパー銭湯ですが、それを差し引いてもこの設備は最高！ なお部外者でも200円で入浴できます。

バスは国道１５０号沿いの丘陵地帯をひたすら進み、メロン畑の中にポツンと旧・役場がそびえたつ「大東支所」バス停で、秋葉バスサービスに乗り換えます。

それにしても風が強く、南すぐに砂浜があるせいか、微妙に砂交じり。でも夏にここでバス待ちをすると涼しい！

・第30ランナー：袋井駅〜春野共働センター　秋葉バスサービス「秋葉線」〈４日目８本目　７７０円〉

袋井駅〜浜松駅間を直通で走っていたバスは２０１８年廃止。その先は２０２１年まで、掛川駅の南側３kmほどにある横須賀バス停から浜松駅方面の遠鉄バスに乗り継ぐことができました。いま掛川〜浜松間を歩かずにバスで乗り継ぐとなると、山あいに20km以上迂回し、掛川駅→遠州森町→春野（浜松市）と秋葉バスサービス路線、春野で遠鉄バスへの乗り換えが必要です。

・第31ランナー：春野共働センター〜山東　遠鉄バス「秋葉線」（西鹿島駅前行き）〈４日目９本目　７００円〉

・第32ランナー：山東〜磐田駅　遠鉄バス「30」〈５日目１本目　７００円〉

バスの乗り継ぎ地点となる「春野協働センター」バス停は、市役所の支所機能を持つ総合センターの前にあります。

遠鉄バスは、かつては気田川上流まで9系統ものバスを運行していましたが、現在は隔日運行の自治体バスに転換されています。

バス乗り継ぎ経路の〝最後の砦〟ともいえる春野地区ですが、掛川市・浜松市ともバスの補助金の妥当性が検討されているため、先行きの見通しはあまり良くなさそう。

・第33ランナー：磐田駅～浜松駅　遠鉄バス「80」〈5日目2本目　510円〉

この乗り継ぎも、2021年までは西鹿島駅まで行って、そこから「笠井線」で浜松駅へ一直線だったのが、同線の短縮でルート変更。浜松市天竜区（旧・天竜市）の中心部にある「山東」バス停で磐田駅に乗り継ぎ、そこから浜松駅に向かいます。

Part 6 浜松～豊橋

この地域は平成初期までは、遠鉄バスの長大な直通路線や国鉄バス浜名線などで易々と経路を組むことができました。しかしいま、「東海道乗りバス本線」でもっとも乗り継ぎ難易度の高い地域となっています。

浜松駅～豊橋駅間を直接結んでいた国鉄（JR）バスは2002年までに全廃、その名残りであった遠鉄バス浜名線（浜松駅～湖西市役所）も2021年に区間短縮。浜名湖の3橋（弁天大橋・中浜名湖橋・西浜名湖橋）を渡るバスが消滅、最短距離でバスを乗り継ぐのに、浜名湖東岸の「馬郡車庫」から「新居町駅」（湖西市）まで6㎞以上の徒歩が必要となりました。

また山間部の「田沢」バス停から新城市Sバスで本長篠駅（愛知県新城市）に抜けるルートは、遠鉄バス渋川線が

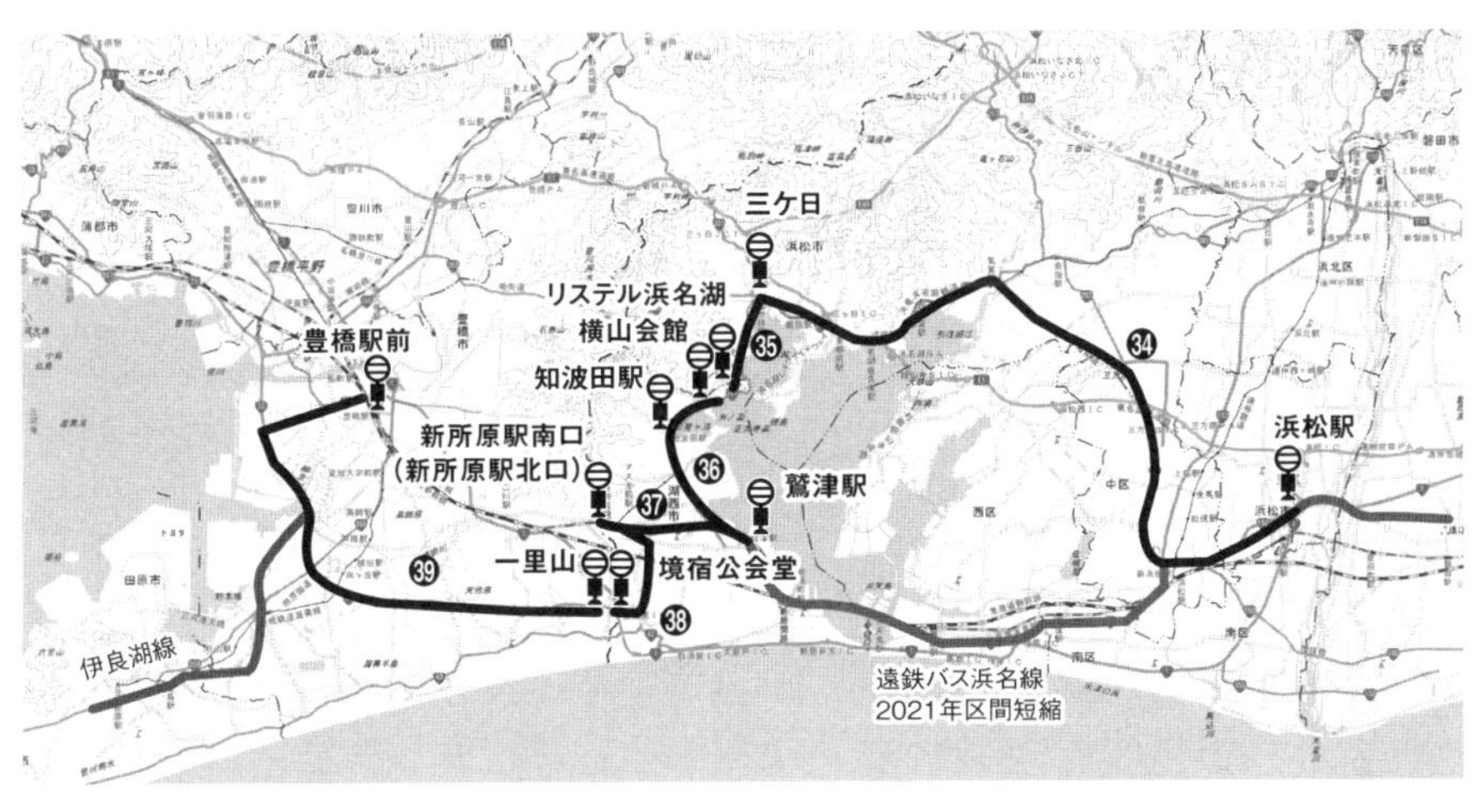

２０２１年に短縮となったことで寸断。この時点で、浜松市から愛知県側にバスを乗り継げるルートはすべて消滅し、徒歩移動を要するルートばかりに。

しかしこうしてみると、コロナ禍が遠因の遠鉄バス再編で繋がらなくなったパターンの、何と多いことか！（再編自体はその前から検討されていましたが……）

・第34ランナー：浜松駅〜三ケ日　遠鉄バス「気賀三ケ日線」〈5日目3本目　７００円〉

ここで、徒歩距離が最短で済む区間を行ってみましょう。浜松駅からは湖西市方面への国道３０１号ではなく、浜名湖北岸の３６２号方面へ。

・第35ランナー：三ケ日〜リステル浜名湖　三ケ日オレンジふれあいバス「南線」〈5日目4本目　４００円〉

・リステル浜名湖〜横山会館　徒歩１・７km

天竜浜名湖鉄道沿いに「三ケ日」バス停ま

「リステル浜名湖」バス停に到着する「三ケ日オレンジふれあいバス」

で進んだら、オレンジバス（旧・三ヶ日町の町営バス）で浜名湖の北西奥にある猪鼻湖の西岸にあるリゾートホテル・リステル浜名湖前で下車。路線廃止となった湖西市経由・田沢経由だといずれも数kmの徒歩を必要としますが、このルートなら徒歩はたったの1・7kmで済みます。

・第36ランナー：横山会館～鷲津駅　湖西市コーちゃんバス「知波田入出線」〈6日目1本目　200円〉

他のバス乗り継ぎルートと比べると革命的に徒歩距離が減るこのルートですが、難点はオレンジバスが1日5本、横山会館発のバスが朝の1本（7時5分発）という、極度な本数の少なさ。

東京からバスを乗り継いできた方はお疲れでしょうから、「リステル浜名湖」でゆっくりと宿泊して夕日を眺めて、朝イチで横山会館まで歩かれてはいかがでしょうか。ただこの後も乗車困難な乗り継ぎが続くので、もはや正解は「湖西市内から豊橋まで20km歩く」なのかもしれません。

なお急がれる方はリステル浜名湖～知波田駅を6・7km歩けば、知波田駅～鷲津駅は1日6便。また三ケ日～リステル浜名湖は徒歩4・2km。結局そこそこに歩くことになりますが、それでもこのルートがもっとも徒歩が少なくて済みそうです。

・第37ランナー：鷲津駅～新所原駅南口　湖西市コーちゃんバス「岡崎鷲津線」〈6日目2本目　200円〉

・第38ランナー：新所原駅北口～境宿公会堂　湖西市コーちゃんバス「白須賀岡崎線」〈6日目3本目　200円〉

湖西市コーちゃんバス 車両

COLUMN

乗り継ぎ裏テク！
湖西市「企業シャトル　BaaS」を使ってみよう

人口6万人の湖西市は国道1号・301号沿いに自動車部品・電子部品の工場が立ち並ぶ、いわゆる企業城下町。JR新所原駅・鷲津駅などから頻繁に発着する企業送迎バスに、一般の人々が乗れるようにしたのが「企業シャトルBaaS」です。

事前にLINEなどからの登録、かつ利用には事前予約が必要となりますが、このBaaSなら路線バスの運行がない時間にも、各工場近くまで移動が可能。「デンソー線」で「デンソー湖西製作所・豊橋東製作所」まで行けば、そこから豊鉄バス・一里山バス停は1㎞ほど。1日3往復ではあるものの、乗り継ぎの選択肢が少しだけ増えます。

あれだけバスが走っていた国道1号・湖西市内は今や多くても系統も1日5本程度。湖西市役所近くにあった遠鉄バスの営業所は、もはや影も形もありません。なお市内にはソニー・スズキ・デンソーなどの工場が林立しているため、企業送迎バスは物凄い頻度で走り抜けています。

そして新所原駅から旧東海道・白須賀宿に向かうバスを、街道沿いの境宿公会堂で下車。街道沿いを歩いて県境を越えます。

・境宿公会堂〜一里山　徒歩1・0㎞

静岡県・愛知県の県境前後には笠子神社・稲荷神社・成林寺などの寺社仏閣や地蔵など、旅人の平安を願うものがたった1㎞のあいだにギュッと凝縮され、お参りしたり、社殿を眺めたり、涼みながら歩けば退屈しません。境内など日陰も至るところにあり、次のバス停「一里山」の前にあるファミリーマートはイートイン付き。

とにかくゆっくり歩きましょう。なにぶん一里山バス停から豊橋行きのバスは1日2本。もっともタイミングが良くとも、2時間近いバス待ちが発生します。

・第39ランナー：一里山〜豊橋駅前　豊鉄バス「三川線」〈6日目4本目　660円〉

徒歩で静岡県・愛知県境を越えて、一里山バス停から豊橋駅へ。こちらも1日2本しかバスがないうえに、途中のシンフォニアテクノロジーの工場の帰宅ラッシュでそこそこに人が乗ってくるので注意。

Part 7 豊橋〜名古屋

3度の徒歩区間を経て静岡県を抜け、ようやく愛知県へ。このあと神戸まで徒歩区間はないので、ご安心ください。

愛知県内のバス乗り継ぎは、まあまあ順調。ただし路線バスは最短距離である東海道本線（蒲郡経由）や国道1号・名鉄・東海道（岡崎経由）を通らず、山側を大きく回り込みます。

一里山のバス

・第40ランナー：豊橋駅前〜新城市民病院　豊鉄バス「新豊（しんぽう）線」（新城富永行き）〈6日目5本目　600円〉

豊橋駅前を出たバスは、そのままJR飯田線沿いに国道151号沿いに北上。バスの終点「新城富永」は国道わきの豊鉄バスの営業所とコンビニが1軒以外何もない場所なので、市街地にある新城市民病院の前で下車しましょう。

・第41ランナー：新城市民病院〜田口　豊鉄バス「田口新城線」〈6日目6本目　1200円〉

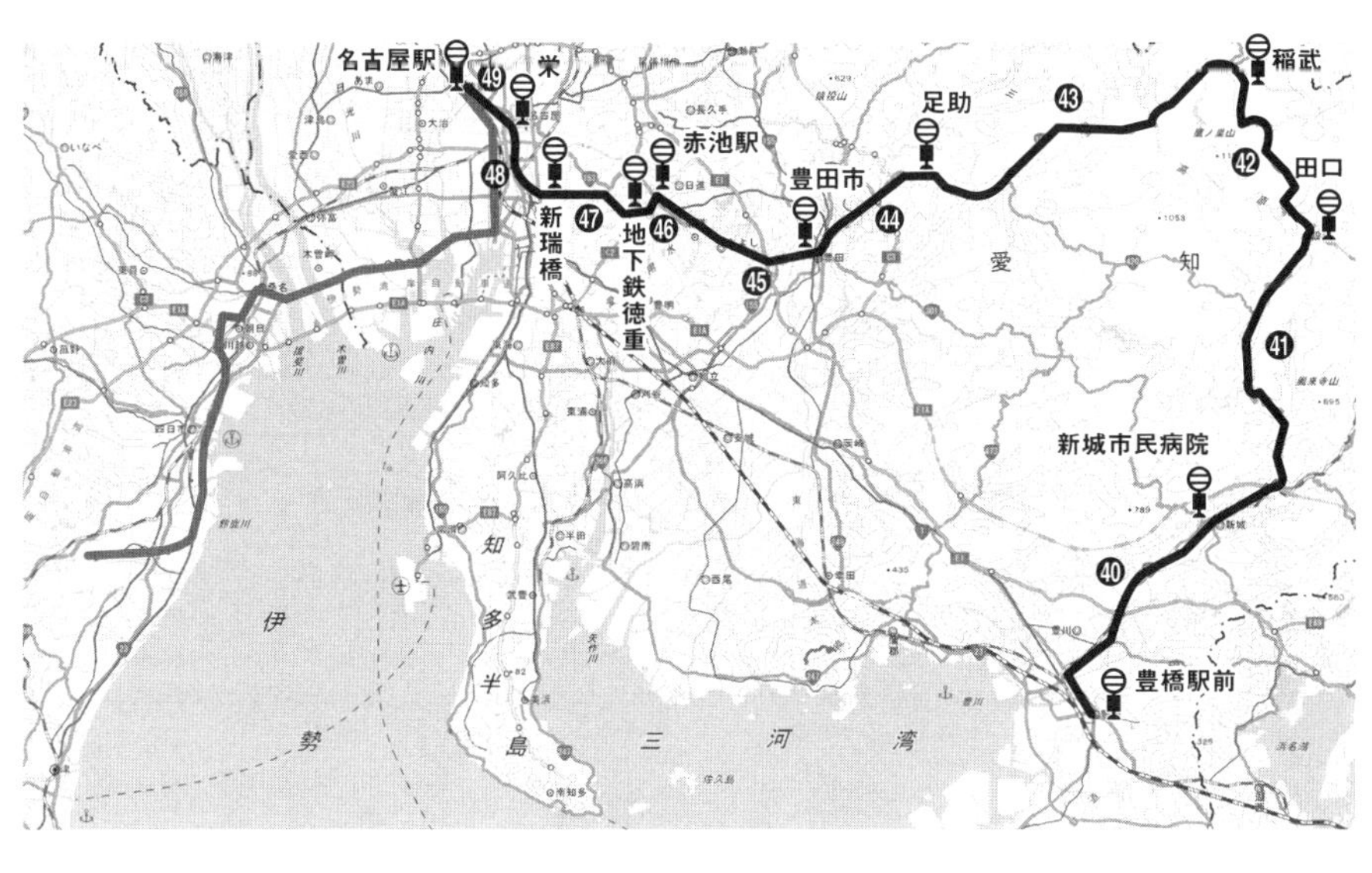

運転手さんによると、田口線のバスは新城富永の営業所から市街地をぐるっと迂回して回送で入ってくるのだとか。そしてみるみるうちに坂を上り、木材産業が全盛期だったころは賑わっていたという設楽（したら）町田口へ。

なおこのバス路線は、1968年に廃止となった豊橋鉄道田口線の代替バスでもあり、かつての駅や線路跡をかすめながら進みますが、終点・三河田口駅跡はダム建設のため、間もなく湖底に沈むとのこと。筆者訪問の数年後、一帯が工事関係者以外立ち入り禁止となりました。

バスは「豊橋鉄道田口線」の路盤跡をかすめながら走る。長原前駅付近

・第42ランナー：田口〜稲武　おでかけ北設「稲武線」（どんぐりの湯行き）〈7日目1本目　500円〉

山岳部の中心都市・田口と、飯田街道の要衝でもある稲武を結びます。

田口（設楽町）と稲武（旧・稲武町）の2町は、かつてはおなじ

乗り換え **乗りバス飯田線　豊橋駅前〜稲武〜飯田〜遠山郷**

豊橋駅〜稲武は「東海道乗りバス本線」と重複

豊田市どんぐりバス　(どんぐりの湯発) 稲武〜根羽

根羽村西部コミュニティバス　根羽〜こまんば (阿智高校前着)

信南交通「駒場線」　(昼神温泉郷発) こまんば〜飯田駅前

飯田から北側のバスは、ほぼ途絶えています。伊那市まで繋げれば、そこから高速経由で中央乗りバス本線・茅野駅まで繋げたのに!!

北設楽郡で、小選挙区も旧・愛知14区どうしと、どちらかといえば生活圏は東側の新城市向きだったといいます。しかし稲武町は2005年に西側の豊田市と合併。地域で唯一の存在だった田口高校稲武校舎も2008年に閉鎖。国道153号の改修もあって豊田市への移動が容易になったこともあり、田口高校ではなく豊田市内の高校に通う生徒も多いのだとか。

そして2022年には、小選挙区の区割り変更で旧・稲武町は豊田市側(愛知11区)に。隣接する設楽町・稲武町は別の地域となりつつあります。

・第43ランナー：稲武〜足助(あすけ)　とよたおいでんバス「稲武・足助線」(足助病院行き)〈7日目2本目　600円〉

田口高校稲武校舎はかつて、愛知県だけでなく長野県根羽村、静岡県佐久間町など〝3県の生徒が集まる高校〟として有名だったのだとか。バスは一挙に山を駆け下り、足助に向かいます。

・第44ランナー：足助〜豊田市　名鉄バス「矢並線」〈7日目3本目　800円〉

・第45ランナー：豊田市〜赤池駅　名鉄バス「星ヶ丘・豊田線」〈7日目4本目　680円〉

・第46ランナー：赤池駅〜地下鉄徳重　名鉄バス「豊明団地線」(前後駅行き)〈7日目5本目　350円〉

COLUMN

「喫茶マウンテン」バス乗り継ぎ中に寄れる？

とんかつパフェのような驚くべきメニューで知られる「喫茶マウンテン」にも、バス乗り継ぎの途中に立ち寄れます。ただし、この書籍で指定しているルートから少し外れるので、支線を指定しておきます。

地下鉄徳重→「平針11・徳重11」で地下鉄平針→「八事11」で八事日赤行院へ。このまま歩いても15分ほど、滝川町まで乗車すれば5分ほど。

食べ終わったらそのまま「滝川町」バス停から星丘13に乗車、杁中(いりなか)まで行けば、栄行きのバスは複数系統あります。

豊田市駅〜赤池間は名鉄豊田線もありますが、バスはその南側、国道153号の沿線をカバーしていきます。なお系統はA線（衣ヶ原経由。自動車の下請け工場街）とB線（新屋経由。街道沿い）がありますが、時間的にはどちらもほぼ変わりません。

・第47ランナー：地下鉄徳重〜新瑞橋　名古屋市バス「新瑞12」〈7日目6本目　210円〉

・第48ランナー：新瑞橋〜栄　名古屋市バス「栄20」〈7日目7本目　210円〉

新瑞橋バスターミナル

商業施設・ヒルズウォーク徳重ガーデンズの1階にあるバスターミナルから、愛知県道諸輪名古屋線を通って名鉄鳴海へ、そしてそのまま北上、新瑞橋へ。

そして新瑞橋から御器所まで北上し、ついに名古屋テレビ塔の前・栄まで。なおこのあたりから複数ルートで到達できるのでご了承ください。

・第49ランナー：栄〜名古屋駅　名古屋市バス「名駅16」〈7日目8本目　2

10円〉

ここまで来ると、名古屋駅方面には複数系統のバスが走っているので安心。なお栄～名古屋には、路面公共交通システム「SRT」という、鉄道の乗り心地とバスの機動性を両取りするような交通機関の導入を検討中。たまに走行実験で連接バスが走っています。大丈夫かなぁ、名古屋の乗り物は独自性が高すぎてコストが嵩んでいるんだけど……（ピーチライナー・基幹バス・リニモなど）。

バスは名古屋駅併設のバスターミナルまで行きますが、次のバスは近傍の名鉄バスセンターで乗り換えとなります。

栄バス停。現在では路上に移動し、ターミナルは廃止となっている

Part 8 名古屋～津

鉄道の東海道本線は名古屋・岐阜から関ヶ原を越えますが、街道としての東海道は桑名・四日市から鈴鹿山脈を越えて京都に向かいます。バスの乗り継ぎは……鉄道側に進むと、3～5㎞の徒歩乗り継ぎが何度も出てくる上に、本数の少なさ・コミュニティバスの多さでかなり難易度が上がるため、全体的に接続の良い「鈴鹿山脈回り込み」ルートを目指しましょう。

なにぶん、街道としての東海道は本来、こっち方向ですから。

200万都市・名古屋から県境を越えて三重県に入り、桑名市（人口20万人強）→四日市市（人口30万人強）→県庁所在地の津市と、路線バスで移動します。さて、一番難航する区間はどこでしょう？

正解は、何と「名古屋市→桑名市」。この区間は直通バスも含めて、1日に片道1本のバスが2系統あるのみ。木曽三川（木曽川・揖斐川・長良川）を越えることもあって、かつて高頻度で走っていた〝下道直通〟バス路線は、ほぼ消減してしまいました。

・第50ランナー：名鉄バスセンター～桑名駅前　三重交通「50」〈7日目9本目　930円〉

三重県・桑名方面に抜けるただ1系統の路線バス、三重交通の「50」系統は、ほとんどが名古屋市内の「かの里」バス停止まりで、桑名駅前まで直通するのは名鉄バスセンター21時40分発の1本、片方向のみです。

かつては近鉄名古屋線やJR関西本線に対抗すべく1時間に2～3本が桑名駅前まで走っていたものの、平成初期から周辺路線も含めて急速に姿を消し、今では「かの里」行きのバスも2時間に1本。まさか200万都市・名古屋の隅で、路線バス網縮小の煽りを食うとは！

しかし愛知県内のバス乗り継ぎは全体的に繋がりが良く、朝一番に豊橋駅を出れば、桑名駅前行きに何とか間に合います。

またもう1系統、おなじ三重交通「61」が名鉄バスセンターを21時ちょうど発、終点の南桑名バス停に21時59分に到着。しかし、目の前の道路上にある三交桑名バス停から

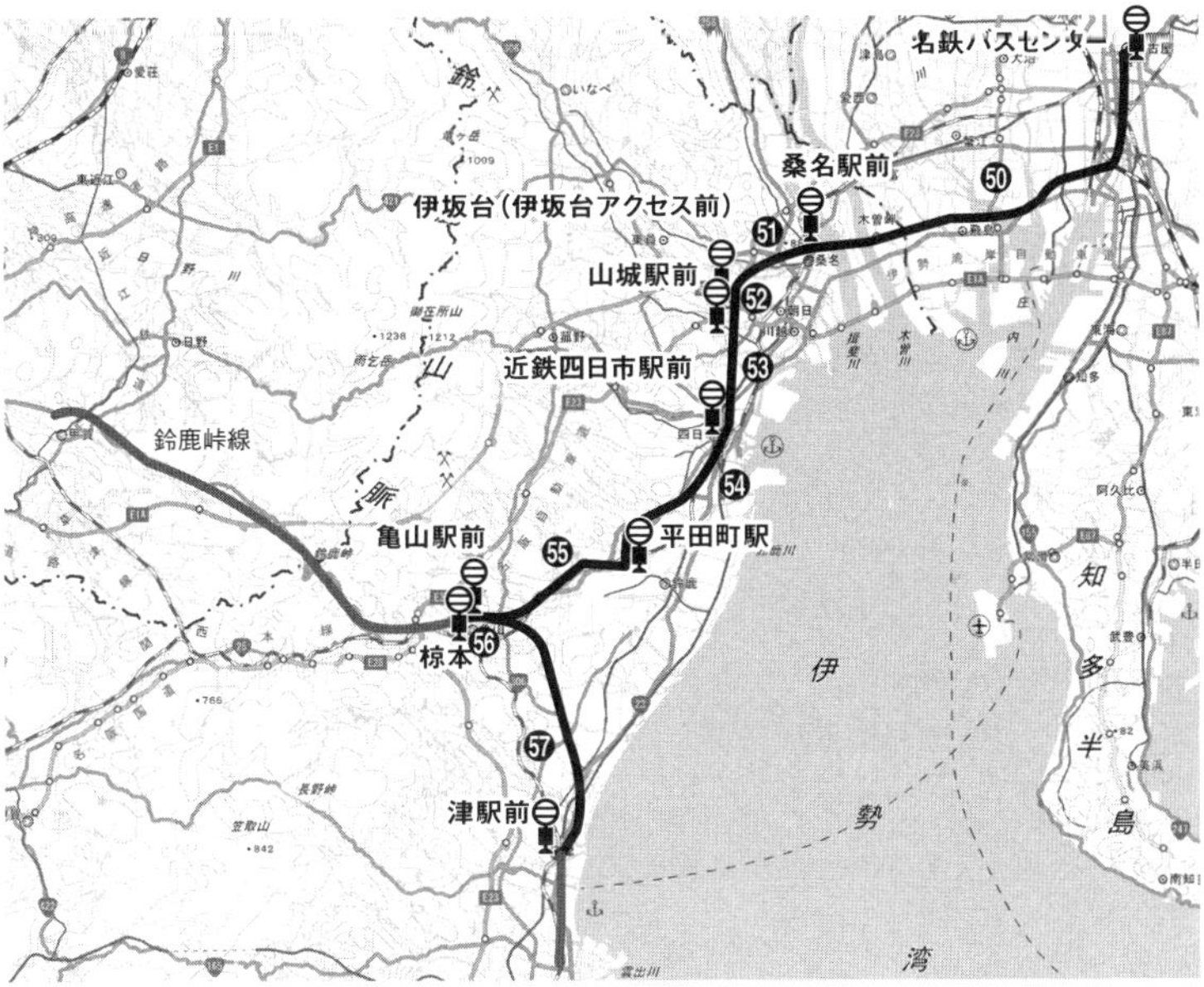

桑名駅前のバスロータリー。名古屋方面に発車するバスはすでにないが、路線図だけは残っている

COLUMN

猫撮り放題？ だいぶレトロな桑名駅エリア

乗降客は3社で３万人弱、名古屋の近郊で13万人の人口を擁する桑名市の中心駅……と先入観を持って桑名駅に訪問すると、びっくりするような”レトロ”な景色が広がっていました。１９７２年開業の駅ビル・桑栄メイトは、ドムドムバーガーや餃子の新味覚、やたらと大将が気さくなうどん屋さん、インドカレー屋さんと、魅力的なお店ばかり。

桑栄メイトと反対側にある西桑名駅は、ナローゲージ（線路軌間762㎜。軽便鉄道）の北勢線の始発駅。大きな駅名看板と味のある駅舎、柵も車止めもない地上でピタッと止まる軽便電車……そして、駅前に空き空間が多いせいか、警戒心を忘れ去った猫ちゃんがいっぱい！　普通に振り返ってポーズをとってくれたり、“香箱座り”でじっと静止してくれたり……餌もあげてないのに気を使ってくれる！（多分気のせい）　しかし2023年現在、桑名駅西口の再開発で桑栄メイトは営業終了、取り壊しに。あの猫たちの今が気になります。

ただ西桑名駅は再開発から外れ、いまだにそのままとのこと。これはこれで、今後の北勢線が未来の桑名市の構想に入っているのか気がかりです。

桑名駅前行きの最終バスが出るのが21時58分。もう完全に、乗り継ぎ客を乗せる前提じゃない！

なお、すぐそこには三重交通桑名営業所があるので、乗客がいた場合の降車は営業所内で行われます。あくまでも乗客がいた場合は、ですが……。

・第51ランナー：桑名駅前〜伊坂台　八風バス「志知線」（桑名西高校行き）〈8日目1本目　400円〉

桑名駅前からは、山間部に広がる住宅団地・伊坂台に向かう八風バス（三重交通の子会社）路線にちょっとだけ乗車します。八風バス「伊坂台」と四日市市自主運行バス「伊坂台アクセス前」バス停がほぼ隣接しているので、そのまま山城駅方面にどうぞ。

なお、この方面の「桑名西高校行き」は、伊坂台経由と西正和台経由がありま

乗り換え　乗りバス東海道本線・鈴鹿峠線　亀山〜草津

ここで、本来の街道・東海道を辿るバスを紹介しましょう。このルートにはもともと国鉄バス亀草線（亀山〜草津）が走っていたものの、2000年ごろに廃止。東海道屈指の難所、鈴鹿峠を越えるバスは、いまはありません。

亀山市コミュニティバス「西部ルート」亀山駅前〜伊勢坂下

▼

徒歩3・9km　※もの凄い山越えです!

▼

甲賀市コミュニティバス「土山本線」熊野神社〜貴生川駅前

▼

甲賀市コミュニティバス「八田線」貴生川駅〜松風宛

▼

湖南市バス「めぐるん」松風宛〜甲西駅北口

すが、後者でも「西正和台」バス停から1km弱歩けば、山城駅前のバスに乗り継ぎ可能です。

・第52ランナー：伊坂台アクセス前〜山城駅前　四日市市自主運行バス「山城富洲原線」（天カ須賀2丁目発）〈8日目2本目　230円〉
・第53ランナー：山城駅前〜近鉄四日市駅前　三岐バス「山之一色線」（JR四日市駅前行）〈8日目3本目　570円〉

極めて小規模で運営している三岐バスですが、この山城富洲原線（四日市市より委託）を合わせると「東海道乗りバス本線」に2本も入っています。ただこの会社は、路線バス以外にも四日市大学・キオクシア（東芝）四日市工場への輸送を担っているため、朝晩には

桑名西高校バス停で方向を転換する八風バス。塗装が三重交通とほぼ同じ

乗り換え　乗りバス伊勢志摩線　津〜新宮

紀伊半島を南下、和歌山県新宮市まで行ってみましょう。乗り換えはもちろん、あの「日本最長路線バス」で。

三重交通「31」津駅前〜天白回転場

鈴の音バス「三雲松阪線」天白回転場〜JR松阪駅

三重交通「松坂熊野線（熊野古道ライン）」（松坂中央病院発）
松阪駅前〜熊野市駅前（三交南紀着）

三重交通「13」（新町発）熊野市駅前〜新宮駅

連接バスがフル稼働、大都会並みのラッシュとなるので、ご注意ください。

・第54ランナー：近鉄四日市〜平田町駅　三重交通「53」〈8日目4本目　810円〉

近鉄四日市からしばらく走って国道1号に合流し、近鉄内部駅の先まで、国道1号・25号の重複区間を走ります。なおこの後に乗り継ぐ亀山方面のバスは国道の南側、ホンダ鈴鹿工場の南西を通り、国道1号はそのまま鈴鹿峠方面に分かれていくため、ここでお別れ。次に会うのは大阪府内です。

・第55ランナー：平田町駅〜亀山駅前　三重交通「71」〈8日目5本目　650円〉

平田町駅を出てすぐ、ホンダ工場近くへ。駅から遠い場所に巨大なアパホテルがそびえ建っているあたり、さすがは企業立地！

それにしても、ホンダ近くの南海部品のバイクのパーツの品揃え、さすが鈴鹿としか言いようがありません。

・第56ランナー：亀山駅前〜椋本　三重交通「55」〈8日目6本目　420円〉

椋本

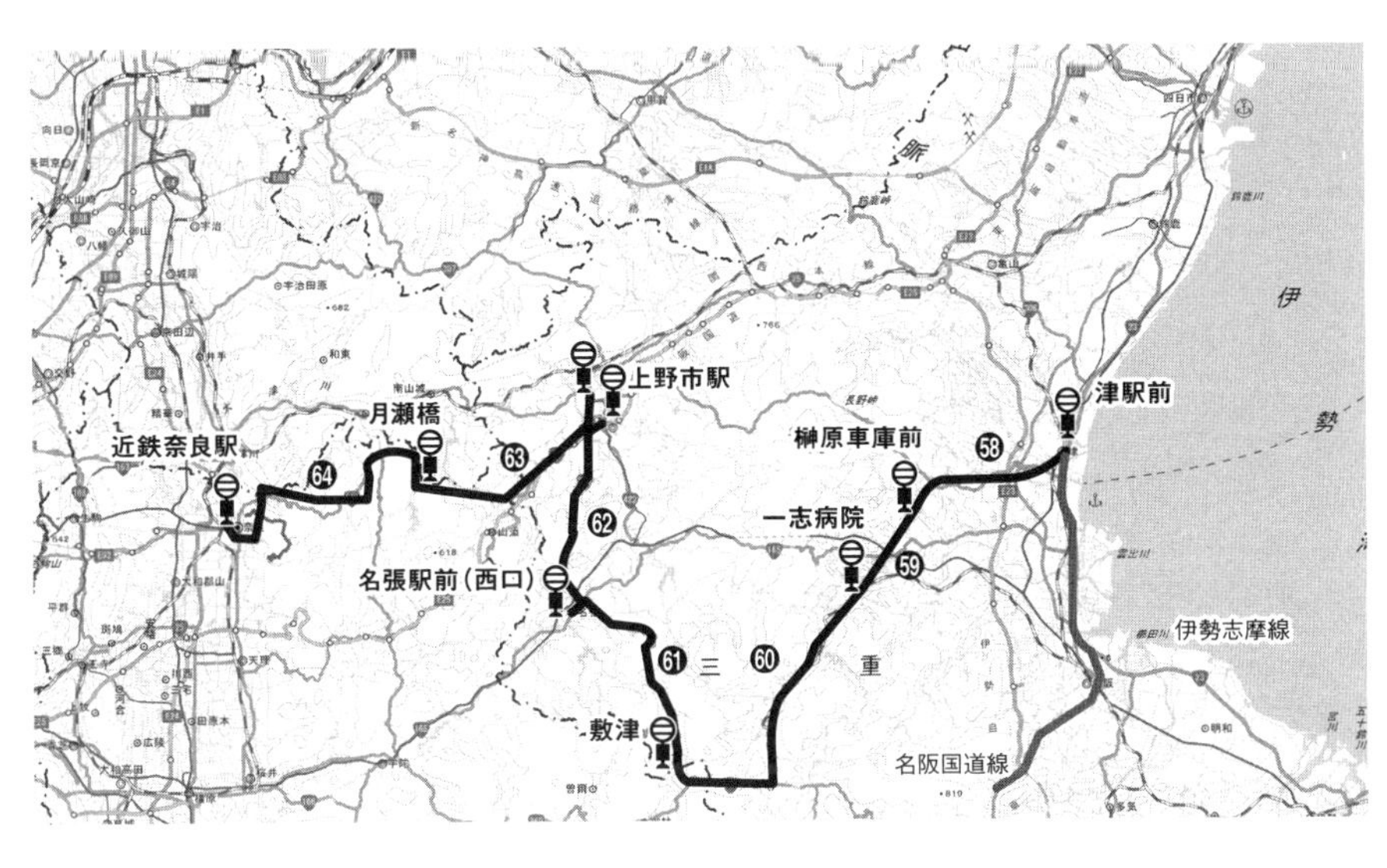

・第57ランナー：椋本〜津駅前　三重交通「52」（イオンモール津南行き）〈8日目7本目　690円〉

街道として東海道から伊勢神宮に分かれるのが伊勢街道。そして京都から伊勢神宮に至るのが伊勢別街道。このバスは、伊勢別街道の宿場町・椋本の軒先を、小型バスでそろそろと走り抜けます。

バスはここから津市の中心部に入り、幹線道路（国道23号）沿いにイオン・ラウンドワンなどがそびえ立つ「イオンモール津南」が終点。次への乗り換えは、その手前の津駅でどうぞ。

Part 9 津〜奈良

ここからは一気に本数が減少。近鉄大阪線でも新青山トンネルで一挙に突き抜けている区間なので、路線バスで移動できるだけでも有難い！

特に、「榊原車庫」から三重県（旧・美杉村）→奈良県（御杖村）→三重県（名張市）と3県をまたぐ区間は、週3便・旅館なしの場所で乗り継ぎ終了となる場所も。心して乗り継ぎましょう。

・第58ランナー：津駅前〜榊原車庫　三重交通「15」「16」〈8日目8本目　900円〉

COLUMN

立ち寄りたい！ 式内射山神社

「榊原」という地名が文献に出てくるのは6世紀ごろ。葉が神事に使われる榊の木が自生していたことから、榊原と呼ばれるようになったとの説が有力です。神事で使う榊を洗い清めるための「長命水」は、バスのルート沿いにある式内射山神社で、今も湧き続けています。

なお、この神社を護る「榊原氏」は全国の榊原姓の発祥ともされ、戦国時代に"徳川四天王"とも言われた榊原康政、タレントの榊原郁恵さんもここにルーツがあると言われています。

乗り換え　東海道乗りバス本線・名阪国道線　敷津～奈良

敷津から曽爾村・宇陀町榛原を経由して、そのまま奈良市に抜けるルートもアリ。途中で名阪国道（一般道路扱いで通行料無料なので、今回の「乗りバス」ルート編入への条件はクリア）を疾走しますが、全体的に本数が少ない……ということで、今回は月ヶ瀬経由を採用しました。

三重交通「美杉西」ルート　一志病院～敷津

御杖村ふれあいバス　神末敷津～掛西口（敷津・神末敷津は同一地点）

奥宇陀わくわくバス　掛西口～榛原

奈良交通「23」榛原駅～針インター

奈良交通「18」針インター～天理駅

奈良交通「50」など　天理駅→近鉄奈良駅

三重交通バス・榊原車庫。バスはここで折り返し、津駅に向かう

津駅から榊原車庫までは「15」（下村経由）、「16」（上稲葉経由）とありますが、どちらでもOK。前者が榊原車庫までまっすぐ向かい、後者は旧・奈良街道をうねうね進むため、所要時間が2割ほど多くかかります。

・第59ランナー：榊原車庫～榊原温泉口駅～一志病院　津市コミュニティバス「八対野・大三ルート」〈8日目9本目　200円〉

三重交通の路線だった時代の榊原車庫～榊原温泉口駅間は、時刻表の上では「榊原車庫で乗り換え」となっていたものの、実際には津市内から榊原温泉口駅まで大型車両で通し運行がなされ、運転手さんがハンドルを握りながら地声で「お客さ――ん？　この後そのまま〝温泉口駅〟行くけどええ？」「OKっす～」「料金別になるのでお願いしますね～」という、運転手と客ののどかすぎるやり取りが繰り広げられていました。

当路線は2021年に津市コミュニティバスに転換、現在は小型バスで運行を継続。ほとんどの区間で、三重交通・中勢営業所がそのまま運行を担っています。

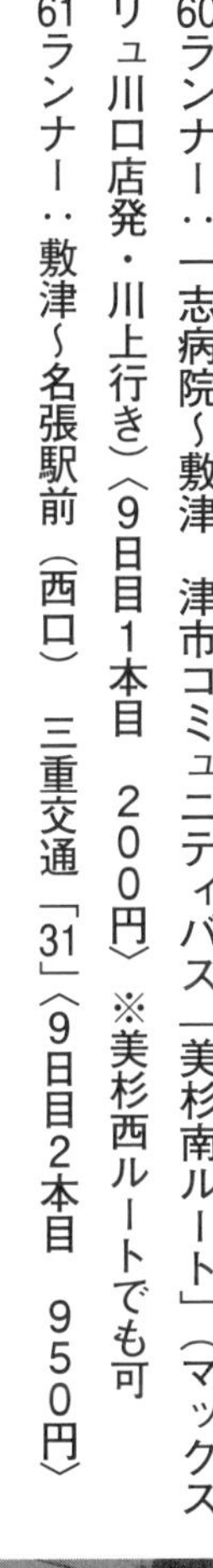

・第60ランナー：一志病院～敷津　津市コミュニティバス「美杉南ルート」（マックスバリュ川口店発・川上行き）〈9日目1本目　200円〉※美杉西ルートでも可

・第61ランナー：敷津～名張駅前（西口）　三重交通「31」〈9日目2本目　950円〉

三重県（津市）・奈良県（御杖村）の県境またぎ区間の運行は、美杉南ルートが1日

津市コミュニティバスの車両

2本往復、美杉西ルートが月・水・金のみ1日1往復。敷津から接続する名張行きのバスはなく、泊まるところもない……。

なお、桜やミツマタの開花時期（3・4月の土・日、年間10日間程度）のみ美杉南ルートが増便、伊勢奥津駅前（JR名松線に接続）〜敷津間は一挙に4往復！　このシーズンのみ、乗り通しが容易となります。

・第62ランナー：名張駅前（西口）〜上野市駅　三重交通「71」（伊賀上野駅前行き）〈9日目3本目　750円〉

この地の移動ルートとして長らく主役であり続けてきた名張街道と、その後継である国道368号を一気に北上。伊賀市の中心部（旧・上野市）の「上野市駅」で乗り換え。なお津市からここまでは、三重交通「91」（津駅前〜平木）→徒歩5㎞→三重交通「12」（汁付〜上野市駅）でも可能ですが、津市側からの坂がキツいので、伊賀市側の「汁付」バス停からアタックした方が無難です。

・第63ランナー：上野市駅〜月瀬橋　三重交通「52」（桃香野口行き）〈9日目4本目　710円〉

・第64ランナー：月瀬橋〜近鉄奈良駅　奈良交通「94・奈良月ヶ瀬線」（石打発・JR奈良駅西口行き）〈10日目1本目　1390円〉

奈良市月ヶ瀬地区で、三重交通から奈良交通に乗り換え。バスは、時代劇で有名な「柳生の里」を抜けて奈良市街地へ向かいます。

柳生の里を行くバス

Part 10 奈良～大阪

「東海道乗りバス本線」、いよいよ奈良から大阪平野に入っていきます。なお京都へ向かう支線を準備していますが、ちょっとだけ乗り継ぎ難易度が高いかも？

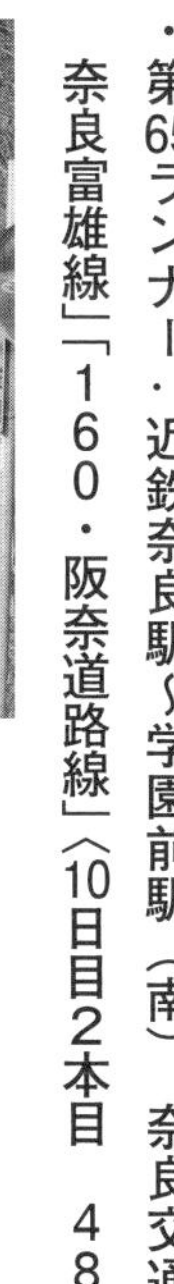

・第65ランナー：近鉄奈良駅～学園前駅（南）　奈良交通「48・奈良富雄線」「160・阪奈道路線」〈10日目2本目　480円〉

近鉄奈良駅前～学園前駅は、片道4車線の阪奈道路を走る160系統、かつては峠越えの山道であった狭隘路を進む48系統がありますが、ここはもちろん後者で。

沿線には垂仁(すいにん)天皇陵や農業用の池もあり、これらを避けるように蛇行している道路沿いにできた住宅団地の足として運行。バスは細

奈良交通「48」系統

やかな無線連絡で、狭隘区間でバスが鉢合わせにならないように調整をとっています。

・第66ランナー：学園前駅（北）〜学研北生駒駅　奈良交通「急行129・西登美ヶ丘真弓線」〈10日目3本目　300円〉

・第67ランナー：学研北生駒駅〜生駒駅北口　奈良交通「188・学園高山線」〈10日目4本目　400円〉

奈良市北部から生駒市北部の矢田丘陵と呼ばれる地域は、2006（平成18）年の近鉄けいはんな線開業で大阪方面へ通勤する人々が移り住み、地域は大きく様変わりしました。しかし生駒駅行きのバスは大きく本数を減らし、現在は平日8本、土日6本のみとなっています。

生駒駅に停車する奈良交通バス

・第68ランナー：生駒駅南口〜田原台1丁目　奈良交通「79・パークヒルズ田原線」〈10日目5本目　320円〉

生駒駅からは北へ、生駒山地に広がる住宅街、田原台に向かいます。バスの乗り継ぎ地点である田原台1丁目は、大阪府四條畷市に属しており、近くを流れる天野川が奈良との府県境です。田原台1丁目から、〝七夕伝説〟に所縁があるこの川に沿って、京阪電鉄の交野市駅方面へ向かうバスに乗り継ぐこともできます。ただし土日休2本のみの運行なので、本数のある四條畷市コミュニティバスでJR四条畷駅へ向かいましょう。

・第69ランナー：田原台一丁目〜四条畷駅　四條畷市コミュニティバス「田原4A」など（緑風台発）〈10日目6本目

乗り換え　乗りバス“信貴生駒電鉄”線　生駒～枚方

現在の近鉄生駒線（生駒～王寺）は、計画時には生駒駅のさらに北、枚方市駅まで建設される予定でした。枚方側の別の私鉄を免許ごと買収、いまの交野線（枚方市～私市）を開業させたものの経営が悪化し、交野線は京阪へ、生駒線は紆余曲折を経て近鉄へ。私市～生駒間が開業することはありませんでした。

その足跡を辿れる路線バス、京阪バス「18」は1日2便・週末のみ運行のため、惜しくも「東海道乗りバス本線」に指定ならず。しかしその由緒を称え、「乗りバス信貴生駒電鉄線」として、独断で勝手に指定させていただきます。

奈良交通「79」生駒駅南口～田原台1丁目

↓

京阪バス「18」田原台1丁目～京阪交野市駅

↓

京阪バス「14」「15」京阪交野市駅～京阪香里園

↓

京阪バス「9A」京阪香里園～枚方市駅南口

２５０円〉

・第70ランナー：四条畷駅～寝屋川市駅（東口）　京阪バス「37」〈11日目1本目　２６０円〉

・第71ランナー：寝屋川市駅（西口）～土居　京阪バス「1」（京阪守口市駅行き）〈11日目2本目　２６０円〉

寝屋川市に一直線に北上した後、守口市駅行きへ。ここでついに、三重県鈴鹿市からずっとお別れしていた国道1号が！　ただし守口市内でいったん北上して交差した後、今度は南下。京阪守口市駅で数分休んだ後、折り返しで狭隘な住宅街をぐるりと回り込んで、ようやく1号へ。出てすぐの「土居」バス停で下車すると、大阪シティバス・守口車庫が目の前に見えています。

なお、このあたりから複数経路があります。寝屋川から淀川を北岸に渡って乗り継いでもよし、守口から

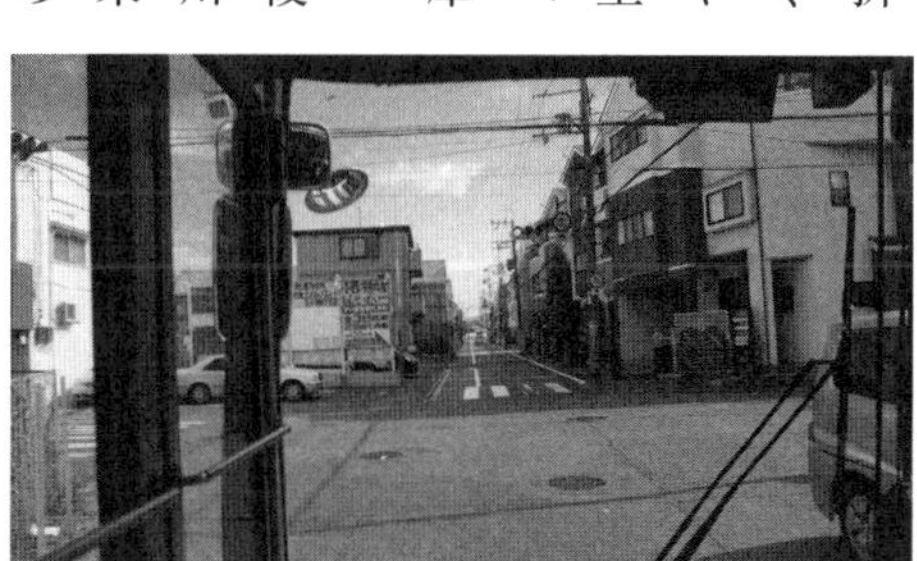

守口市八雲の住宅街を走行する京阪バス

天満橋駅などを回り込んでもよし。

・第72ランナー：守口車庫前〜大阪駅前　大阪シティバス「34」〈11日目3本目　210円〉

ようやく国道1号に合流したと思ったら、「守口車庫前」バス停を出て、太子橋今市交差点を渡ってもうお別れ。この後は城北公園通りに入ります。この系統のバスは、とにかく本数が多い！「34」系統の平日8時台の大阪駅行きは27本。しかも営業利益が年間3億円強と大阪シティバスのなかでも群を抜く高収益路線です。

守口市八雲の住宅街を走行する京阪バス

これだけの運行頻度にもかかわらず、朝晩には何便も待たないと乗れないほど。しかし2023年にはJRおおさか東線が大阪駅まで延伸され、沿線の城北公園通駅から10分少々で結びます。優良路線である「34」系統に影響を与えるのでしょうか。

バスはJR高架下の「大阪駅前」バス降車場に到着。そこから2歩で立ち飲み屋街に入れるという、大人のパラダイスが広がっています。名店・松葉の串カツとビールもあり、大阪屋のもつ煮込みとハイボールもよし！

COLUMN

立ち寄りたい！大阪屋で昼飲み　ぼんちおさむ

大阪シティバス34号系統「大阪駅前」降車場を降りて数歩の場所にある立ち飲み「大阪屋」は、煮込みや串カツ、お酒のツマミが勢ぞろい。朝には朝食、昼にはランチもあって、呑みに食事にと大活躍！

なお、こちらの店長さんのお父様は、漫才師・ぼんちおさむ師匠。このお店が本当にお好きなようで、カウンターで上機嫌で飲んでいたり、もうひとつの肩書き・シャンソン歌手としてのライブを行われたり。見かけたら「あ、“おさむちゃん”だ！！」と心の中で呟いて、次のバスに乗り継ぎをどうぞ。

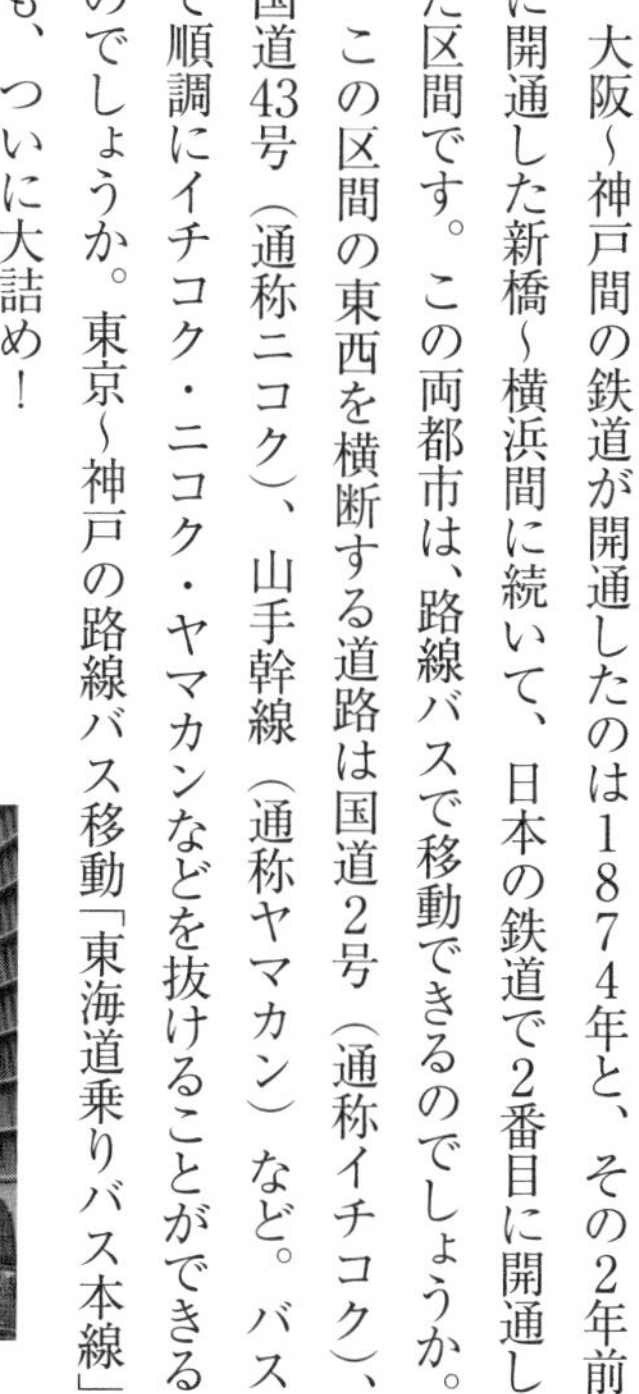

Part 11 大阪～神戸

大阪～神戸間の鉄道が開通したのは1874年と、その2年前に開通した新橋～横浜間に続いて、日本の鉄道で2番目に開通した区間です。この両都市は、路線バスで移動できるのでしょうか。

この区間の東西を横断する道路は国道2号（通称イチコク）、国道43号（通称ニコク）、山手幹線（通称ヤマカン）など。バスで順調にイチコク・ニコク・ヤマカンなどを抜けることができるのでしょうか。東京～神戸の路線バス移動「東海道乗りバス本線」も、ついに大詰め！

・第73ランナー：梅田～阪急園田駅
阪急バス「11」〈11日目4本目　260円〉

大阪・梅田から尼崎までの路線バス移動は、年々困難になっています。

野田阪神（地下鉄野田阪神・阪神野田駅）～尼崎市内は府県境を越えて、国道2号を神戸まで直通する路面電車・阪神国道線が走っていたも

阪急梅田

COLUMN

阪神尼崎駅といったらコレ……ない！！！ あの「モンパルナス」はいま

阪神神尼崎駅の改札を出てすぐの洋菓子店・モンパルナスは、関西一円に200店以上を展開していた洋菓子店・パルナスの流れを汲むお店。名物のピロシキはそのまま受け継がれ、かつてのあの味を求めてお客さんが絶えない……はずでしたが、コロナ禍で客足はぱったりと途絶えたとのこと。そして元々営業時間が18時までで補償金を受け取れなかったこともあり、起死回生でお店は豊中市庄内に移転しました。

「東海道乗りバス本線」乗車中に新しいモンパルナスに立ち寄られるなら、阪急バス「11」で「日出町」下車で北へ1㎞か、阪急宝塚線にすなおに乗車すれば、庄内駅を降りて西側すぐです。帰りは「庄内駅前」バス停から阪急バス「24」（JR南吹田駅〜阪急園田駅）に乗車できるので、すぐ「乗りバス本線」に戻れます。

のの、1975年に廃止。その代替バス「野田杭瀬甲子園線」が大阪〜尼崎間の最短ルートですが土・日17時野田阪神発、阪神杭瀬駅前行きのみとなっているので、今回はルートに組み入れませんでした。

梅田〜阪急塚口間を結んでいた阪急バス「加島線」も、大幅減便ののちに2019年廃止。区間によっては朝は3〜6分に1本だったのに！

今回乗り継ぐ阪急バス路線は、国道176号線を北西に進み、阪急神戸線・園田駅に至ります。阪神バス・阪急バス「加島線」に比べればやや遠回りですが、このルートが一番乗り継ぎやすいかと思います。

・第74ランナー：阪急園田（南）〜阪神尼崎（北）　阪神バス「22」〈11日目5本目　210円〉

園田駅を出て南下したバスは、山手幹線（ヤマカン）を少しだけ通り、産業道路を南下して阪神尼崎駅へ。

・第75ランナー：阪神尼崎（南）〜阪神西宮　阪神バス「尼崎西宮線」〈11日目6本目　220円〉

・第76ランナー：阪神西宮〜三宮駅前　阪神バス「西宮神

COLUMN

一般道の東西軸！

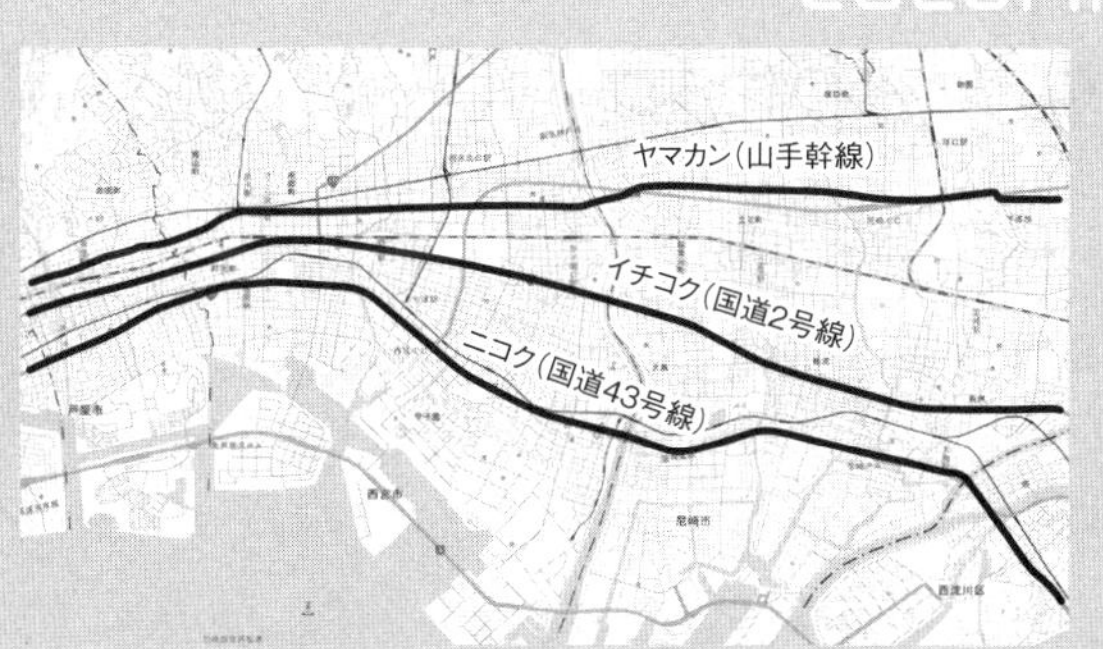

路線バスのルートでもある、大阪～神戸の一般道の東西軸「イチコク」「ニコク」「ヤマカン」について整理してみましょう。

「イチコク」→国道2号、旧称「阪神第一国道」。阪神国道線の開業とともに拡張され、1926年に幅27mの道路として開通、そこから1946・1958年に改修・拡張。

「ニコク」→国道43号、旧称「阪神第二国道」。「イチコク」の渋滞が年々悪化したため、急ぎ建設、1963年開通。通称・浜手幹線とも言われるが、大規模な立ち退きを要した上に歩道を切り離したこともあって、バスの運行にはほとんど使われていない。頭上は阪神高速神戸線。

「ヤマカン」→山手幹線　「ニコク」と同時に計画が持ち上がっていたものの、最初の区間が開通したのは1999年。バスの経路としてもよく用いられるが、大阪方は尼崎が終点となっている（大阪府側がそもそも計画に関与していない）ため、東西移動に使うには制限があります。名神高速と一部区間で並行。

戸線」〈神戸税関前行き〉〈11日目7本目220円〉

阪神バスの2路線は、前述した路面電車・阪神国道線の代替バス。本数は1時間2~3本あり、難なく三宮に到着できます。

なお、電車が現役であった頃は道路中央の電車に乗るのに信号のない道を横断、安全地帯（ホームや柵がなく、白線が書かれているだけの場所）で待たなければならないとあって、乗車自体が相当な〝無理ゲー〟であったそうです。

阪神国道線の車両

COLUMN

高速そば、今は……

神戸駅地下街・メトロこうべ名物といえば、「高速そば」。神戸高速鉄道の駅と併設されているから高速そばであって、ものすごく高速で出てくるわけではないものの、実際には10秒ほどで出てくる時もあったので、やはり「高速そば」に変わりはありません。

近所の某N田高校（超進学校）の物理の先生から「高速そばは常に超高速で移動しているため、あの店のそばはすべて残像」という訳の分からない珍説を立てられていた店は、2021年に閉店。跡地に2022年に入居した「神戸製麺所」は、通常の120倍ものルチンを含有したそばが1杯380円！！！　しかし、「高速そば」の水に近いあっさり出汁と、箸でつまんでも切れる優しいヤワ麺を思い出すのは、思い出を振り返りすぎでしょうか。

・第77ランナー：三宮駅前～神戸駅前　神戸市バス「7」（市民福祉交流センター発）〈11日目8本目　210円〉

東京～神戸の「東海道乗りバス本線」最後の区間！　最後の乗り継ぎは数パターンありますが、あえて神戸駅に直通する神戸市バス「7」系統を選択しました。

このバスは、三宮を出ると一気に北上し、山手の東西軸である東亜筋線・山麓線・夢野白川線と、山麓の坂道が続きます。上下にガタガタ揺られながらのバス旅をどうぞ。

神戸駅バスターミナル

美しい円形の神戸駅バスターミナルですが、こちらは近々に取り壊し・リニューアルが見込まれているとのこと。完成すれば神戸駅から湊川神社が見渡せて（いまはバスターミナルが遮って見えない）、バスの発着風景も相当に変わることでしょう。

乗りバス東海道本線・関ケ原越えルート
(名古屋～米原～京都～大阪)

「東海道乗りバス本線」ルートでは、名古屋から三重県津市、奈良市から大阪府内へ進むという、実際のJR東海道本線とは異なるルートをとりました。実際の東海道線沿いに、関ケ原を越えるとどうなるのでしょうか?

結果として数㎞以上の徒歩が複数回生じ、乗り継げるとは言い難いルートが完成しました。南側に進路をとった理由が、お分かりいただけるかと思います。

●名古屋～岐阜

名古屋～岐阜の最短距離にあたる稲沢市・北名古屋市は、隣町を結ぶバス路線が今一つ充実していません。ここは春日井市から小牧・岩倉と回り込んで、県境を目指します。

- 第1ランナー:名古屋駅～栄　名古屋市営バス　各路線
- 第2ランナー:栄～水分橋　名古屋市営バス「幹栄1」
- 水分橋～中新町　徒歩400m
- 第3ランナー:中新町～勝川駅　春日井市はあとふるふれあいライナー「西環状線」
- 第4ランナー:勝川駅～小牧駅　名鉄バス「小牧・勝川線」

- 第5ランナー:小牧駅～岩倉　名鉄バス「岩倉線」
- 第6ランナー:岩倉駅～一宮駅東口　名鉄バス「一宮一岩倉線」
- 第7ランナー:一宮駅前～川島　名鉄バス「一宮川島線」
- 第8ランナー:川島～笠松駅　岐阜バス「川島笠松線」
- 第9ランナー:笠松駅～西部小学校前　岐阜バス「笠松県庁線」
- 第10ランナー:西部小学校前～名鉄岐阜　岐阜バス「N61」

●岐阜～米原

- 第11ランナー:名鉄岐阜～岐阜聖徳学園大学　岐阜バス「B53」
- 第12ランナー:岐阜聖徳学園大学～大垣駅前　名阪近鉄バス「岐垣線」
- 第13ランナー:大垣駅～ビッグ養老店　名阪近鉄バス「綾里養北線」
- 第14ランナー:ビッグ養老店～萩原　名阪近鉄バス「養老コース」
- 第15ランナー:萩原～関ケ原駅　名阪近鉄バス「関ケ原時線」
- 第16ランナー:関ケ原駅～今須改善センター

関ケ原町ふれあいバス「今須コース」
- 今須改善センター〜柏原　徒歩3.7km
- 第17ランナー：柏原〜近江長岡駅　湖国バス「梓河内線」
- 第18ランナー：近江長岡駅〜長浜駅　湖国バス「近江長岡線」
- 第19ランナー：長浜駅〜米原駅　湖国バス「木之本米原線」

※大垣〜米原間は、名阪近鉄バス「大垣伊吹山線」→湖国バス「伊吹山線」伊吹山経由での乗り継ぎも可能（ただし湖国バスは要予約）

●米原〜京都
- 第20ランナー：彦根駅前〜三津屋　湖国バス「三津屋線」
- 三津屋〜薩摩　徒歩4km
- 第21ランナー：薩摩〜新海　彦根観光バス「稲枝循環線」
- 新海〜休暇村　徒歩7km
- 第22ランナー：休暇村〜近江八幡駅　近江鉄道バス「長命寺線」
- 第23ランナー：近江八幡駅〜村田製作所　近江鉄道バス「八幡村田線」
- 第24ランナー：村田製作所〜野洲駅　近江鉄道バス「野洲村田線」
- 野洲駅〜守山駅　徒歩3.7km
- 第25ランナー：守山駅〜堅田駅　江若交通「びわ湖横断エコバス」
- 第26ランナー：堅田駅〜大津駅　江若交通「103」
- 第27ランナー：大津駅〜比叡平　京阪バス「66A」
- 第28ランナー：比叡平〜三条京阪　京阪バス「56A」
- 第29ランナー：三条京阪前〜京都駅前　京都バス・京都市営バス各路線

●京都〜大阪
- 第30ランナー：京都駅前〜羅城門　京都市営バス「78」
- 第31ランナー：羅城門〜竹田駅西口　京都市営バス「18」
- 第32ランナー：竹田駅西口〜京阪淀駅　京阪バス「24A」
- 第33ランナー：京阪淀駅〜京阪宇治駅　京都京阪バス「京阪淀—近鉄大久保—京阪宇治線」
- 第34ランナー：京阪宇治駅〜工業団地口　京都京阪バス「京阪宇治-工業団地線」
- 第35ランナー：工業団地口〜近鉄新田辺　京都京阪バス「近鉄新田辺-緑苑坂-工業団地線」
- 第36ランナー：近鉄新田辺〜松井山手駅　京阪バス「67D」
- 第37ランナー：松井山手駅〜長尾駅　京阪バス「89」
- 第38ランナー：長尾駅〜枚方市駅北口　京阪バス「29」
- 第39ランナー：枚方市駅南口〜京阪香里園　京阪バス「9A」
- 第40ランナー：京阪香里園〜寝屋川市駅東口　京阪バス「22」

以降、「東海道乗りバス本線」P.113に合流

第4章

山陽乗りバス本線（神戸駅〜岡山駅〜広島駅〜北九州）

Part 1 神戸～姫路

いまのＪＲ山陽本線がこの区間に開業したのは、１８８８年のこと。その後、１９２８年にいまの山陽電鉄本線が直通運転を開始。この区間はＪＲ・山陽電鉄の２社の鉄路で繋がっているのです。路線バスでの乗り継ぎは、２社の鉄道から少し離れたルートを辿ります。

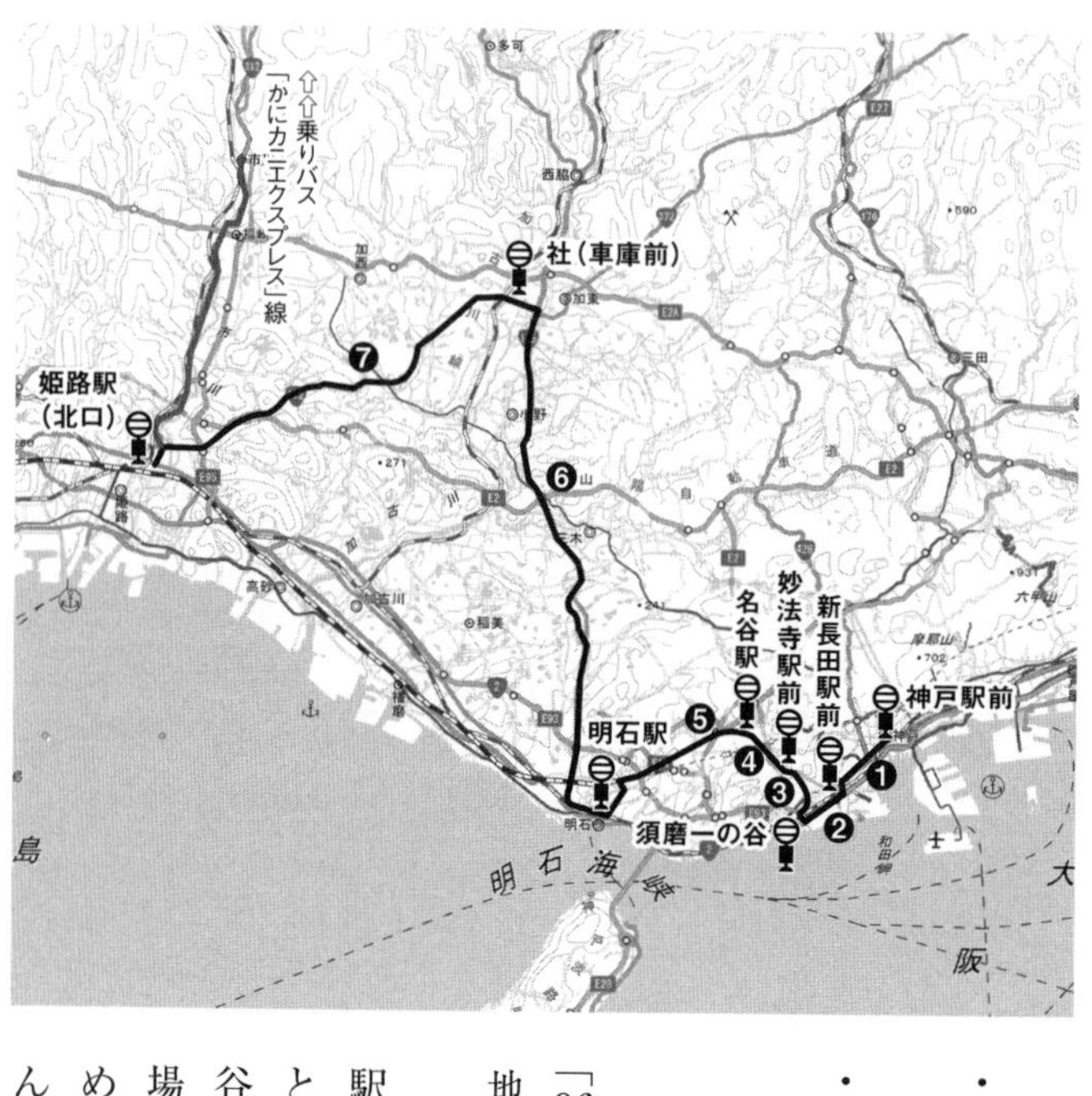

・第1ランナー：神戸駅前～新長田駅前　神戸市営バス「95」「96」〈1日目1本目　210円〉
・第2ランナー：新長田駅～須磨一の谷　神戸市営バス「81」〈1日目2本目　210円〉

神戸駅を出たバスは、「95」が少し北上して新開地を経由、「96」が南下して中央卸売市場を経由。いずれもＪＲ長田駅・地下鉄新長田駅を一周して、また神戸駅に戻っていきます。

そして「81」は国道2号に入り、須磨海浜公園、ＪＲ須磨駅を過ぎて、「須磨一の谷」バス停まで。国道2号はこのあとも明石方面にまっすぐ続いていますが、ここから先の一の谷は、源平での戦いでも知られる、崖が海岸線に迫っている場所。少ない平地は国道とＪＲ・山陽電鉄にとられているため、住宅はほぼなし……ということで、路線バスもありません。

「山陽乗りバス本線」はここから、山岳部をのぼって地下鉄妙法寺駅に向かいます。なお、「81」から次の「75」への乗り換えは、終点の少し手前「須磨水族園」バス停でも可能です。

・第3ランナー：須磨一の谷～妙法寺駅前　神戸市営バス「75」〈1日目3本目　210円〉

須磨一の谷から少し戻って、須磨離宮公園に繋がる離宮道の坂を上りきり、その先は山岳部を構造物で「これでもか！」とばかりに貫く県道を爆走。横尾山・鉄拐山の谷間に約1万人が暮らす高倉台を経由して、地下鉄西神線・妙法寺駅へ。

約6km、30分少々で高低差150mを駆け上がるバス路線です。

須磨一の谷～妙法寺間を走行するバス

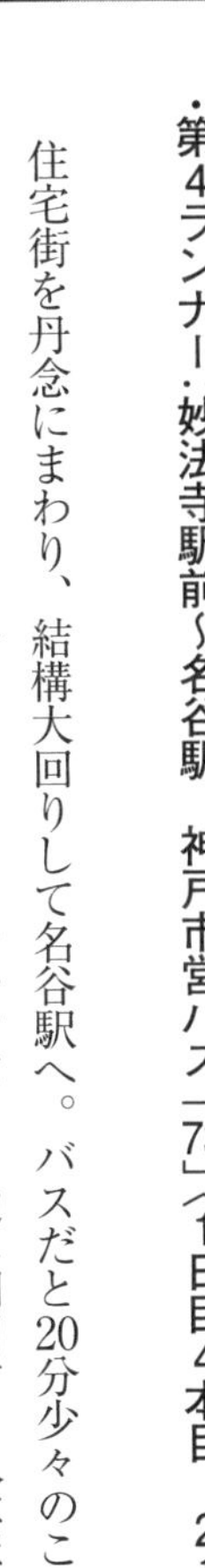

・第4ランナー：妙法寺駅前～名谷駅　神戸市営バス「73」〈1日目4本目　210円〉

住宅街を丹念にまわり、結構大回りして名谷駅へ。バスだと20分少々のこの2駅間は、鉄道ならたったの3分！　というわけで、バスを通し利用する人はほぼいません。

なお須磨一の谷からであれば、「71」（北須磨団地行き）に乗り「友が丘」で下車すれば、この路線に乗り継ぐことができます。

・第5ランナー：名谷駅～明石駅　神姫バス「14」〈1日目5本目　780円〉

・第6ランナー：明石駅～社（車庫前）　神姫バス「36」〈1日目6本目　1130円〉

・第7ランナー：社（車庫前）～姫路駅（北口）　神姫バス「71」〈1日目7本目

COLUMN

受験の神様！鹿嶋神社（高砂市）

古くから「受験の神様」として知られてきた鹿嶋神社（高砂市）には、高砂市内からだけでなくJR加古川駅・姫路駅からもバスが出ていました。しかしこの場所は高砂の市街地から離れ、直接行ける主要道路がない"実質飛び地"であることから、先に高砂駅方面の路線が廃止。そしてJR加古川駅からの神姫バス「54」も2021年に廃止となり、国道2号の乗り継ぎルートは途絶えました。

しかしJR姫路駅からの路線は、1日4往復ながら残っています。名物のかしわ餅は温かいうちに食べたいものです。

乗り換え 乗りバス「かにカニエクスプレス」線

姫路から城崎へ、路線バスで兵庫県を南北に縦断します。路線名は、JR播但線を経由する特急「かにカニはまかぜ」と旅行プランに因んで命名しました。

2022年に福崎町→市川町間のバスが路線廃止となり2・3kmの徒歩が必要となりましたが、この区間はまだ、予約制の「福崎町・市川町連携バス」で移動が可能です。

神姫バス「84」「86」姫路駅北口～辻川南
↓
徒歩2.3km
↓
市川町コミュニティバス　保喜～市川町役場
↓
市川町コミュニティバス　市川町役場～神崎総合病院
↓
神河町営バス「環状線」神崎総合病院→新野駅
↓
神河町営バス「生野線」新野駅～生野駅裏
↓
全但バス「八鹿ー山口・生野線」生野駅西口～八鹿駅
↓
全但バス「八鹿出石線」八鹿駅～出石
↓
全但バス「出石～豊岡線」出石～城崎温泉駅～日和山

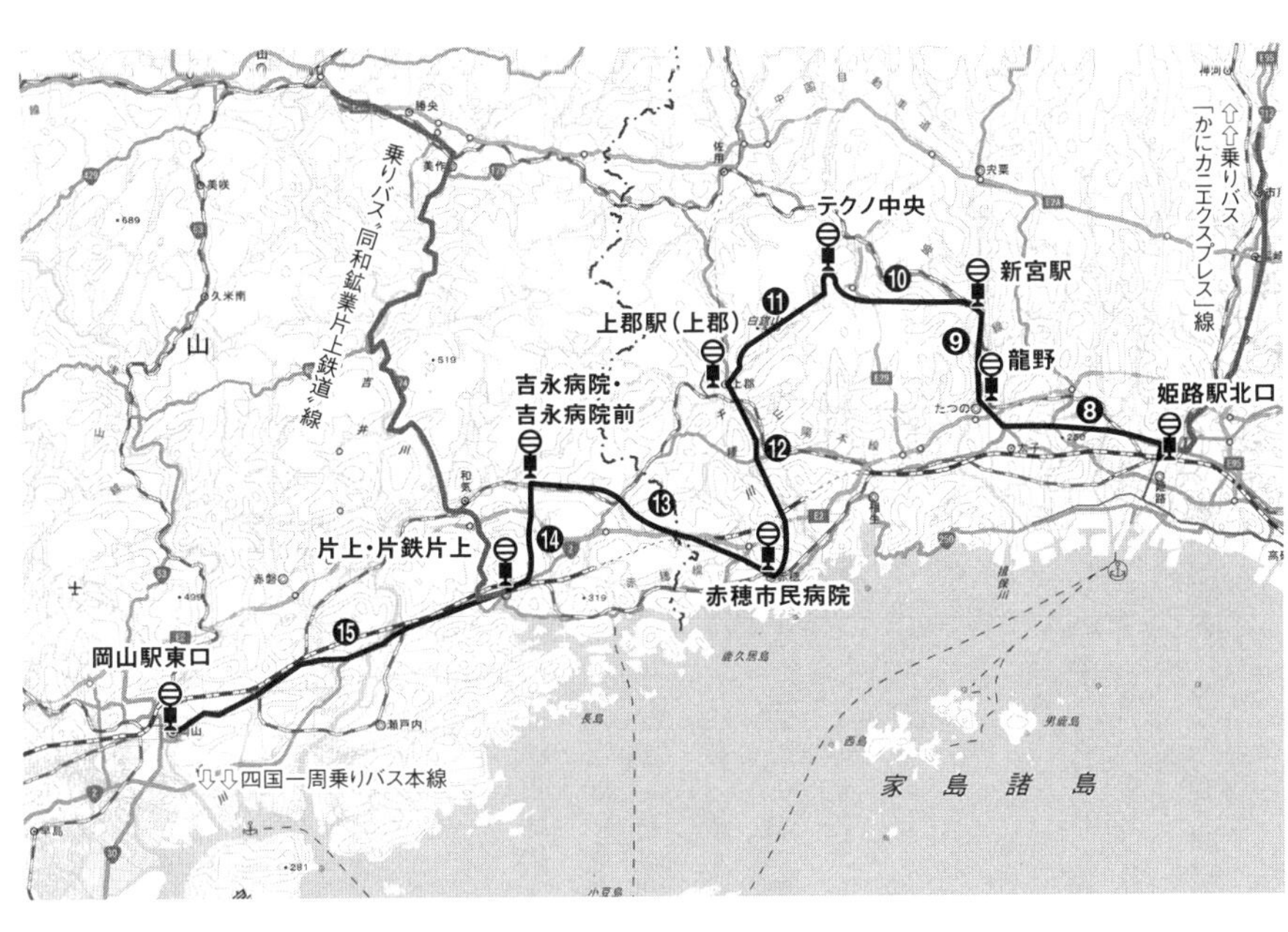

1190円〉

明石駅からは山陽本線ではなく、加古川線の沿線・社町に向けて、国道175号を30kmも北上します。国道2号を姫路に抜けるルートが近年まであったのですが、2021年に高砂市・鹿嶋神社でのバス乗り継ぎが不可能となり、この社経由を残すのみとなりました。

Part 2 姫路～岡山

姫路～岡山間はJR山陽本線・JR赤穂線と2本の在来線で繋がっていて、並行するバスはとても少なめ。いや路線は繋がるのですが、中には1日1本、2本という場合も……。

数年前に会社単位でバス路線が消滅しかけたエリアもあり、2023年現在も徒歩なしで乗り継げるのは、ある意味奇跡的です。

・第8ランナー：姫路駅（北口）～龍野　神姫バス「38」「39」：
〈1日目8本目　700円〉

このルートのバスは、国道2号から青山南に入る「38」と、

姫路駅前通りのバス降車場。乗り場はこの西側にある

そのまま進む「39」どちらでもOK。姫路市→太子町→たつの市と進みますが、いずれも姫路市の通勤圏でもあり、特に太子町鵤～姫路市内への利用はそこそこに多いようです。

・**第9ランナー：龍野～新宮駅　神姫バス「50」（ダイセル前発・山崎着）〈1日目9本目　310円〉**

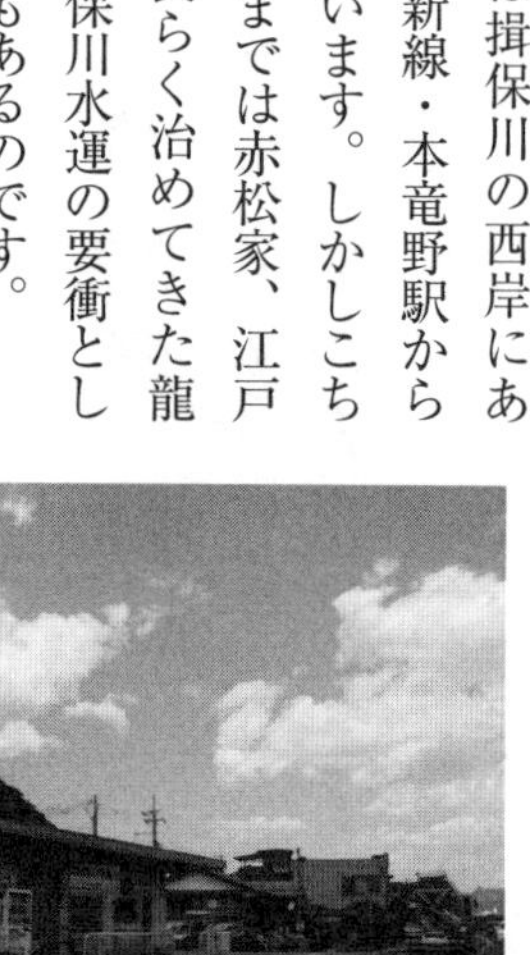

「龍野」バス停は揖保川の西岸にあり、東岸のJR姫新線・本竜野駅からは2kmほど離れています。しかしこちらは戦国時代初期までは赤松家、江戸時代は脇坂家が長らく治めてきた龍野城の城下町。揖保川水運の要衝として栄えてきた街でもあるのです。

バス停から少し歩いた大手町・下河原地区には、城下町・龍野の街並みが残されています。

・**第10ランナー：新宮駅～テクノ中央（SPring-8行き）　神姫バス「20」〈1日目10本目　560円〉**
・**第11ランナー：テクノ中央～上郡駅　ウイング神姫「30」〈2日目1本目　560円〉**

龍野バス停。揖保川沿いにある

COLUMN

龍野はなぜ「そうめんの町」になった？

たつの市といえば、「♪そうめんやっぱり揖保乃糸」というCMでおなじみの「揖保乃糸」生産地としてお馴染み。この地でのそうめん製造は、古くは室町時代初頭（4代将軍・足利義持公の時代。1418年）から生産の記録があります。

そして江戸時代には龍野藩の名物として、全国にその名が知られることに。水量が豊富な揖保川は粉挽きの水車が回せる上に、北前船への積み替えができる網干港まで、川船（高瀬舟）で容易に運べたのです。

またそうめんの出荷で得た材料調達・生産・出荷のノウハウは、もうひとつの特産品である醤油の販売にも生かされています。その醤油の需要に陰りが見えた頃に「めんつゆ」「うどんスープ」生産に舵を切った「ヒガシマル」、チキンラーメンにわずかに先を越されつつも、インスタントラーメンで勝負をかけた「イトメン」など、進化を続けたことも龍野の強みと言えるでしょう。

ＪＲ姫新線・播磨新宮駅を出たバスは揖保川を離れ、たつの市・相生市・上郡町の境界にある播磨科学公園都市に入っていきます。ここにあるのは、放射光施設（ＳＰｒｉｎｇ-８）などを擁する理化学研究所、放射線治療を行う兵庫県立粒子線医療センター、兵庫県立大学と付属高校、石油プラントなどに使う無漏洩モーターポンプの世界シェアを半分近く握る帝国電機製作所などさまざま。周辺からバスが押し寄せる一大乗り換え拠点でもあり、乗り継ぎに旅は最適な場所です。

なお朝方なら、姫路駅からＳＰｒｉｎｇ-８までの急行便もありますが、こちらは高速道路を経由。素直に姫路～龍野～新宮～テクノ中央と乗り継いだ方が良さそうです。

・第12ランナー：上郡駅～赤穂市民病院　ていじゅうろう（東備西播定住自立圏域バス）「上郡ルート」〈2日目2本目　200円〉

・第13ランナー：赤穂市民病院～吉永病院　ていじゅうろう（東備西播定住自立圏域バス）「備前ルート」〈2日目3本目　200円〉

ていじゅうろう路線は〝県境・自治体境またぎバス〟。「上郡ルート」は山陽本線・上郡駅から赤穂市の中心部（ＪＲ赤穂線の沿線）

COLUMN

ありし日の「日生運輸バス」

JR山陽本線の吉永駅・和気駅と赤穂線の備前片上駅などを結ぶバスは、備前片鉄バス（同和鉱業片上鉄道のバス部門。鉄道は1991年廃止）の流れを汲む日生運輸が担っていました。しかし同社は2015年に路線バス事業から根こそぎ撤退を表明。いまの備前市営バスが立ち上がり、一部路線が引き継がれることになりました。

なお先に登場したていじゅうろう「備前ルート」も、もともとは日生運輸が委託を受けていた路線です。

を繋ぎ、「備前ルート」は県境を越えて山陽本線沿いに戻り、三石・吉永へ。大きな病院やスーパーが集中する赤穂市へのバス開設の要望が強く、2012年から運行を開始しています。ただ本数はいずれも1日2本、休日は運休なのでご注意ください。

なお現在では、2路線とも神姫バス系列の「ウィング神姫」が運行を担当しています。というわけで、神戸市営地下鉄・名谷駅（神戸市須磨区）から9路線にわたる「神姫バス乗り継ぎ」は、これにて完了！　行こうと思えば神戸駅のさらに東側、兵庫県三田市から、ずっと神姫バスだけで乗り継げます。

「上郡」バス停（上郡駅前）に停車するバス。「ていじゅうろう」とほぼ並行する神姫バス路線もあるが、1日1往復のみ

・第14ランナー：吉永病院前〜片鉄片上　備前市営バス「吉永線」〈2日目4本目　200円〉

片鉄バス→日生（ひなせ）運輸→備前市営バスと引き継がれてきたバスは、吉永から「閑谷学校」の近くを通って国道2号に入り、備前市片上へ。いま備前市は、WBC戦士の山本由伸投手と、その同級生・頓宮裕真（とんぐうゆうま）選手（いずれもプロ野球オリックス・バファローズ所属）の活躍に沸き返っているそうです。

・第15ランナー：片上～岡山駅　宇野バス「国道2・250号線」〈2日目5本目　670円〉

備前市営バス・宇野バスの停留所は、同和鉱業片上鉄道の終点・片上駅のバスロータリーに設けられています。鉄道の駅舎はすでになく、柵原から運搬した硫化鉄の鉱石を船に積み替えていた貨物ヤードは、マックスバリュ備前店・エディオン備前店などに変わっています。

しかしこの周囲には鉄道線の0kmポストや石積みの埠頭（一部痕跡を残したままエディオン備前店になっている）があり、バス待ちのあいだに通称〝片鉄〟の全盛期を思い浮かべることはできます。当時の鉄道をたどる乗りバス支線も設定しましたので、是非どうぞ。

「片上」「片鉄片上」バス停

乗り換え　乗りバス同和鉱業片上鉄道線　片上～津山

1991（平成3）年に廃止された「同和鉱業片上鉄道」の沿線をバスで乗り継いでみましょう。

備前市営バス「片上和気線」備前片上～和気

▼

赤磐市広域バス「赤磐和気線」和気駅前～周匝

▼

赤磐市広域バス「赤磐美作線」周匝～高下

▼

中鉄北部バス「高下・吉ヶ原・スポーツセンター線」高下～津山駅

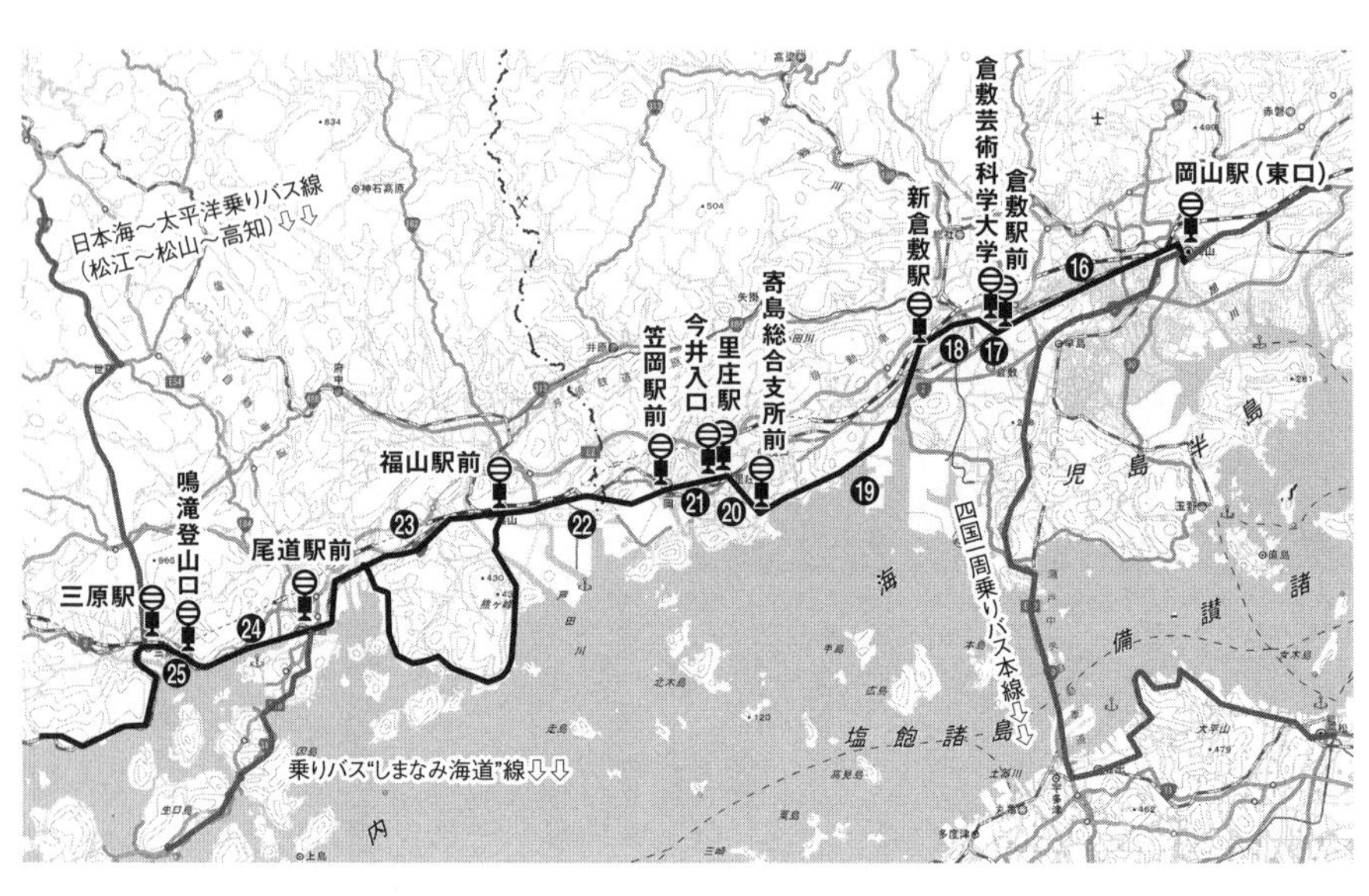

Part 3 岡山～三原

この区間に鉄道が開業したのは1891年のこと。4月に岡山～倉敷まで、7月に笠岡まで、9月に福山まで、11月に尾道まで、翌年7月に糸崎（当時の三原駅。現在の三原駅は2年後の広島延伸時に開業）という小刻みな延伸からも、建設が急がれていた事情が窺えます。

この区間でのバス乗り継ぎの課題は、「岡山県内をどう通過するか」。県境またぎよりバス乗り継ぎが難しくなったのは、ある事情が……。

・第16ランナー：岡山駅（東口）～倉敷駅前　両備バス・岡電バス・下電バス「岡倉（旧2号）線」〈3日目1本目　550円〉

岡山市～倉敷市間の幹線道路は、山陽本線沿いの旧・国道2号と、2kmほど南側に離れた、現在の国道2号。バスのルートはもちろん、平野・庭瀬などの住宅街が広がる旧2号の方です。

ただこの路線も徐々に状況が変わり、JR倉敷駅まわりの空洞化もあって、中庄～倉敷駅間の本数が減少しつつあります。

・第17ランナー：倉敷駅前～倉敷芸術科学大学　両備バス「倉敷小

溝線」〈3日目2本目　400円〉

倉敷市の連島地区には、ヤットコ・ヘラ取神社・ドンドンと、不思議な名前のバス停が続きます。その由来は諸説ありますが、ヤットコは「長い坂で工事の人夫が『ヤットコ』と声を出してのぼっていたから」、ドンドンは雨の時に水の流れが「ドウドウ」と聞こえたのが「ドンドン」になった、とも。なお、倉敷芸科大学にバスが乗り入れるまでの最寄りバス停は「ドンドン」だったのだとか。

岡山駅西口に停車するバス

・第18ランナー：倉敷芸術科学大学～新倉敷駅　両備バス「新倉敷・芸科大線」〈3日目3本目　260円〉

1995年に開学した倉敷芸術科学大学は連島地区の山の上にあり、山に入る「霞丘小学校入口～倉敷芸科大」の所要時間は、下り坂は1分、上りは3分。上りは最後のひと区間となるため時間調整が入っているかもしれませんが、すぐわかるほどに鈍足で坂を登っています。

・第19ランナー：新倉敷駅～寄島総合支所前　井笠バスカンパニー「新倉敷線」〈3日目4本目　670円〉

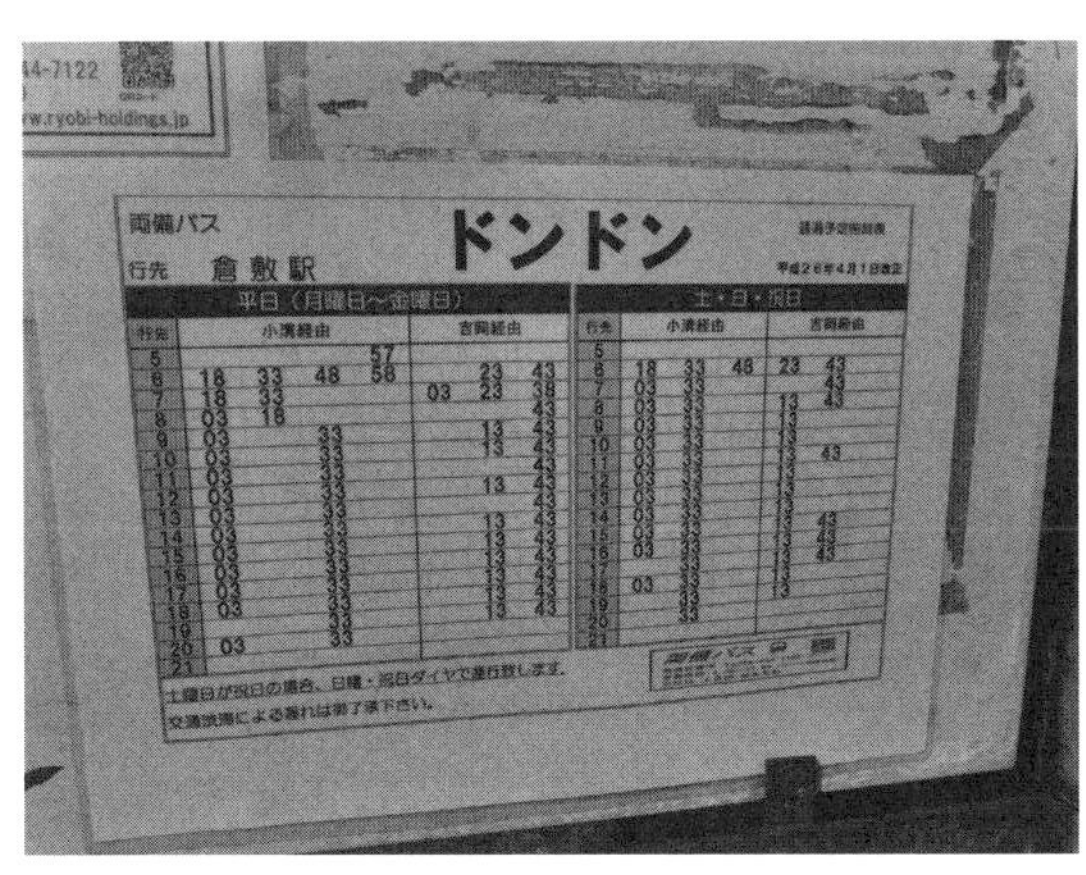

「ドンドン」バス停

・第20ランナー：寄島総合支所前～里庄駅　寄島タクシー「寄島～里庄線」〈3日目5本目　200円〉

ここからは、1971年廃止の井笠鉄道の流れを汲む井笠バスカンパニーのエリアに入ります。しかしこの次のバスは「寄島タクシー」。実は当初の事業主体だった井笠バスが、2012年10月中旬に71路線もある路線バス事業から月内で撤退を表明。かつ撤退後2日で破産手続きという、全国でも類を見ないパニックが起こった場所でもあります。

その後中国バス・両備バスなど周辺のバス会社が53路線で運行を請け負い、翌年4月に井笠バスカンパニー設立。しかしその後も路線の縮小は続き、寄島～里庄間の路線も地元タクシー会社に移管されました。

倉敷芸術科学大学。系列の「岡山理大付属高校」は高校野球の強豪校だ

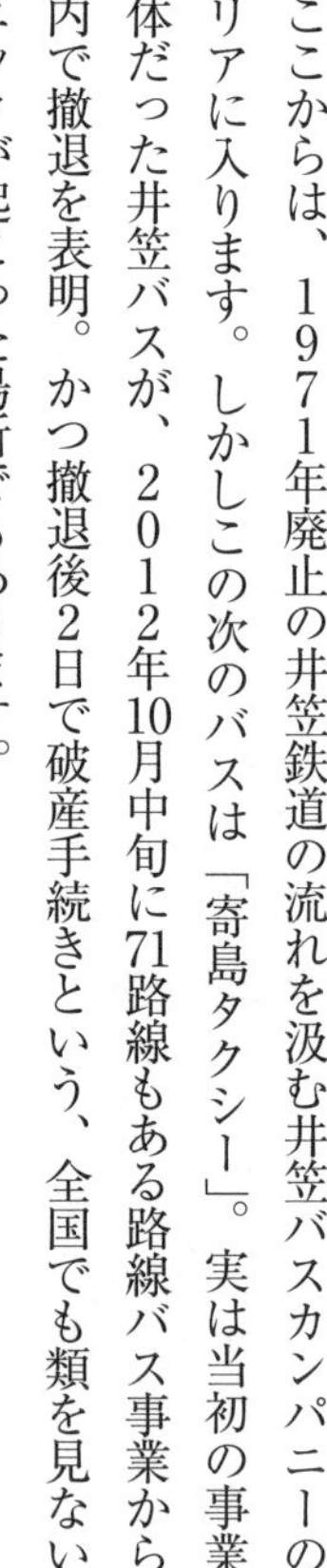

・里庄駅～今井入口　徒歩1・2㎞

里庄から先は路線が繋がらず、いよいよ「山陽乗りバス本線」で唯一の徒歩区間です。

井笠バス時代には、寄島から笠岡市乗時を経由してJR笠岡駅に向かう路線がありましたが、笠岡駅～乗時間を残して廃止済み。現在は寄島や里庄駅からコミュニティバス「浅口ふれあい号・寄島西線」で「鏡西」バス停で下車、1㎞ほど歩

寄島地区のバス停。いまも井笠鉄道時代の面影が残る

COLUMN

井笠鉄道の保存車両を見に行こう！

JR笠岡駅にほど近い道路高架の下で、井笠バスカンパニーの源流である井笠鉄道の車両「ホジ9号」が残されています。

井原～笠岡間を結ぶ本線で、「ホジ9」は急行列車としても活躍。1971年の全線廃止後は鬮場（くじば）車庫に保管され、1973年に他の車両との入れ替えで公園に設置。その2年後に、車庫は無差別の放火で残りの車両ごと全焼。今では当時の“井鉄”の面影を残す貴重な存在となっています。

いて「乗時」バス停に至るというルートもありますが、寄島西線は月・火・金のみ運行で、1日3往復。ということで、毎日運行しているもうひとつの徒歩区間をご案内しました。

・第21ランナー：今井入口～笠岡駅前　井笠バスカンパニー「今井循環線」〈4日目1本目　270円〉

JR里庄駅から西側に歩き、少し山手の今井地区からのバスが来る「今井入口」バス停まで行きましょう。鏡西～乗時のような坂ではなく、かつ平日は全日運行。乗車できる日程はかなり広く取れます。

ただしこちらのバスは1日1本のみ。鏡西～乗時間と、里庄駅～今井入口間、どちらでもご都合のつく方をどうぞ。

今井西口バス停

乗り換え　乗りバス鞆の浦線（山陽乗りバス支線）福山〜鞆の浦〜尾道

福山駅からバス1本で尾道まで行けますが、ここはあえて「鞆の浦周り」はいかがですか?

北前船の潮待ち港として栄え、この沖で「いろは丸」の沈没という憂き目にあった坂本龍馬と海援隊の同志も、鞆の浦に滞在したと言われています。しかし古くからの街並みはとにかく狭い! バスは車幅ギリギリの道をそろそろと走っていきます。

この区間の本数は1日2本と少なく、乗り換えも結構要しますが、それでも立ち寄る価値は十分にアリ!（運行はいずれも「トモテツバス」）

「鞆線」福山駅前〜鞆車庫前

▼

「沼南線」鞆車庫前

▼

「尾道線」松永〜尾道駅

・第22ランナー：笠岡駅前〜福山駅前　井笠バスカンパニー「福山—笠岡線」〈4日目2本目　770円〉

笠岡駅を出たバスは、笠岡市の元・漁師町、金浦を経由して福山駅に向かいます。「元」というのは、いま漁師さんはここで働いていないから。ここに魚市場があったことから漁業の一大拠点として発達したものの、笠岡湾の干拓で移転・廃業が相次いだのだとか。しかし狭隘な街並みは残り、バスはそろそろとクランクカーブを抜けていくのです。

なおこの区間は、井笠バスカ

金浦地区の狭隘路をそろそろと進む

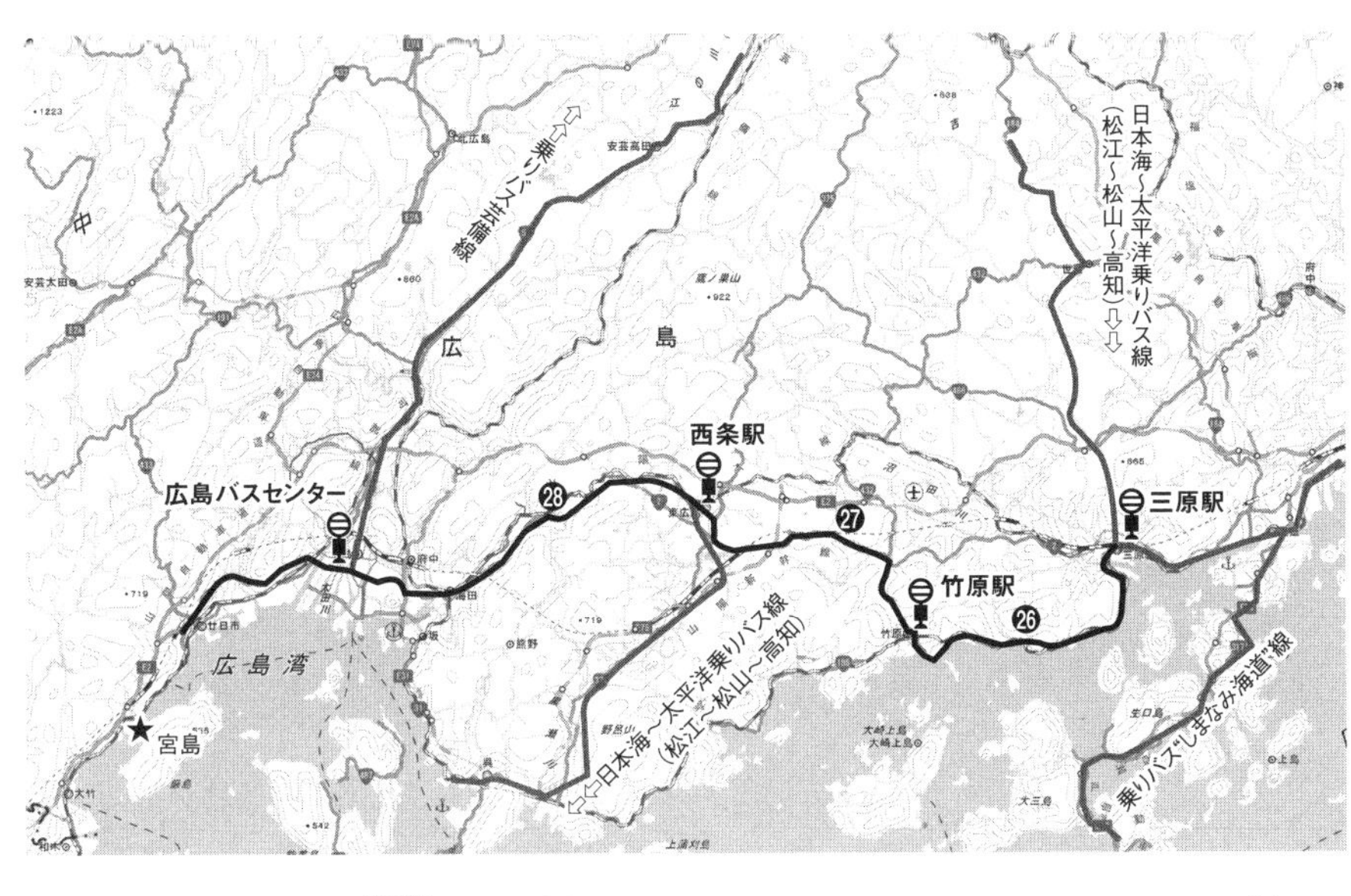

ンパニー路線で笠岡〜井原、井原〜福山と乗り継ぐことも可能。運転本数はこちらの方が多く、乗りバス・乗り継ぎ旅向きです。

・第23ランナー：福山駅前〜尾道駅前　トモテツバス「尾道線」〈4日目3本目　750円〉
・第24ランナー：尾道駅前〜鳴滝登山口　おのみちバス「東西本線」（高須車庫発）〈4日目4本目　220円〉
・第25ランナー：鳴滝登山口〜三原駅　トモテツバス「福地線」〈4日目5本目　410円〉

尾道市・三原市の境界にある「鳴滝登山口」でおのみちバス・トモテツバスを乗り継いで、三原駅へ。福山駅からここまで、ほぼ一貫して国道2号を走行しています。

Part 4 三原〜広島

岡山〜糸崎間は1891年から翌年までに延伸を果たし、2年後に現在の三原駅を経て、広島駅まで延伸。実は三原では、三原城をそのまま駅に転用するという大胆な手段で、市街地にほど近い場所に駅を作ることができたのです。

COLUMN

三原駅＝三原城？

三原の街は背後に山が迫りあまり土地がなく、経営難で当時の山陽鉄道は社長が辞任。しかし鉄道の重要性を見越した三原市は、いまの天守台の南側にあった本丸・二の丸を崩し、現在の三原駅に転用しました。なお天守台を含めた現在の三原城は、三原駅の改札近く、駅構内からすぐに入ることができます（夜間は出入口閉鎖）。

そして数十年が経ち、山陽新幹線が建設される際にも城の敷地と周辺の地権者の同意をいち早く取り付け、尾道市との駅誘致合戦を制しました。なお諦めきれない尾道市は、のちに地元負担で新尾道駅を開業させています。

・第26ランナー：三原駅〜竹原駅（中通行き）　芸陽バス「三原〜竹原線」〈4日目6本目　1050円〉

三原駅を出たバスは、三原港や沼田川を回り込むように西側に迂回、JR呉線とぴったり寄り添う国道185号を走り抜けていきます。そのルートはほとんど海沿いで、沿道は展望台やヨットマリーナなど、ちょっとしたマリンリゾート気分。

なお、沿線の須波港や忠海（ただのうみ）港は、ウサギの島として有名な大久野島の最寄港です。

・第27ランナー：竹原駅〜西条駅　芸陽バス「西城〜竹原線」〈4日目7本目　1090円〉

三原駅からのバスは竹原駅から先の「中通」まで乗り入れるので、市内のパルティフジ竹原店で買い物したり、終点のすぐ前にあるバス車庫を眺めてから乗り換えるのも良しです。

海沿いの道路は難所として知られ、バスの開通も遅れた

乗り換え　乗りバス芸備線 広島～東城

広島市内から三次・庄原と抜けるJR芸備線にも、かなりの区間で並行する路線バスが存在します。実は、1日の乗客数が11人という超・閑散区間の備後落合～東城間も、本数は少ないものの一般路線バスが並行しているのです。

なおこの区間は、備北交通の高速バスも経由。広島～三次間は1日40往復以上で、庄原～東城間も高校通学向けの区間便を出すなど、本数で芸備線・一般路線バスを圧倒しています。

広電バス「吉田駅」広島駅南口～吉田病院

備北交通「吉田線」吉田病院～三次駅前

備北交通「三城線」三次駅前～庄原駅

備北交通「三城線」庄原駅～西城駅前

西城交通「小奴可西城線」西城駅前～日野原

備北交通「日野原線」日野原～東城駅前

徒歩3km・岡山県入り

新見市営バス「矢神線」二本松～きらめき広場

備北バス　きらめき広場～新見駅

そしてバスは、賀茂川を3kmほど遡ったところで、国道2号にイン。このあとは広島の市街地まで、ほぼそのまま進みます。

・第28ランナー：西条駅～広島バスセンター
芸陽バス「西城～広島線」〈5日目1本目980円〉

東広島市内は、駅だけでなく広島大学も一大バスターミナル！　講義の時間に合わせて、キャンパスと広島バスセンターを1時間で結ぶ高速バスが運行しています。

かたや「山陽乗りバス本線」で乗車するバスは、JR西条駅から1時間20分近くかけ、国道2号の大山峠をえっちらおっちらと登っていきます。並行する山陽本線も、急坂と戦うセノハチ（瀬野～八本松間。貨物列車の運行に補助の機関車が必要だった）でもあり、バスは終始上下動を繰り返す感じ。なおこのバスは、クルマを持たずにセノハチ撮影スポットに移動する人にも

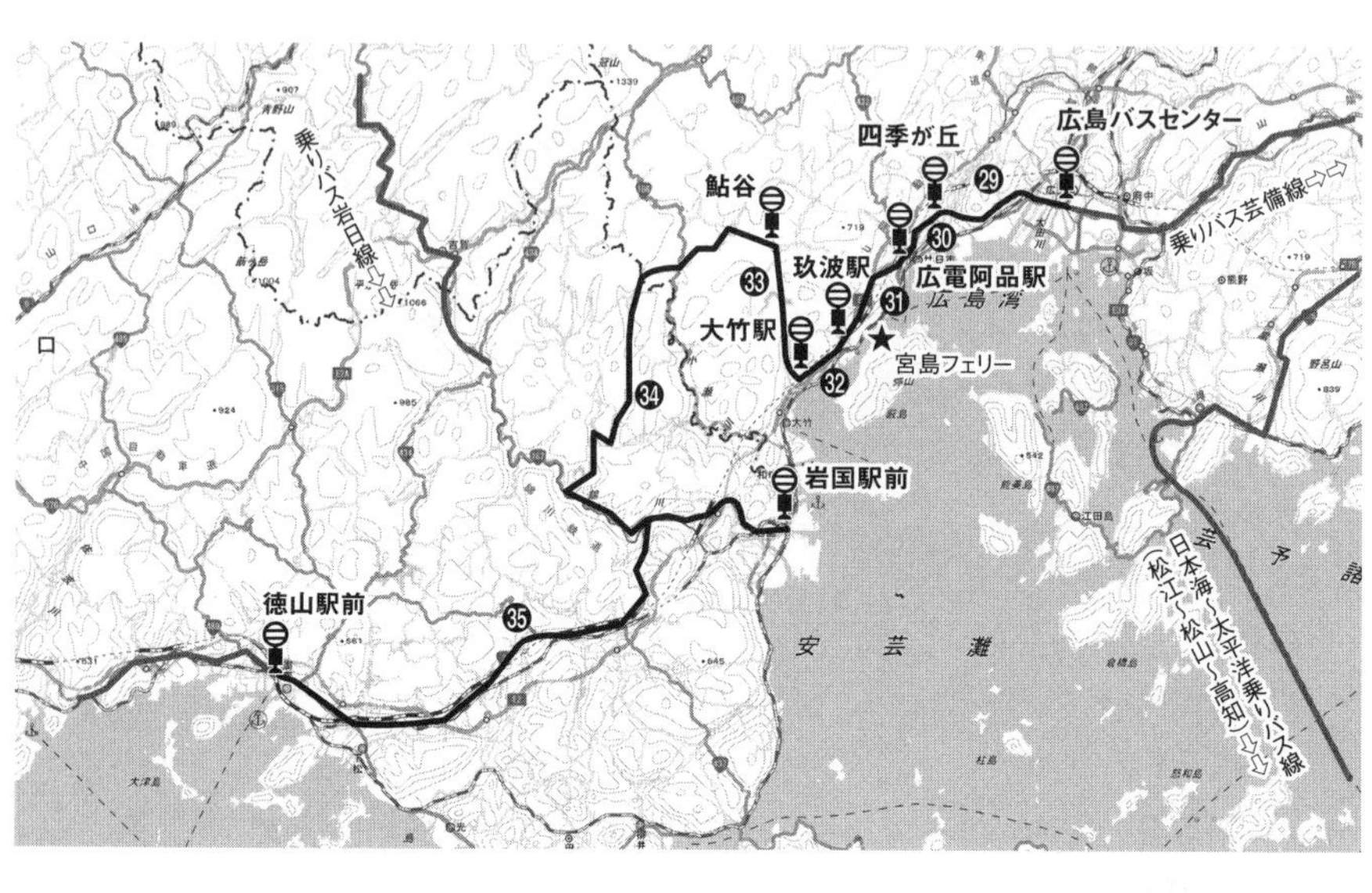

重宝されているのだとか。

Part 5 広島～徳山

この区間の鉄道は、1897年に開通。その後たったの5年間で、徳山・三田尻（防府）・厚狭・馬関（下関）と延伸、山陽鉄道はその5年後に国有化されます。

そして路線バスは、鉄道とほぼ並行しません。特に広島～岩国間は、海沿いの狭い平地にJR・広島電鉄（宮島口まで）が走っていて、路線バスが入り込む余地があまりないのです。気の遠くなるような迂回、スタート！

- 第29ランナー：広島バスセンター～四季が丘　広電バス「四季が丘団地線」〈5日目2本目　690円〉
- 第30ランナー：四季が丘～広電阿品駅　廿日市さくらバス「西循環」（廿日市市役所前駅発・JR阿品駅行き）〈5日目3本目　150円〉

広島駅にもバスが集中していますが、バスセンター～広島駅間のバスはほぼひっきりなしに走っているので、立ち寄られる方はどうぞ。

そして「山陽乗りバス本線」の広島の起点は、やはり広島バスセ

広島バスセンター

ンター。３階のバス乗り場からスロープで、頻繁にバスが降りてきます。

バスは太田川放水路を渡って西広島バイパスに入り、山手の住宅街・四季が丘に向かいます。なおバイパス経由の路線バスはもう1本、この先の乗り継ぎに最適な広島電鉄バス「広島阿品台線」がありましたが、何とこの書籍の発売を目前に控えた２０２３年3月に廃止。ということで、四季が丘から廿日市市のコミュニティバスに乗り継いで、宮島線・広電阿品駅に向かいます。

広電阿品駅の下りホームは少し広くとられて、道路側がそのままバス乗り場になっているという、超・乗り換え親切仕様!!

・第31ランナー：広電阿品駅～玖波駅　おおのハートバス「レッドライン・東西横断ルート」〈5日目4本目　150円〉

この「おおのハートバス」は、２００５年の広島電鉄バス撤退のあとを受け継ぎ発足しました。海側には国道2号がありますが、このバスは国道を走りそうで走らない！　だいたい１㎞ほど離れた山側の住宅街をうねうねと走り、海側に戻ってはまた山側に戻っての繰り返し。50分少々の「東西横断ルート」は、少々ヘビーです。

なお、他にも広電宮島口駅で同社の「東ルート」「西ルート」を乗り継いでもOK。どうせなら宮島や、名物のあなごめしも楽しんでいきましょう。

・第32ランナー：玖波駅～大竹駅　こいこいバス（おおたけ幹線バス）〈5日目5本目　200円〉

COLUMN

宮島を満喫しよう！

宮島口駅から1㎞ほど沖合に浮かぶ宮島は、広島の都心に近い行楽地として親しまれています。厳島神社の鳥居を見に行くもよし、3社の渡船を乗り比べるもよし、ロープウェーで山頂を目指すもよし。

また宮島口駅に戻ってきたら、名物のあなごめしをいただくのも良いでしょう。3000円以上かかるけど、ここは「特上」行っちゃえ！

この「こいこいバス」も、なかなかまっすぐ進みません。玖波駅から少しだけ国道2号を走るものの、すぐにそれて小方港（阿多田島）に寄り、少し戻ってゆめタウン（商業施設）に入り、市役所まで回り、山手の住宅街に入り……JRが4分で走るルートを、何と25分もかけて走ります。

・第33ランナー：大竹駅～鮎谷
岩国市美和地域生活交通バス
「坂上線」（美和総合支所行き）
〈5日目6本目　630円〉

広島県・山口県は、JR大竹駅のすぐ南側を流れる小瀬川に県境があります。1・5㎞ほど歩けば山口県側のバス停（いわくにバス「W1」和気駅～岩国駅）があるために、テレビ番組『ローカル路線バス乗り継ぎの旅』でも、県境徒歩ルートをとっていました。しかしここは、極力歩きを避けて山側に回りましょう。

岩国市生活交通バス・鮎谷車庫

大竹から小瀬川沿いに国道186号をさかのぼり、弥栄ダムのダム湖にかかる橋を渡って県境越え。岩国市美和町（旧・玖珂郡美和町）に向かいます。この街は広島県大竹市・山口県岩国市までそれぞれ約25㎞もあり、通勤・通学の方向が2方向。撤退した広電バス・JRバスを引き継いで、市営でバスを維持しているのだとか。

・第34ランナー：鮎谷～岩国駅前　岩国市美和地域生活交通バス「松尾線」〈6日目1本目　870円〉

始発となる鮎谷車庫のバス待合所は、結構広々として立派なもの。お客さんが一杯いる！　と思いきや、みんな暇をつぶしていただけでした。

鮎谷車庫　バス待合所

・第35ランナー：岩国駅前～徳山駅前　防長交通〈6日目2本目　1140円〉

岩国駅は昭和末期から一気に空洞化が進み、現在は再開発の真っただ中。50年近く営業してきたイズミ岩国店が閉店、周囲も含めて、高さ73メートル・20階建ての複合ビルの建設が進んでいます（2027年に完成予定）。そして2020年、一足先に東西駅前広場が完成。岩国行きのバスは、西口の4番線に移動しました。

そしてバスは、徳山市櫛ヶ浜のあたりまで国道2号を走行。ふるくからの街道、山陽道沿いを通過し、JR岩徳線に沿って2時間近く走ります。岩徳線は山陽本線から支線に降格となりましたが（1944年）、こちらは国道2号が未だに幹線道路なんですね。

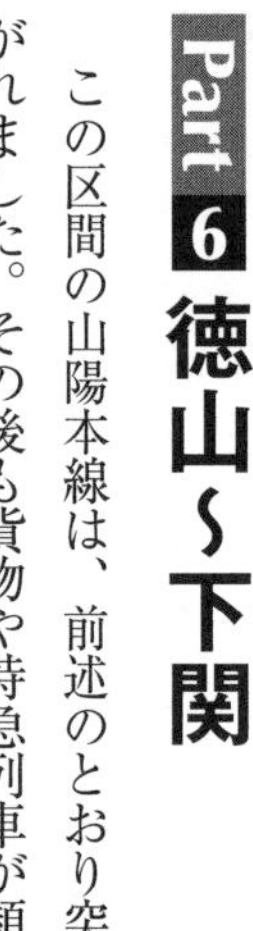

Part 6 徳山～下関

この区間の山陽本線は、前述のとおり突貫工事で建設が急がれました。その後も貨物や特急列車が頻繁に行き交っていたこともあり、国鉄民営化後もなかなか鉄道の運転本数は増加せず、新駅などの施策もあまりなし。ということで、いまも長距離路線バスが至る所に残っています。

・第36ランナー：徳山駅前～防府駅前　防長交通〈6日目3本目　650円〉

徳山駅からバスが進むルートは、やはり国道2号。「山陽乗りバス本線」、やっぱり〝国道2号沿い路線〟の需要が根強い！

なお、山口県内の路線バス乗り継ぎの裏ワ

徳山駅前に停車するバス

COLUMN

萩往還の要衝・「堀」に寄ってみない？

幕末の志士が駆け抜けた街道沿いの堀地区（山口市徳地堀）は、徳山・新南陽などから路線バスが集まる一大交通拠点。なかでも、1964年まで防石鉄道で結ばれていたJR防府駅方面には、今でも1日20本以上運行され、ここから山口駅→萩駅と乗り継いで山陰方面に抜けることも可能です。

なおこの場所は、瀬戸内海側・日本海側から程よい距離にあり、スーパー・丸久の鮮魚売り場の魚種がやたらと豊富。バス待ちで“お刺身コーナーチェック”をどうぞ。

ザに使えるのが、広島バスセンター発・山口大学前行きの高速バス。このバスは広島から徳山市内の山陽道・徳山東ＩＣまで山陽道を走り、あとの一般道（国道２号・国道２６２号経由）区間は、急行運転しつつも自由に乗降が可能。数本バスを乗り継ぐことなく、一気に進めます。ただし減便が進み、ついに１日１往復にまで減少してしまいました。

・第37ランナー：防府駅前〜新山口駅　防長交通〈6日目4本目　480円〉

このバス路線も国道２号を行きます。クルマの通行量も歩行者も多く、新南陽・大道・戸田など鉄道駅もほぼ国道沿い。生活が国道２号中心になっていることが窺えます。

なおこの区間は、防府から「秋穂漁港入口」で乗り換えて新山口駅方面、というルートも。釣りをしていた方に聞くと、目の前の漁港ではキスやマゴチなどが良く釣れるそうです。

宇部市内を走行する宇部市交通局のバス

COLUMN

「エヴァ」完結作の聖地・宇部新川駅

宇部市の繁華街に近いJR宇部新川駅は、2022年に公開された「エヴァ」シリーズ完結作『シン・エヴァンゲリオン劇場版:Ⅱ』のラストシーンで登場。主人公・碇シンジは真希波・マリ・イラストリアスと手を繋いで駅の階段を駆け上り、走り去ったところで物語は完結しました。

そして駅東側の踏切では、映画のポスター・フライヤーの構図を見ることもできます。他にもカップ麺には駅前のラーメン屋・一久の名前が入れてあるなど、宇部市出身の庵野秀明監督が随所に盛り込んだ"地元ネタ"を探すのも良いでしょう。

・第38ランナー：新山口駅（北口）～宇部中央　宇部市交通局「E9」（宇部新川駅行き）〈6日目5本目　1000円〉

新山口駅では山陽本線・宇部線が分岐しますが、バスはJR宇部線にぴったり並走する国道190号を進みます。途中の「サンパークあじす」バス停はスーパー・サンリブなどが入居する商業施設の軒先にあり、買い物袋を大量に持った人も多め。これから向かう宇部市内（新川地区）はスーパーの撤退や商店街の空洞化が進んでいるため、郊外へ買い物に出る人も多いのだとか。この区間はほかに宇部市交通局「1」系統もありますが、こちらは高規格道路・山口宇部道路を経由します。高速道路ではないものの、「山陽乗りバス本線」からは外します。

・第39ランナー：宇部中央～小野田駅　船鉄バス「宇部美祢線」〈6日

船木鉄道・船木町駅の駅舎は、船鉄バスの待合所として再活用されている

乗り換え

乗りバス角島線
下関〜角島

青い海の上をなだらかなカーブを描いて渡る角島大橋。これまで、ドラマ『HERO特別編』やカローラツーリングのCMなどが行われてきた"映えスポット"です。

JR下関駅から角島まで、バスを乗り継いで行きましょう。どの系統も運転本数が少なめですが、そのぶん角島に到着する頃にはもう夕方。ちょうど綺麗な夕陽を見ることができそうです。

サンデン交通「北浦線」下関駅〜川棚温泉

▼

ブルーライン交通「豊北—豊浦線」川棚温泉〜二見駅

▼

下関市生活バス「ぐるりん矢玉・二見循環線」二見駅〜豊北総合支所

▼

ブルーライン交通「西市—滝部—角島線」滝部駅〜尾山憩の家（角島）

目6本目　460円〉

宇部中央から小野田・小月・下関に2時間かけて直通していた「サンデンバス国道線」は、2022年9月に末端区間の宇部中央〜小野田市内を廃止。船鉄バスと路線が重複していたため、再編の対象となりました。

なお、船鉄バスのもともとの社名は「船木鉄道」。1961年まで、JR山陽本線・宇部駅から船木・吉部に至る鉄道路線を経営していました。今でも「船木町駅」は当時の駅舎が待合室・本社として使われ、側線はバス車庫に転用されています。

・第40ランナー：小野田駅〜下関駅前
サンデンバス「国道線」〈6日目7本目　1080円〉

小野田駅を出たバスは、かつて国道

関門海峡大橋の下をくぐる

2号だった国道190号区間を走行。山陽小野田市・下関市の市境付近で現在の国道2号と交差し、また旧道へ。1時間以上走り、下関市長府でようやく国道2号と合流。

そして長府～下関間は、山陽電気軌道というかつての路面電車（1971年全廃）の敷地がそのまま道路に転用。道幅は終始広くバスの走行も快適……ですが、歩道橋を使わないと渡れないような道幅が街のど真ん中にあるなど、道路拡張も良し悪し、といったところでしょうか。

九州への乗り換えは、途中の「御裳川（みもすそがわ）」バス停で下車。記事中の最後、番外編へどうぞ。

・第41ランナー：下関駅前～竹の子島（彦島の最西端）サンデンバス「竹の子島線」：〈6日目8本目　280円〉

竹の子島バス停

ＪＲ山陽本線は下関から関門海峡トンネルをく

ぐり、九州に入り門司駅まで。「山陽乗りバス本線」は、下関市沖合の彦島西側にある「竹の子島」バス停を終点とさせていただきます。

番外編：下関～北九州市和布刈（めかり）

・徒歩：サンデンバス「下関小野田線」御裳川バス停～西鉄バス「74」関門トンネル人道口バス停　1・0km

関門海峡の道路トンネルを経由する路線バスは、すでにありません（競艇の送迎バスはあり）。

ということで、徒歩で海峡を越えるべく「関門人道トンネル」の最寄バス停「御裳川」で下車します。

本州と九州を隔てる関門海峡は、もっとも狭い場所だと直線距離で1㎞弱。人道トンネルで歩いて渡ります。

九州側に出て西鉄バス「74」の「関門トンネル人道口」に乗り継げますが、この路線の始発「和布刈」バス停まで500mほど。すぐ前には電気機関車・EF30の展示などもあるので、ちょっと歩いて和布刈から乗車するのも良いでしょう。

関門海峡人道トンネルの県境区間

乗りバス紀伊半島縦断線
（大阪〜十津川〜新宮・白浜）

全長169.8㎞、所要時間6時間30分、停留所数168カ所。日本最長の路線バスこと奈良交通「八木新宮線」なら、紀伊半島を一気に縦断できます。

しかし当書籍では、あえて「八木新宮線」を使わずに！ 大和八木〜新宮間を移動ましょう。もちろん、「八木新宮線」利用もOKです。

●大阪〜大和八木

大阪〜近鉄奈良駅間は、「東海道乗りバス本線」と同ルートとします。

近鉄奈良駅から、天理〜桜井〜橿原神宮と来て、大和八木駅への乗り継ぎをどうぞ。

・第1ランナー：近鉄奈良駅〜天理駅　奈良交通　各路線
・第2ランナー：天理駅〜桜井駅北口　奈良交通「63」
・第3ランナー：桜井駅南口〜明日香奥山・飛鳥資料館西　奈良交通「36」
・第4ランナー：明日香奥山・飛鳥資料館西〜橿原神宮前駅東口　奈良交通「16」
・第5ランナー：橿原神宮前駅東口〜大和八木駅（南）　奈良交通「8」

●大和八木〜新宮〜南紀白浜

「八木新宮線」に並行する、奈良交通、広域通院ライン、十津川村営バスなどの路線を使って、バスで紀伊半島を縦断してみましょう。かつ本宮大社前からは、明光バス・龍神バスを使って田辺・白浜方面に抜けることも可能。

・第6ランナー：大和八木駅（南）〜イオンモール橿原　奈良交通「40」
・第7ランナー：イオンモール橿原〜近鉄大和高田駅　奈良交通「13」
・第8ランナー：近鉄大和高田駅〜五條バスセンター　奈良交通「70」
・第9ランナー：五條バスセンター〜十津川温泉　奈良交通「広域通院ライン」
・第10ランナー：十津川温泉〜本宮大社前　十津川村村営バス「本宮・七色・本二津野線」
・第11ランナー：本宮大社前〜新宮駅　熊野御坊南海バス「川丈線」
・第12ランナー：新宮駅〜白浜バスセンター・三段壁　明光バス「熊野古道線」

第5章

九州乗りバス本線（北九州〜鹿児島〜那覇〜与那国）

九州を縦断するJR鹿児島本線（門司港〜鹿児島中央間）は、1889年12月に博多〜千歳川仮停車場（久留米市の北側、筑後川北岸）が開通、4か月後にはいまの久留米駅に到達し、翌年には現在の門司港〜熊本間が繋がるという、かなりのハイペースで建設されました。一方で八代〜鹿児島間の工事は難航し、いったん人吉・吉松経由（現在のJR肥薩線）で1909年に全通、1927年にようやく出水・川内まわり（現在の肥薩おれんじ鉄道区間）の鹿児島本線が繋がったのです。

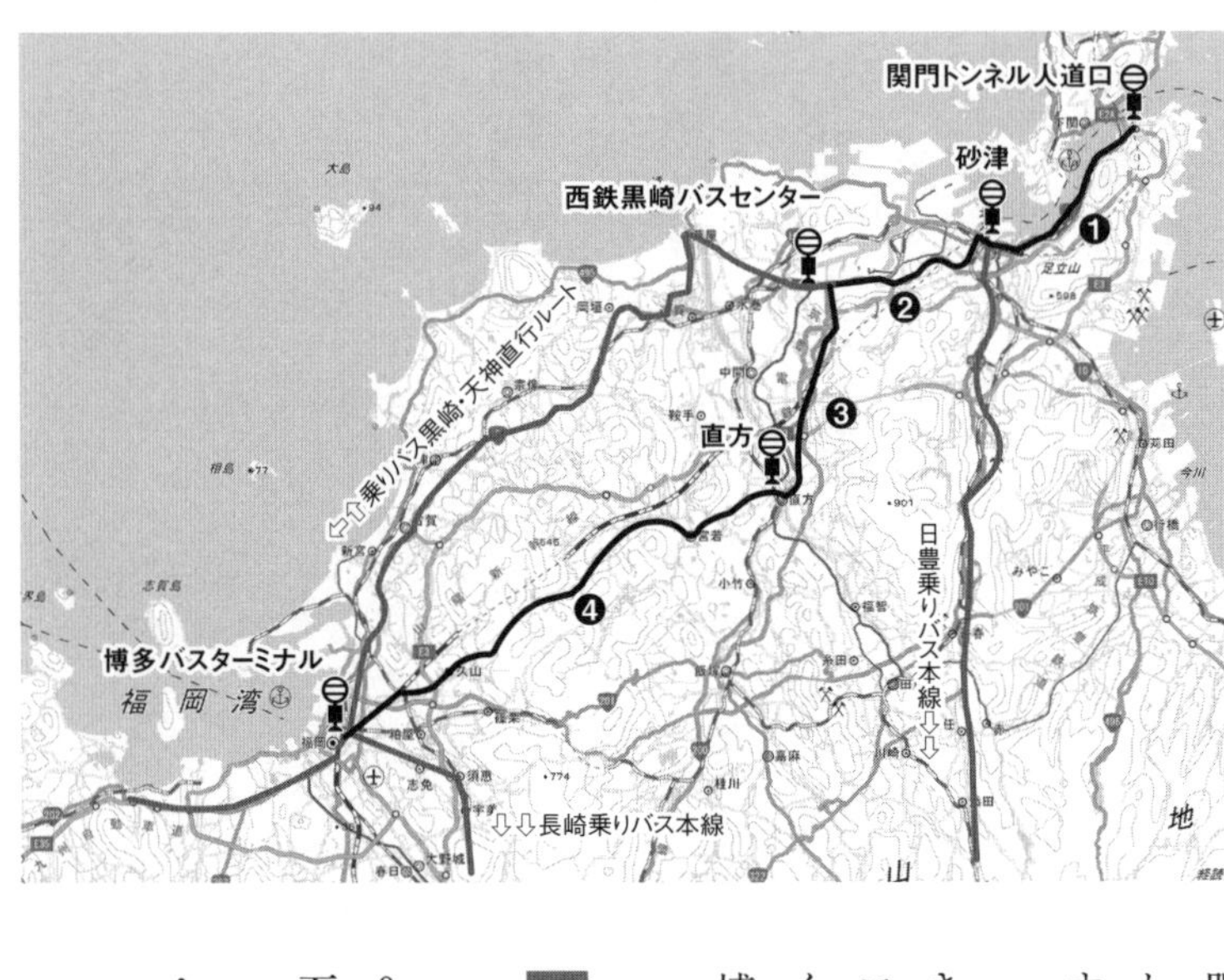

「九州乗りバス本線」は、同様のルートを路線バスで乗り継いで行きます。ただし、門司港〜鹿児島中央間を行く鉄道よりもちょっとロングランになるために、路線名は「鹿児島乗りバス本線」ではなく「九州乗りバス本線」と命名。北九州市・関門トンネル人道口〜博多〜鹿児島中央〜那覇〜与那国と進んでいきましょう！

Part 1 和布刈〜天神

全国11地域の大都市圏（国勢調査による）のなかでも、人口500万人以上を擁する北九州・福岡大都市圏は4番目の規模の551万人を誇ります。しかしこの区間、最短ルートを進みません。

・第1ランナー：関門トンネル人道口〜砂津　西鉄バス北九州「74」〈1日目1本目　390円〉

「関門海峡めかり」バス停に停車するバス

関門海峡。この地下のトンネルを徒歩で移動する

下関市から鉄道・高速バスを使わず関門海峡を渡る手段は、関門トンネル人道、関門フェリーのどちらか。今回は下関側でサンデンバス「御裳川」バス停から徒歩連絡が可能な、人道トンネル経由のルートを採用しました。九州側のトンネルを抜け、エレベーターで地上に出ると、すぐ目の前に西鉄バス「関門トンネル人道口」バス停があります。

・第2ランナー：砂津〜西鉄黒崎バスセンター
西鉄バス北九州「1」ほか（折尾駅行き）〈1日目2本目　390円〉

北九州市の中心街へ向かうバスは、ＪＲ門司港駅の南側を過ぎ、清滝1丁目交差点から国道3号に入り、みるみる坂を登って標高20ｍほどの高台を進みます。車窓右手には玄界灘が広がり、広大な鉄道貨物ヤードや海沿いの国道199号を見下ろしつつ西進。門司駅の手前からは平地になりますが道路は広く、ほとんど右左折もないので乗り心地は快適そのものです。

かつての路面電車・西鉄北九州線（2000年までに全廃）の砂津車庫があった場所は商業施設・チャチャタウン小倉となり、「砂津バスセンター」はその向かいにあります。バスは小倉駅前の平和通りとクロスし、郊外のＪＲ西小倉駅あたりに出たところで左折。山手通りを「西鉄黒崎バスセンター」まで向かいます。なおこの区間は、北九州市営バスの乗り継ぎでも移動可能です。

乗り換え　乗りバス黒崎～天神直行ルート 小倉～天神

福岡市中心部方面は、折尾駅から鉄道に沿って博多に向かうルートが最短です。しかし遠賀町や岡垣町内で極端に本数が極端に少なく、かつ乗り継ぎが途切れる箇所も。直方へ迂回したほうが、間違いなく早く到達できます。

北九州市営バス「90」折尾駅～第二粟屋

▼

徒歩2.0㎞

▼

岡垣町コミュニティバスふれあい「岡垣循環線」糠塚公民館前～JR海老津駅

▼

西鉄バス「20」JR海老津駅～赤間営業所

▼

西鉄バス　「赤間急行」赤間営業所～九州産業大学南

▼

徒歩0・7㎞

▼

西鉄バス「23」九州産業大学前～中洲→天神方面へ

・第3ランナー：西鉄黒崎バスセンター～直方　西鉄バス筑豊急行〈1日目3本目　610円〉

黒崎～直方間の急行バスは1時間に1本あるかないか。時間が合わないようであれば、西鉄バス「53」→「13」と、イオンモール直方で乗り継ぐことも可能。急行バスなら50分、イオン乗り継ぎなら時間が合えば1時間ほど。

なお黒崎のバスセンターと同じホームから発着する筑豊電鉄なら、黒崎～直方間は30分少々。ただし筑豊直方駅は、福岡市内方面のバスが発着するJR直方駅と700mほど離れています。

北九州市内を走る西鉄バス

・第4ランナー：直方駅～博多バスターミナル　JR九州バス「直方線」〈1日目4本目　1320円〉

COLUMN

境内を横切る西鉄バス

西鉄バスの複数系統が発着する「箱崎」バス停（福岡市東区）は、かつての路面電車・福岡市内線の駅をそのまま活用。この前後の区間は、かつての軌道の用地がそのままバス専用道として残されています。狭隘な住宅街の中を抜けたり、日本三大八幡のひとつ・筥崎宮の鳥居前を突っ切ったり。ここまで"鉄道っぽさ"を残した路線バスは、なかなかありません。

また、専用道の少し先にある「馬出（まいだし）」バス停は電車のホームがそのまま残り、その先には馬出の商店街と直角に交わる踏切も。警報音が響き渡るなか、大型バスが商店街の軒先に「ぬっ」と出てくるさまは、もはやこの街の風物詩。よく見ると道路わきの柵に枕木を再活用していたり、未だに鉄道時代の土地境界標が残っていたりと、見どころはつきません。

乗り換え　乗りバス筑肥線　博多～姪浜～唐津

博多～唐津間は、JR筑肥線→地下鉄空港線直通の快速と、高速バス「からつ号」が激しく競争を繰り広げられています。

ここは路線バス乗り継ぎで、絶景スポット・二見ヶ浦にも寄りつつ、唐津を目指しましょう。途中で17㎞ほど歩きますが、気にしない気にしない。

- 西鉄バス「7」天神ソラリアステージ前～姪浜駅南口
- 今宿姪浜線乗合バス　姪浜駅北口～今宿駅
- 昭和バス「西の浦線」今宿駅前～二見ヶ浦（夫婦岩前）～伊都営業所
- 昭和バス「船越～野北線」伊都営業所～前原駅北口
- 糸島市「はまぼう号」前原駅北口～筑前深江駅前
- 徒歩17㎞
- 昭和バス「七山線」浜崎駅北口～大手口（唐津市）

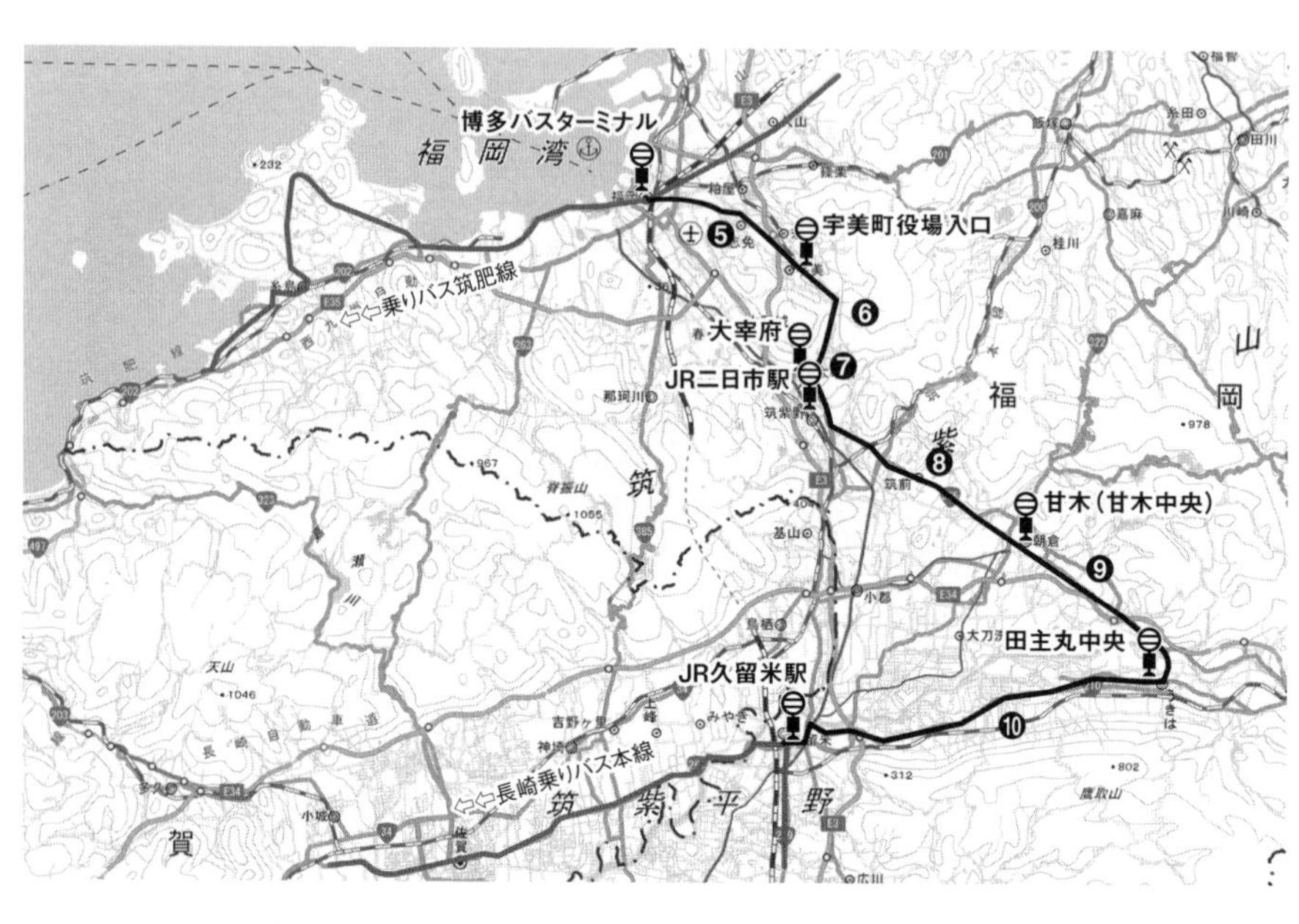

ＪＲ直方駅前からは、ＪＲバスで約2時間かけて福岡市内に直行。往時より運転本数は減少し、かつ西鉄バスの天神行き高速バス（所要時間はほぼ半分）もある中、未だに1～2時間に1本をキープしているのはありがたい限りです。

現在はかなりの便が宮若市福丸などで折り返しとなる中、博多行きのバスは犬鳴峠の下をトンネルで一気に走り抜けて、久山町へ。

福岡市内で見かけるのはことごとく西鉄バス、特に福岡市東区・西鉄バスの土井営業所からは、赤色のＪＲバスが〝レア車両〟状態に。そのまま博多駅バスターミナルに到着。この路線、よく系統分割されず運行継続しているなぁ……。

Part 2 博多～久留米

博多～二日市間のバス乗り継ぎは、福岡市内から那賀川市→春日市→大野城市→筑紫野市二日市と南下する「ＪＲ鹿児島本線・西鉄沿いルート」と、志免町→大宰府市→二日市をまわる「ＪＲ香椎線・国鉄勝田線沿いルート」があります。「九州乗りバス本線」は後者を選択、前者は「長崎・西九州乗りバス本線」（博多～久留米～長崎）で経由することとしましょう。

COLUMN

廃止後、沿線は西鉄バス天国に！国鉄勝田線はなぜ廃止になった？

今でこそ人口4万人以上のベッドタウンとなった志免町ですが、1964（昭和39）年までこの街には「志免鉱業所」があり、軍艦や蒸気機関車に欠かせない良質な石炭の産地として知られていました。しかしエネルギー政策の転換で閉山後、2万人ほどだったこの街の人口は1.6万人（1970年）まで減少。同じタイミングで国鉄が赤字に転落したため、当地を通る勝田線は1日6〜7往復、車両・設備も老朽化したまま放置されていました。

しかしこの場所は福岡市内から10㎞圏内とあって、急速に住宅街に生まれ変わっていきます。人口は1975年から5年ごとに2.1万→2.7万→3.1万と右肩上がりに。しかし勝田線は博多駅に朝1本しか直通しておらず（鹿児島本線・吉塚駅発）、輸送密度は国鉄再建の際に定めた存続基準の半分にも満たない、1日900人以下。1時間数本の高頻度で博多駅・天神に直通する西鉄バスへの転移は避けられず、1985年に廃止となる際にも、自治体からの存続の要望はなかったと言います。

なお、現在はかつての志免駅周辺が勝田線鉄道公園として整備され、ホームや線路上を歩けるので、寄ってみると良いでしょう。なにぶん、志免〜宇美間は途切れずバスが来るので、寄り道をしても大した時間のロスにはなりません。

志免町内を走行するバス

・第5ランナー：博多バスターミナル〜宇美町役場入口　西鉄バス二日市「37」（四王寺坂行き）〈1日目5本目　510円〉

福岡市内から志免方面に直通する西鉄バスは、博多駅発の「33」「37」のほかにも天神・吉塚駅経由の「32」「34」などもあり、どちらからも選び放題。〝町〟ながら人口4・5万人を擁する志免町内には、1時間に5～6本のバスが走り抜けています。

実は志免町には、もともと国鉄勝田線が走っていました。なぜ鉄道は早めに見切られ、志免町は西鉄バスの牙城になったのでしょうか。前ページのコラムをどうぞ。

・第6ランナー：上宇美～大宰府　西鉄バス二日市「4-1」（宇美営業所発・大宰府市役所前行き）〈1日目6本目　360円〉

JR香椎線の終点・宇美駅から県道福岡太宰府線を南に下り、只越峠を越えて太宰府市へ。この系統は峠越え区間で利用者が少なく、2022年をめどに退出願が出されたものの、自治体の尽力で一転して存続。しかしこの路線の存廃は、依然として予断を許しません。

なお観光シーズンには、太宰府市内に入ってから天満宮西門を右折、そこからクランクを描いて駅に進入するまでの数分の距離が、渋滞で30分以上かかることも。もしこのシーズンにバス乗り継ぎをされる方は、早めに降りて歩かれることをお勧めします。

・第7ランナー：大宰府～JR二日市駅　西鉄バス二日市「1-1」「1-2」（西鉄二日市駅行き）〈1日目7本目　420円〉

学問の神様・菅原道真公をまつる大宰府天満宮の玄関口・西鉄太宰府駅の前には、蒔絵のようなデザインの高速バス「大宰府ライナー・旅人」なども発着しています。しかし「九州乗りバス本線」で乗り継ぐバスはいたって普通の路線バス車両。乗客も太宰府駅から乗り込む人はあまりなく、途中の市役所前からのほうが多くみられました。

乗り換え　乗りバス久大本線・乗りバス阿蘇外輪山線

●二日市～日田～大分

JR久大本線は久留米駅で鹿児島本線と分岐しますが、こちらは二日市駅から分岐。大分ではなく、温泉街・別府にそのまま乗り込みます。

西鉄バス二日市「40」ほか　JR二日市駅～杷木
↓
西鉄バス「小石原線」杷木～大行司駅
↓
日田彦山線代行バス　大行司駅～日田駅
↓
大交北部バス　日田駅～守実温泉
↓
大交北部バス　守実温泉～中津駅
↓
大交北部バス　中津駅～安心院支所
↓
大港北部バス　安心院支所～仙人田茶屋
↓
亀の井バス「サファリ線」仙人田～別府駅西口
↓
大分バス「AS60」など　別府駅前～大分駅前

●日田～熊本

なお、日田から杖立温泉・阿蘇を経由して熊本に至る、“支線の支線” も準備致しました。

日田バス「杖立線」日田バスセンター～杖立
↓
産交バス「7」杖立～阿蘇駅前
↓
産交バス「特急やまびこ号」ほか　阿蘇駅前～大津駅南口
↓
産交バス「E3-5」大津駅前～熊本桜町バスターミナル

朝倉軌道・朝倉街道駅跡はバスターミナルになっている

・第8ランナー：ＪＲ二日市駅〜甘木　西鉄バス二日市「40」（甘木営業所行き）〈1日目8本目　610円〉

二日市駅を出たバスは、西鉄大牟田線・朝倉街道駅を越えて、杷木・日田まで伸びる朝倉街道に入ります。この街道は江戸時代には福岡藩・日田藩を結ぶ要衝でもあり、領地ではない場所でも、福岡藩（黒田家）が自ら資金と役人を提供して管理していたとの記録が残っています。

そして1908年には、この街道の路上を走る朝倉軌道が開通。のちに杷木まで延伸し、旅客・貨物ともに順調に業績を伸ばした……というより、「軌道法で1両しか牽引できない客車を2〜3両引っ張る」「届け出た車両の最大寸法（幅1676㎜）よりだいぶ幅がある車両が平気で走行」「設計に問題があっても『欅を使用しているから問題ない』と回答」「不許可でも勝手に営業開始」など、鉄道有史に残る自由闊達な営業がここで行われていたことで有名です。

なお、この朝倉軌道は甘木線（現在の甘木鉄道）が1940年に開通したことを受けて、当時の金額で18万円もの補償金を受け取って会社解散。線路は道路の拡張用地となり、乗りバスの沿線では朝倉街道駅・甘木駅がバスターミナルとなって、土地の形だけ名残を残しています。戦前まで黒字を維持できたということは、いかに貨物需要が高かったか……と思いきや、閑散区間を勝手に休止したり、勝手に線路を撤去したりと、役人の目の届かないのをいいことに、やりたい放題であったからといいます。

そんなフリーダム鉄道会社に思いを馳せながら、ひたすら街道沿いの景色を眺めるのも良いでしょう。

朝倉軌道・両築軌道の2社が乗り入れていた甘木駅跡は、いまでも敷地が広い

甘木観光バス

田主丸〜吉井

・第9ランナー：甘木中央〜田主丸中央　甘木観光バス「田主丸線」（甘鉄甘木発・田主丸中央病院行き）〈1日目9本目　450円〉

「久大乗りバス本線」では朝倉街道をそのまま杷木まで進みますが、「九州乗りバス本線」は甘木観光バスに乗り継ぎ、街道に別れを告げて、久留米市田主丸方面へ。

・第10ランナー：田主丸中央〜JR久留米駅　西鉄バス久留米（吉井営業所始発）〈1日目10本目　650円〉

2005年に、浮羽郡田主丸町から久留米市に編入になったこの地域ですが、久留米市内への通勤が徐々に増加しているのだとか。国道210号を進み、そのまま久留米市内に向かいます。

Part 3 久留米〜熊本

・第11ランナー：JR久留米駅〜福島　西鉄バス「31」（八女営業所行き）〈1日目11本目　570円〉

西鉄久留米駅バス乗り場

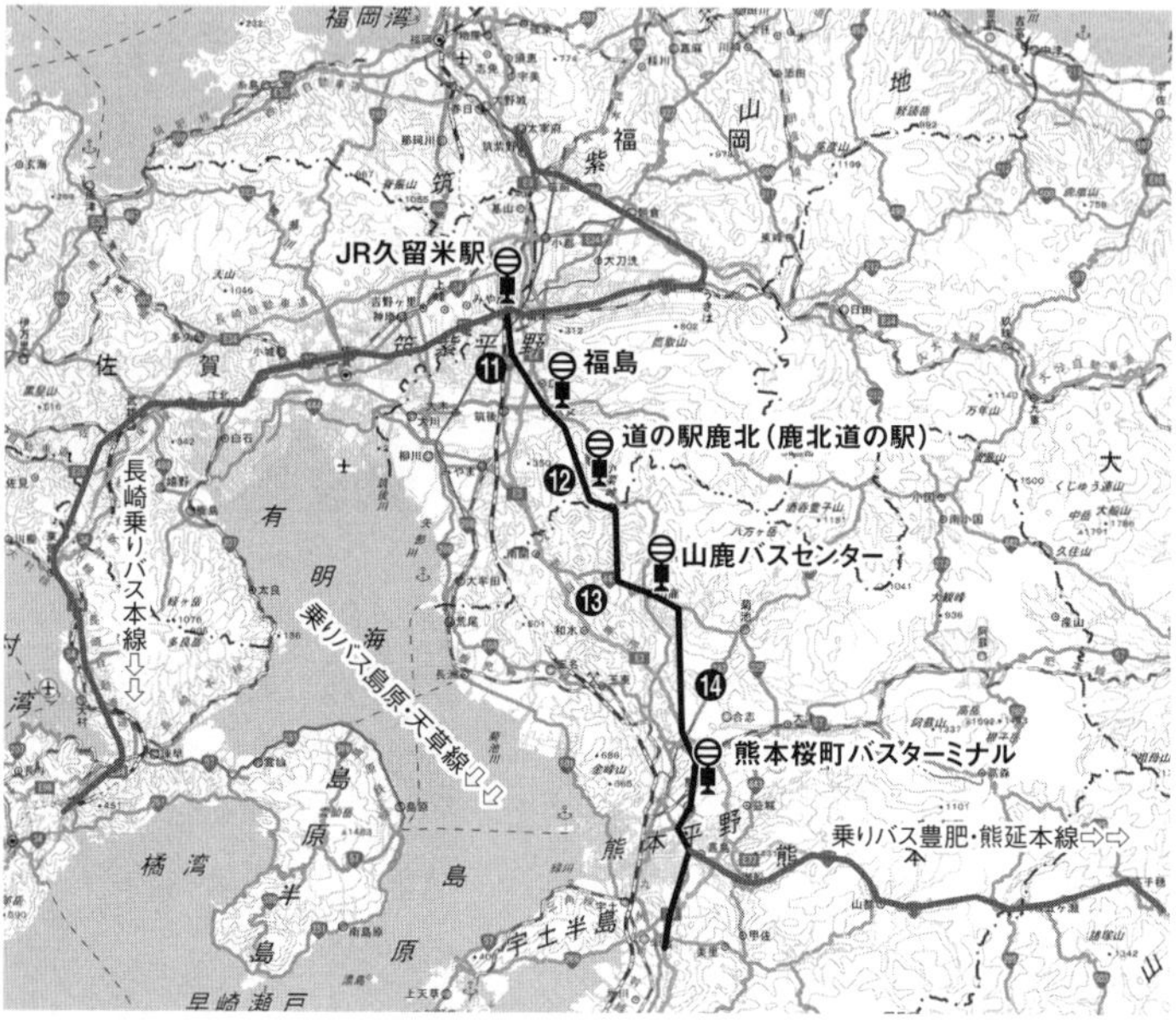

久留米駅からは、国道3号を南下し、堀川バスの営業所がある八女市福島に向かいます。なおこの区間は、堀川バスの路線でも移動可能です。

・第12ランナー：福島～道の駅鹿北　堀川バス「辺春線」（やまと旅館入口行き）〈2日目1本目　810円〉

・第13ランナー：鹿北道の駅～山鹿バスセンター　産交バス「山鹿鹿北線」〈2日目2本目　640円〉

西鉄バスの「福島」と、堀川バス「福島」は八女市内の土橋交差点を挟んですぐの場所。西鉄バスは「つながるバス停」として待機スペースが整備され、堀川バスは本社に併設されているだけあって、広々としたスペースとベンチでバスを待てます。

そして、バスは国道3号をひたすら南下し、県境をまたぐ小栗峠を越えて、熊本県へ。「道の駅鹿北」駐車場内で堀川バス→産交バスに接続、山鹿温泉方面に向かうことができます。

平日の終点「山中」バス停近くを走る堀川バス

「道の駅鹿北」にて

COLUMN

細川のお殿様も“くまモン”も入った？ 山鹿温泉元湯

山鹿温泉の歴史は古く、今から800年ほど前、京での騒乱（保元の乱）から落ち延びてきた武将が、お湯で傷を癒す鹿を見つけたことが温泉の発祥とも言われています。そしてかつては、格安で入浴できる町湯が各地にあったのだとか。

そして、その町湯でもっとも規模が大きかった「山鹿温泉　元湯」を2012年に復活させたのが「山鹿温泉元湯　さくら湯」。住所が熊本県山鹿市山鹿1番地1であることからも、いかにここが山鹿にとって大切な場所かがうかがえます。「山鹿温泉」バス停でどちらの方面にも乗り継げるので、是非寄っていきたいところ。なお開業時には、生中継でゆるキャラ”くまモン”が着ぐるみのまま温泉に入ってしまい、ずぶ濡れで水分が下半身に寄って歩けなくなるという放送事故が起きたのも、この場所。タオルを巻いて温泉レポートを行ったのに、くまモンにすべてを持っていかれた女性レポーターの表情は、いまでも語り草です。

乗り換え　乗りバス天草線　熊本～天草～阿久根

熊本から天草諸島へ、バスで通り抜けてみましょう。そのまま「九州乗りバス本線」に戻れるので、帰りルートでいかがですか?

産交バス「快速あまくさ号」熊本桜町バスターミナル～本渡バスセンター

産交バス　本渡バスセンター～牛深港

三和フェリー　牛深港～蔵之元港港

南国交通「天草シャトルバス」蔵の元～出水駅

COLUMN

熊本～大分・別府間を一般道で？「九州横断バス」

「九州横断バス」は、その名の通り熊本から阿蘇山の外輪を走り抜け、黒川温泉・由布院などを経由して、大分・別府へ抜けていきます。

そして、このバスは約120㎞・約5時間の行程すべてが一般道！ この書籍の掲載条件「一般道を走行するバス乗り継ぎ」にはバッチリと合致。コロナ禍で本数が減少し、別府までの通し運行は1日1往復のみとなりましたが、是非いかがでしょうか。

乗り換え 乗りバス豊肥・熊延本線 熊本～延岡

途中まではJR豊肥本線と並行しますが、そこから熊本～延岡間を結ぶ予定だった高森線（南阿蘇鉄道）、高千穂線（高千穂鉄道、2005年の台風被災後復旧せず、2007年廃止）沿いに、宮崎県延岡市に至ります。

なお、この「熊延」という名称が別に使われていた熊延鉄道は高森線・高千穂線の南側にルートとっていましたが、砥用（ともち）から先を延伸できず1964年廃止。いちおう熊本～延岡間ということもあり、「豊肥・熊延本線」とさせていただきました。この地域のバスが今もちゃんと繋がっていることに、驚きです。

産交バス　熊本桜町バスターミナル～大津駅前

▼

ゆるっとバス　大津駅前～高森中央

▼

山都町コミュニティバス「馬見原・高森線」高森中央～馬見原

▼

五ヶ瀬町Gライン　馬見原～五ヶ瀬病院前

▼

宮崎交通「75」五ヶ瀬町立病院前～高千穂バスセンター

▼

宮崎交通「71」「72」高千穂バスセンター～延岡駅

※熊延鉄道のルートを経由して熊本～砥用～馬見原と到達することも可能。

なお堀川バス路線の県境越えは土日祝日のみ。平日は県境手前の「山中」バス停が終点となるので、ご注意ください。

・第14ランナー：山鹿バスセンター～熊本桜町バスターミナル　産交バス「A5-1」「A5-2」など〈2日目3本目 950円〉

山鹿～熊本間は「A5-1」（来民経由）、「A5-2」（日置経由）などさまざま。本数も多く、どれを選んでもOKです。いよいよ熊本市内に到達！

Part 4 熊本～鹿児島

この区間のハイライトは、八代～鹿児島間をどう進むか。1909年に鹿児島本線として全通したJR肥薩線側（人吉経由）に行くか、それとも、1927年に開業し、2004年に九州新幹線の部分開業で第3セクター私鉄・肥薩おれんじ鉄道に転換となった側（水俣・川内経由）に行くか。

球磨川沿いに深い谷に分け入る肥薩線・人吉方面も、意外と路線バスは繋がるのですが……。さあどっち？

着ホームを擁する「熊本桜町バスターミナル」に生まれ変わりました。松橋方面は、中央の島上の場所にホームがあるので、エスカレーターで地下に入って、そこからまた上がります。

乗り換え拠点の「松橋産交」は、JR松橋駅から500mほど東側の国道266号沿い。熊本は「○○産交」と名前が付いたバス停が多く、産交バスの車庫などにあるため街から離れていることも。しかしこの松橋産交はJRより確実に松橋の中心部に近く、しっかり冷暖房も効いて椅子も机もあって、普通に仕事ができるレベルで快適。ちょっと休んでいきましょう。

サクラマチクマモト　バスターミナル

2015年に取り壊しとなった「サクラマチクマモト」の前身「交通センター」

・第15ランナー：熊本桜町バスターミナル～松橋産交　産交バス「R3・5」ほか〈2日目4本目　660円〉

熊本市の中心部にそびえ立っていた交通センターは、2019年に複合施設・サクラマチクマモトへ生まれ変わり、50番線までの発

「松橋産交」バス待合所。産交バス松橋営業所を併設している

熊本城

乗り換え　乗りバス肥薩・日肥線 八代～宮崎

八代～人吉～吉松間（現在のJR肥薩線）、ならびに吉松～鹿児島間（現在の吉郡線・日豊本線）は、1924年まで鹿児島本線として、博多～鹿児島間の輸送を担っていました。これを路線バスで乗り継ごうとすると、人吉～吉松間がまったく繋がりません。

しかし人吉からは、現在のくま川鉄道湯前線、国鉄妻線（1984年廃止）を経由して佐土原・宮崎に乗り入れるはずだった未成線・日肥線沿いに、しっかりとバスが繋がっています。

産交バス「八代坂本駅線」八代駅前～坂本駅前

↓

肥薩線代行バス　坂本～葉木

↓

葉木～神瀬福祉センターたかおと前　徒歩15.2㎞

↓

産交バス
神瀬福祉センターたかおと前～石水寺入口

↓

産交バス　石水寺入口～人吉駅前

↓

産交バス「湯前線」人吉駅前～湯前駅前

↓

西米良村営バス「やまびこ」湯前駅～村所駅

↓

宮崎交通　村所～西都バスセンター

↓

宮崎交通「67」
西都バスセンター～宮崎市内・宮交シティ方面

・第16ランナー：松橋産交～八代市役所前　産交バス「八代松橋線」〈2日目5本目　イオンモール経由（国道3号経由）８７０円／鏡経由（県道14号経由）７４０円〉

松橋～八代間は、国道3号をひたすら南下する大村経由、その国道に並行する県道14号を南下する宮原経由とありますが、どちらでもOK。

・第17ランナー：八代市役所～道の駅たのうら　産交バス「八代田浦線」〈2日目6本目　２００円〉

・第18ランナー：道の駅たのうら～水俣駅前　産交

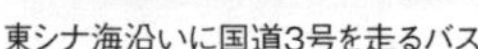
東シナ海沿いに国道3号を走るバス

バス「田浦水俣線」〈2日目7本目　1020円〉

八代からは、乗り継ぐバスはひたすら国道3号を走ります。さすがは一級国道（主要81都市を結ぶ国道、その多くがひとケタ・2桁国道となっている。1965年に制度廃止）だけあり、走行は快適そのもの。

水俣市内では、熊本側の産交バスは旧・市街地や商店街沿いの旧道を走行、鹿児島側の南国交通は国道3号を走るので注意。たがいの「水俣駅前」バス停が違う旨の掲示がなくて、乗り換えに焦った……。

・第19ランナー：水俣駅前～阿久根駅前　南国交通〈3日目1本目　930円〉
・第20ランナー：阿久根駅前～川内駅前　南国交通〈3日目2本目　710円〉

路線バスと並行する第3セクター鉄道・肥薩おれんじ鉄道は、その名の通りオレンジ

南国交通のバス車両。阿久根新港にて

COLUMN

鹿児島に来たら、鹿児島王将！

「えっ、鹿児島に来てまで王将？」と思った方、手を挙げて！

実は、鹿児島の餃子の王将は「餃子の王将（京都王将）」でも「大阪王将」でもなく、独自メニューを擁する「鹿児島王将」。黒酢あんがたっぷりかかった天津飯、野菜のシャキシャキ感が際立つ餃子、かなり巨大な唐揚げなどは、本州の王将とは別メニュー。でも、わざわざ食べに来る美味さ！！ 鹿児島中央駅エリアには店がないものの、バスなら「金生町」か「天文館」で降りれば、鹿児島王将の中町店に行けます。鹿児島王将さん、駅にも出店お願いします！

この「鹿児島王将」創業者の稲盛豊美氏・稲盛実氏はもともと「京都王将」で働いており、故郷・鹿児島での独立を志した際に、兄である京都セラミック（後の京セラ）・稲盛和夫氏に相談。もともと京都王将の創業者・加藤朝雄氏が稲盛和夫氏と面識があった（それはもう、どちらも京都財界のレジェンドですから！）ため話が進み、独立を認められたそうです。なお、稲盛和夫氏は鹿児島に帰郷のたびにお店を訪問。メンバーズカードを持って店に足を運び、「実ちゃん（稲盛実氏）の餃子は最高だよ！」と褒めたたえつつ、「借金はするな」「税金は困った人を救う経費と思え」と、”稲盛哲学”を授けていたのだとか。

色に輝きながら沈む夕日を眺めるのに最適。観光列車「おれんじ食堂」は夕陽を眺めるサンセット便が人気です。しかし、バスのルートである国道3号は、線路より少し海側。間近に夕陽を眺めるなら、路線バスという選択肢もアリなのではないでしょうか。

・第21ランナー：川内駅～金生町（鹿児島駅前）
鹿児島交通「50」「51」〈3日目3本目　1170円〉

川内駅まで来ると、もうあとは複数の経路から選び放題。「50」は国道3号経由、「51」は国道3号パイパスと沿うように伸びる鹿児島県道24号経由

山形屋鹿児島店。金生町バス停は向かいにある

乗り換え　乗りバス宮之城・大口線 鹿児島～宮之城～大口～水俣

国鉄民営化に前後して1987年、1988年に相次いで廃止された国鉄大口線･宮之城線沿いの沿線を辿っていきましょう。ついでに、「日本最南端のJRバス」にも乗車をどうぞ。

JR九州バス「北薩線」鹿児島中央駅～宮之城

▼

南国交通　宮之城～大口バスセンター

▼

南国交通　大口バスセンター～水俣駅

乗り換え　乗りバス大隅線・佐多岬線 鹿児島～都城

この区間は大隅線（1987年廃止）、志布志線（1987年廃止）の代替バスで結ばれています。しかしここは、船ごとフェリーに乗り込む「大隅半島直行バス」で錦江湾をショートカットしてみましょう。

大隅半島直行バス　金生町～リナシティかのや

▼

鹿児島交通　鹿屋～志布志駅前

▼

鹿児島交通　志布志駅前～岩川

▼

鹿児島交通　岩川～都城

さらに 乗り換え　乗りバス佐多岬線

鹿児島交通　鹿屋～外ノ浦

▼

徒歩5・2km　佐多岬展望台

鹿児島中央駅

（こちらの方が人家は多そう）、また宮之城まで行ってJRバス・北薩線に乗り継いだり、伊集院まで「51」で移動して「なんてつ号」（旧・南薩鉄道→鹿児島交通の廃止代替バス）で加世田、そこから鹿児島など……。お急ぎの方は川内～鹿児島市内直通の高速バスもあります。

鹿児島市内では、山形屋百貨店の1階にあった「山形屋バスセンター」が2015年で閉鎖。代替バス停として設けられた「金生町」バス停は路上に数か所分散となり、あまりにも複雑に。表示あんないがしっかりとなされた「鹿児島中央駅前」バス停で乗り換えた方がわかりやすいかもしれませんが、実はどうしても降りたい理由があります。以下、コラム「鹿児島王将」参照。

Part 5 鹿児島～沖縄

「九州乗りバス本線」は、ここで二手に分かれます。いちおう、乗り継ぎの〝てい〟確保のため鹿児島新港まで行き、そこからフェリーで那覇を目指します。

- **第22ランナー：金生町～鹿児島新港　鹿児島交通（鹿児島駅前発）〈3日目4本目180円〉**
- **鹿児島新港～本部港　マルエーフェリー「フェリーあけぼの」「フェリー波之上」**

さて、この書籍のルール「陸続きではなく、徒歩でも繋がらない場合は船舶・航空の利用OK」に従って、バスで鹿児島新港へ。「マルエーフェリー」に乗って沖縄を目指しましょ

鹿児島～沖縄本島を結ぶ「マルエーフェリー」

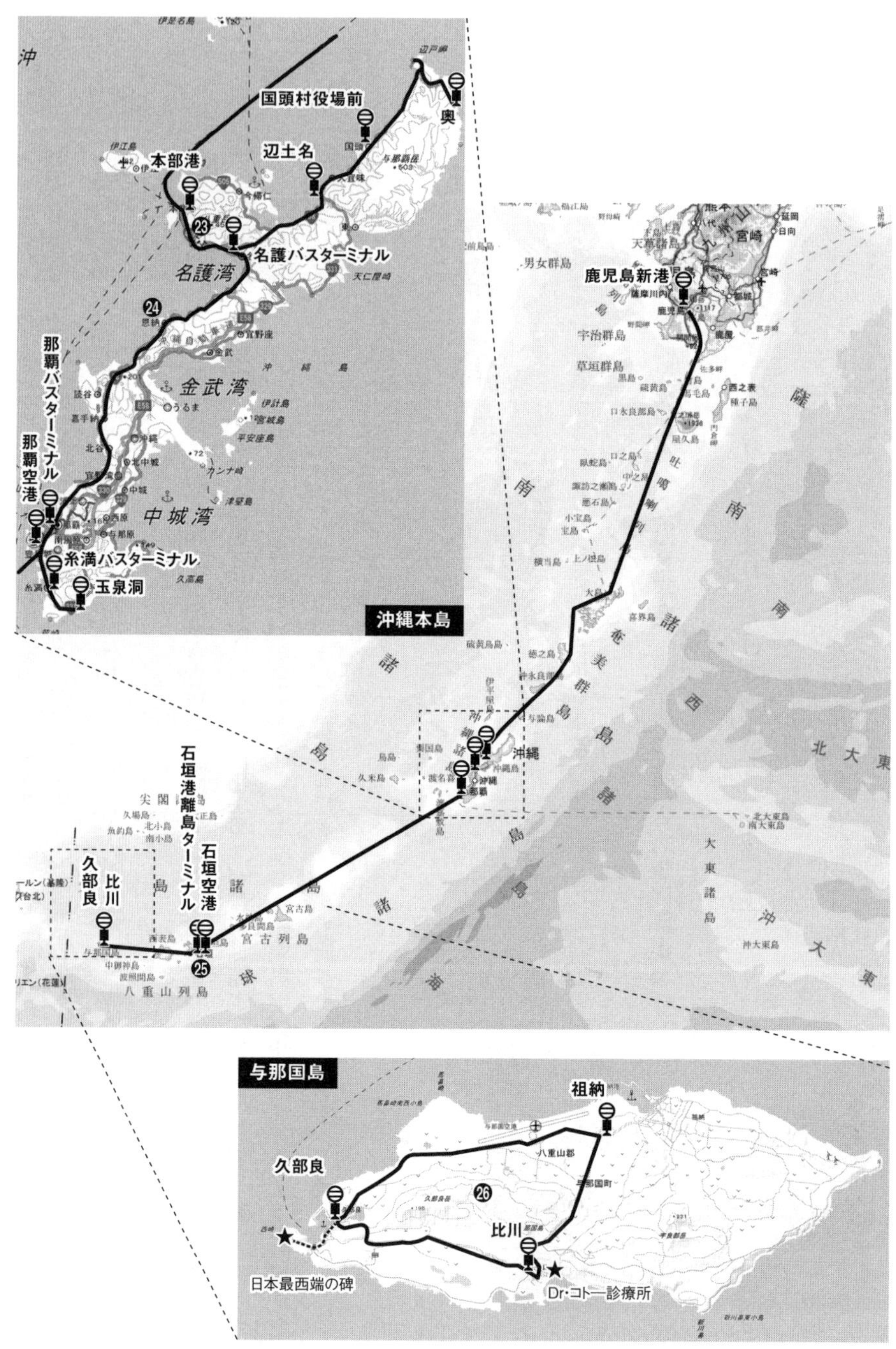
沖縄本島
国頭村役場前
奥
本部港
辺土名
名護バスターミナル
名護湾
那覇バスターミナル
那覇空港
糸満バスターミナル
玉泉洞
金武湾
中城湾
鹿児島新港
石垣港離島ターミナル
石垣空港
久部良
比川
与那国島
祖納
日本最西端の碑
Dr.コトー診療所

う。鹿児島から名瀬港・亀徳港・和泊港・与論港・本部港・那覇港を、約25時間で結びます。

船のデッキはコンテナでいっぱい。人が寝る用のスペースはどう見ても少なく、旅客は完全に〝ついで〟のようです。

●鹿児島～枕崎

それとは別に、薩摩半島を枕崎まで南下し、その果ての「今岳」バス停まで行ってみましょう。

・金生町～枕崎駅　鹿児島交通・枕崎線

鹿児島中央～枕崎（南さつま市）間を結ぶJR指宿枕崎線は、指宿からカルデラ湖「池田湖」の南側をぐるりと回り、開聞岳を眺めながら、87・8㎞を3時間かけて枕崎に向かいます。しかしバスは国道225号で内陸部をショートカット、同じ区間はなんと1時間30分ほど。昭和30年代には、当時の南薩鉄道（のちの鹿児島交通枕崎線、1984年廃止）が、このルートを最速50分で結ぶ高速鉄道を建設しようとした理由も頷けます。

JR枕崎駅。2013年に新駅舎が建設された

・枕崎駅～今岳　鹿児島交通

そしてバスは、薩摩半島の果て・今岳へ。途中の旧・坊津町では狭隘な漁師町を走り

「今岳」バス停に到着したバス

COLUMN

旧・枕崎駅跡地で、格安カツオを味わえる！ タイヨー枕崎店

JR枕崎駅と併設されていた鹿児島交通・枕崎駅は、広大な留置線と敷地を擁していました。現在ではこれらが、そのままスーパー・タイヨーとなっています。

そして、さすがは遠洋漁業とかつおの街、枕崎！ 初ガツオシーズンなら、鮮魚コーナーの刺身やたたきが絶品！お話を伺ったところによると、ちゃんとかつおを見分けて捌ける腕利きの方がいらっしゃるのだとか。お店や居酒屋で頼むより薄めですが、お値段は超・格安。路線バス乗り継ぎの合間に、スーパーの刺身に舌鼓を打つのも良いでしょう。

今岳バス停の先で折り返しを待つ

抜けてまた山に登り、1971年に閉校となった今岳小学校の前にあるバス停が終点。北九州市和布刈～南さつま市今岳の路線バス縦断は、何と奇跡的に、徒歩を要せず乗り継げました！

●沖縄本島縦断

最南端から最北端まで、約100㎞はある沖縄本島を、路線バスで乗り継いで行きましょう。この書籍のルールに基づいて、日数・本数を加算する乗り継ぎルートの対象は本部港（本部町）～那覇空港のみとします。

・奥～辺土名　国頭村営バス「奥線」

沖縄本島の人口約129万人のうち本島北部の人口は12万人、そのうち半分以上は北部の南端・名護市に集中。

国頭村・奥集落の海

国頭村営バス　車庫

北端・先っぽにある国頭村の人口は５０００人弱、村営バスの始発「奥」バス停周辺の人口は１７０人ほど。ここから先のエリアは、人家はほぼないそうです。

バスはいったん北上し、沖縄本島最北端の辺土岬をぐるりと回り込んで南側に進路を変え、村役場にほど近い辺土名バス停へ。

・辺土名バスターミナル〜名護バスターミナル
沖縄バス・琉球バス交通「67番・辺土名線」

「辺土名」バス停は大型バス数台分の停車スペースがあり、一応はバスターミナルとのこと。しかし簡易なコンクリートのひさしは風化し、壁には高校生の落書きが……。近くの共同売店（沖縄ではお馴染み、地域で経営する売店）では、ポーク玉子・ナーベラー・麩チャンプルーなど、本州では見かけないお弁当が格安で購入できます。沖縄に住んだら、場所によってはかなり生活費を圧縮できるかも。

〈フェリーから下船の場合〉

・第23ランナー：本部港〜名護バスターミナル　沖縄バス・琉球バス交通「66番・本部半島線」〈4日目1本目　７２０円〉

本部港

名護バスターミナル

一周で1時間半というロングラン路線！　この先の美ら海水族館から名護バスターミナルまではそれなりに本数があるので、最短距離の30分少々で名護市内に向かうか、１時間以上かけて今帰仁村をぐるりと回るか。さあ、どっち？

・第24ランナー：名護バスターミナル〜那覇バスターミナル　沖縄バス・琉球バス交通「１２０番・名護西空港線」「20番・名護西線」「77番・名護東線」〈4日目2本目　２０４０円・１９４０円・１９４０円〉

名護バスターミナル〜那覇市内は複数の系統があり、本当の東側・宜野座や具志川を回り込む「77」は2時間30分ほど。西側の嘉手納・牧港を回り込む「20」「１２０」も2時間20分ほどと、近道のように見えても、そこそこ時間は変わりません。

ただ沖縄の移動、本当に時間通りにバスが来ない……というより、特に那覇〜名護系統は、時間通りに来る方が稀。鉄道がなく、バスも長距離系統とならざるを得ないので、仕方ないのですが……。なかには名護から那覇に30分遅れで到着して、そのまま他の路線に入る運転手さんも。労働環境が厳しいいま、どうなっているのかまた見分したいものです。

「九州乗りバス本線」では、那覇空港に乗り入れる「１２０」を経路とします。そのまま空路で、一挙に石垣島へ！

沖縄本島のバス乗り継ぎは、もう少し先まで行きます。

那覇バスターミナル

・那覇バスターミナル〜糸満バスターミナル　沖縄バス「34番・東風平線」〈590円〉

那覇〜糸満と言えば、その間には人気のショッピングモールであるトミトンやアウトレットモールのあしびなー、イオンなどがある豊見城市を通過しますが、だからといって新型のピカピカな車両が運用に就くわけではないのが沖縄。クルマで行くエリアの賑わいから離れていますが、市内の糸満ロータリーあたりまでは、お客さんも断続的に乗ってきます。

糸満市内に向かうバス

・糸満バスターミナル〜玉泉洞　琉球バス交通「82番・玉泉洞糸満線」〈640円〉

●那覇〜石垣〜与那国

・那覇空港〜石垣空港　ANA・JAL・RACなど空路

・第25ランナー：石垣空港〜石垣港離島ターミナル　東運輸「空港線」〈4日目3本目540円〉

〝日本最南端の国道〟こと国道390号で島の南側を回り込み、「石垣港離島ターミナル」へ。この区間はカリー観光の路線でも移動できますが、同時間帯に競うように発車していたり、安い往復券の利用をすすめていたり、ひっそりと熱い競争が繰り広げられているようです。

・石垣港〜久部良港　福山海運「フェリーよなくに」

フェリーよなくに

COLUMN

宮古島のバス

宮古島のバスは、"乗りバス"にはたまらない要素がいっぱい!

海上の橋を渡って向かう伊良部島・池間島・来間島や、年代物のバスが敷地内にズラリと並ぶ保良、そしてなぜか残る旧・横浜市営バス車両など……。

ついに日本最西端・与那国島へ「フェリーよなくに」で向かいます。なおこの船は、石垣島発が火曜・金曜、与那国島発が水・土曜発と、週2日のみ。島の民宿の方によると、お総菜パンなどは、フェリーが到着した日にしか入らないのだとか。

・第26ランナー:久部良~祖納(そない)~比川~久部良　与那国生活路線バス〈5日目1本目　無料〉

2010年頃までは久部良~祖納間がほとんどだった与那国町のバスは、現在では島の南側・比川地区への本数も増加し、自衛隊の駐屯地などを経由するようになりました。運行するのは、その名も「最西端観光」。ただし無料で運行しているので、厳密には路線バスではないのですが……

与那国町営バス。与那国小学校前にて

日本最西端の碑

比川地区の「Drコトー診療所」セット。
有料で入れるが、この日は閉まっていた

まあ良いでしょう。

出発地点となる「久部良」バス停が、日本最西端のバス停となります。ただしフェリーに合わせてくれるでもなく、観光ポスターが貼ってあるでもなく……ひたすら地元の方々を乗せて走ります。

・久部良〜日本最西端の碑　徒歩１・４km

「北海道乗りバス本線」「東北乗りバス本線」「東海道乗りバス本線」「山陽乗りバス本線」「九州乗りバス本線」と、路線バスを乗り継いできました。最後は、せっかくなので「日本最西端の碑」まで行って、稚内〜与那国島間の「路線バス乗り継ぎ」を終了しましょう。

ここまで36日間、２２０本のバス（プラス徒歩9箇所、28・5km、船舶2航路、飛行機2路線）をかけて、与那国島に到着しました。最後に、「日本最西端からの夕陽」を眺めながらお別れです。お疲れさまでした！

日本最西端の碑

日本海〜太平洋乗りバス本線
（高知〜松山〜松江）

1988年に瀬戸大橋が開通したころ、山陰〜山陽〜四国を結び付けるべく、JR伯備線の特急「やくも」（出雲市・松江〜岡山）が高松まで延長されたりもしていました。ということで、日本海側の島根県と四国を路線バスで結びます。（一部フェリー）

●松江〜松山

松江市から安来市、奥出雲を抜けて、三次・呉へ。備北バスの路線がほんの少しだけ無料の高速道路（松江道）に入りますが、そこは大目に見てください……。

・第1ランナー：松江駅〜竹矢　松江市営バス・各路線
・第2ランナー：竹矢〜安来駅前　安来市イエローバス「安来-竹矢線」
・第3ランナー：安来駅〜広瀬バスターミナル　安来市イエローバス「広瀬〜米子線」
・第4ランナー：広瀬バスターミナル〜西比田車庫　安来市イエローバス「広瀬-西比田線」
・第5ランナー：西比田〜三成駅　奥出雲交通「西比田線」
・第6ランナー：三成駅〜道の駅たかの　奥出雲交通「阿井線」
・第7ランナー：道の駅たかの〜三次駅　備北バス「下高野線」
・第8ランナー：三次駅〜甲山営業所　中国バス「三次線」
・第9ランナー：甲山営業所〜三原駅前　中国バス「甲山-久井-室町-垣内-三原線」
・第10ランナー：三原駅前〜竹原駅　芸陽バス「三原・竹原線」
・第11ランナー：竹原駅〜西条駅　芸陽バス「西条・竹原線」
・第12ランナー：西条駅〜呉駅　中国JRバス
・呉港〜松山観光港　石崎汽船「広島・呉〜松山航路」

●松山〜高知

松山〜高知間は長らく急行バス「なんごく号」が需要を独占していたものの、2001年に高速道経由のバスが開業すると一気に需要を奪われ、翌年には急行便を全廃。愛媛県側のJRバス、高知県側の黒岩観光バスが長らく「落出」バス停で接続をとっていましたが、2017年には両社が区間短縮することで、乗り継ぎルートはいったん途絶えたかに見えました。

しかしこのルート、実は途中の「旭」バス停で月・木のみ乗り継げるのです。

・第13ランナー：松山観光港〜松山駅　伊予鉄バス「松山観光港リムジンバス」
・第14ランナー：JR松山駅〜久万高原　ジェイアール四国バス「久万高原線」
・第15ランナー：久万高原〜落出　久万高原町営バス「久万落出線」
・第16ランナー：落出〜旭　久万町営バス「岩川線」
・第17ランナー：旭〜森　仁淀川町民バス「芋生野線」（月曜日・木曜日のみ）
・第18ランナー：森〜土佐大崎　仁淀川町民バス・黒岩観光バス各路線
・第19ランナー：土佐大崎〜狩山口　黒岩観光バス「広域線」
・第20ランナー：狩山橋〜高知駅バスターミナル　県交北部交通「い2」

第6章
乗りバス日本海縦断ルート
（津軽線・奥羽本線・羽越本線　竜飛崎～新潟）

青森～秋田間でバスルートと並行するJR奥羽本線は、嚆矢となる青森駅～弘前駅間の開業が1894年、青森～秋田間の全通が1902年。一方で、秋田～新発田間で並行するJR羽越本線は、先陣を切った新津～新発田間の開業が1912年、全通は1924年。バスから眺める羽越本線沿いの地形は明らかに険しく、「そりゃ建設が遅くなるよなぁ……」と、何となく納得させられます。

「日本海縦断ルート」の始発点は、津軽半島・竜飛崎に設定しました。いざ出発！

Part 1 竜飛崎～三厩～青森

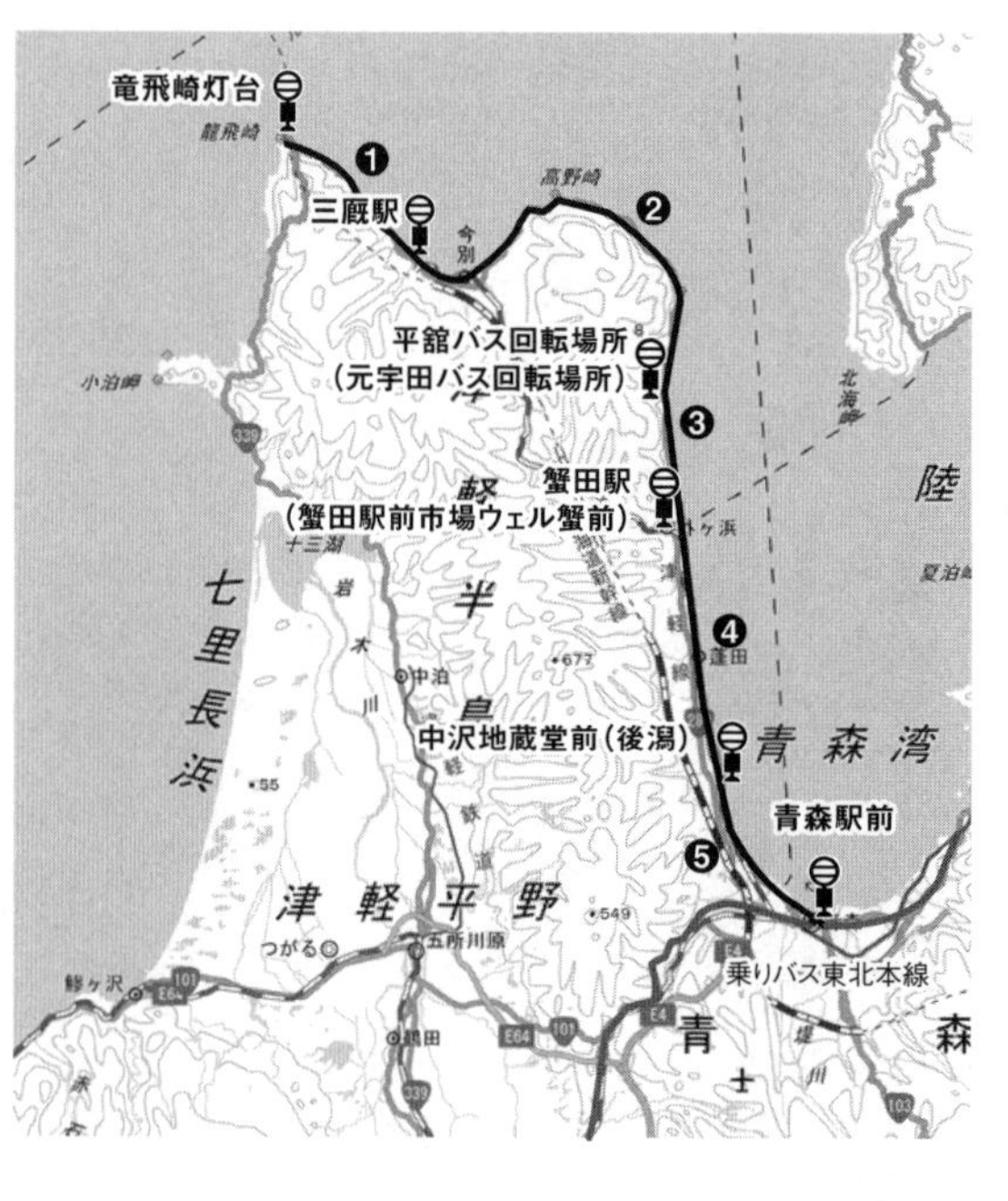

現在のJR津軽線・三厩～青森間が全通したのは1958年のこと。青函トンネル建設中は工事関係者で賑わったものの、1988年の完成後は徐々に過疎化が進行中。2022年8月の豪雨災害で蟹田～三厩間が運休となったまま、JR東日本からは「バスなど自動車交通への転換」を提示され、調整が続いています。

実はこの区間、現時点でも路線バスで繋がっているのです。かつては1本の直通バス路線で繋がっていたという竜飛崎～青森間を、5本のバス路線に乗り継いで行きましょう！

・第1ランナー：竜飛崎灯台～三厩駅　外ヶ浜町営バス「三厩地区ルート」〈1日目1本目　100円〉

COLUMN

竜飛崎の見どころ、他にもいろいろ！

階段国道は国道339号の末端区間。急激な崖をのぼるため、階段として建設されています。もちろんクルマは通れませんが、現在はこの階段を遠回りするように県道が開通しています。

また階段国道の上端付近には、1977年に発表された石川さゆりさんの楽曲『津軽海峡・冬景色』の歌碑。ボタンを押すと、“竜飛岬”が登場する2番の冒頭から歌が流れます。

青森県・津軽半島の最北端・竜飛崎には、海底区間を含む青函トンネル・竜飛工区の拠点が置かれ、1000人を超える作業員や家族の方々が暮らしていたといいます。

バスの終点・竜飛崎灯台の少し手前には青函トンネル記念館があり、工事の記録だけでなく海底ボーリング（掘削）調査に使った潜水艇の展示などや、専用のケーブルカーで海底の線路近くまで降りることも可能です。近くには観光客向けの民宿や食事処もあるので、午後に到着して竜飛崎観光、翌朝ゆったりと「乗りバスの旅」をスタートさせてはいかがでしょうか。

竜飛漁港バス停

・第2ランナー：三厩駅～平舘バス回転場所　今別町営バス〈1日目2本目200円〉

・第3ランナー：元宇田バス回転場所～蟹田駅　外ヶ浜町営バス「平舘地区バス」〈1日目3本目　200円〉

津軽半島の北端に位置する青森県外ヶ浜町は、実は全国でも珍しい「飛び地自治体」。竜飛崎・三厩駅などを含む旧・三厩村エリアと南部の旧・

蟹田町・平舘村エリアの間に、今別町が挟まっています。複雑な〝飛び地〟を結ぶために、JR津軽線と並行したり、別ルートを走ったり……という独特のバス路線網が出来上がっているのです。

今別町・外ヶ浜町（旧・平舘村）の町境近くには、「バス回転場所」があり、ここで2町のバスを乗り継げます（停留所名がまったく違うものの、場所は同じ）。まわりに見えるのは陸奥湾と森林ばかり。吹き抜ける風は、2台のバスの排気ガスを感じさせないほどに心地よく、かつ勢いが強烈！

なお、外ヶ浜町営バスの竜飛崎朝6時43分の始発便であれば、このバス回転場を経由せず、北海道新幹線・奥津軽いまべつ駅から徒歩300mの「今別町二股」バス停を経由して、蟹田駅に直行することが可能。しかしこの直行便は1往復しかないことから、「乗りバス津軽線」では、あえて三厩駅で下車し、こまめにバスを乗り継いでいます。

バス回転場所

・第4ランナー：蟹田駅前市場ウェル蟹前〜中沢地蔵堂前　蓬田村コミュニティバス
〈2日目1本目　100円〉

「東津軽郡蓬田村」と聞くと、週刊少年ジャンプやコロコロコミック読者の方ならピン！　と来るかも。『シャーマンキング』などの作品で知られる漫画家・武井宏之先生はこの村のご出身なのです。

村内には『シャーマンキング』の登場人物名のモチーフになった阿弥陀川が流れてい

蓬田村コミュニティバス

青森市・蓬田村境を越える青森市営バス

たり、作品のグッズやイラストを集めたコーナーがお寺に開設されていたりと、作品の世界を少しだけ楽しむことができます。武井先生は、中学生だった頃に書いたミニ四駆のデザインが当時の人気漫画『ダッシュ！　四駆郎』に採用されるなど、この村で暮らしていたころから才能の片鱗を見せていたそうです。

　バスの車窓からは、天気が良ければ『シャーマンキング』所縁の地・恐山を眺めることができます。ファンの方も、『シャーマンキング』『重機人間ユンボル』『ハイパーダッシュ四駆郎』を少しだけ読んだという方も、蓬田村を一度訪れていただきたいものです。

・第5ランナー：後潟～青森駅前　青森市営バス「A1」〈2日目2本目　780円〉

　蓬田村営バス「中沢地蔵堂」と青森市営バス「後潟」バス停は、名前こそ違えど目の前。数歩で移動できます。

　青森市営バスの転回場は村境を挟んで10mほどの蓬田村にあり、市営バスがわずかながら越境するかたちとなっています。なお、これまで乗り継いできた5路線のバスルートは、2001年までは「青森市営バス・竜飛線」として直通していたそうです。現在では平舘村内にあった営業所も廃止され、青森市営バス路線以外はすべて自治体運営のバスに引き継がれています。

Part 2 青森～大館

　現在のJR奥羽本線の運転本数が少なかったころ、青森～弘前、弘前～大館間のバスは地域を結ぶメインルートとして機能し、特に前者は1時間に何本もの高頻度で運転されていたそうです。

現在は、すっかり運転本数も少なくなりました。しかし往時の路線バスの勢いを感じさせる「弘前バスターミナル」には絶対寄りたいもの。周囲には美味しいものがズラリと揃っています。

・第6ランナー：青森駅前～黒石駅前　弘南バス「黒石～青森線」〈2日目3本目　880円〉

・第7ランナー：黒石駅前～弘前バスターミナル　弘南バス「弘前～黒石線」〈2日目4本目　670円〉

青森～弘前間を路線バスで移動するなら、他にも五能線・五所川原駅経由や、市バスで青森空港・浪岡と進んでから弘前行きに乗り換える方法も。今回は、弘南鉄道・黒石線の黒石駅と併設されているバスターミナルに向かい、そこから弘前行きに乗り換えます。

・第8ランナー：弘前バスターミナル～岩渕公園前　弘南バス「弘前―大鰐・碇ヶ関線」〈2日目5本目　1040円〉

JR浪岡駅近くの「浪岡」バス停に停車する青森市バス車両

COLUMN

弘前バスターミナル

1976年に開業した弘前バスターミナルはイトーヨーカドー弘前店立体駐車場の1階にあり、11本ものホームからひっきりなしにバスが発車していきます。そして、目の前の公設市場・虹のマートやヨーカドー店内では郷土料理のイガメンチ（イカゲソをミンチにして揚げたもの）などのB級グルメを味わうことができ、ターミナル内の「産交そば」では立ち食いそばや手作り風のカレー、パンダをかたどった大判焼きなど、素朴な「バス待ちグルメ」を味わうことも可能。市街地の循環バスに10分も乗れば弘前城にも移動可能なので、バス乗り継ぎをいったん中断、ここで食料を仕入れてお城でピクニックなどはいかがでしょうか。

平川市碇ヶ関（２００６年までは南津軽郡碇ヶ関村）は〝関〟の名前が示すように、江戸時代には弘前藩の関所が置かれていました。道路は終点・岩渕公園前バス停の前で二手に分かれ、左に進んで坂梨峠を越えると、銅山のあった小坂から十和田・鹿角へ。右に進んで矢立峠を越えると、県境を越えて秋田県大館へ。もちろん、右手に進みます。

・岩渕公園前～矢立ハイツ　徒歩２・８km

終点「岩渕公園前」。バスはこの先の峠道に入らず折り返す

青森県・秋田県にそびえる矢立峠の旧道はうっそうと秋田杉がそびえる森の中にあり、幕末の志士・吉田松陰や明治天皇などもこの峠を越えたと言います。

この峠は高低差も激しく険しい難所として知られていました。しかし鉄道は早々に線形の改良を行い、国道7号も改良によってなだらかな坂になっており、２・８kmの徒歩はそこまで

乗り換え 乗りバス玉川温泉線

田沢湖の北側に湧き出る玉川温泉に立ち寄ってみましょう。1カ所からの湧水が毎分9000L、pH1.2という日本一の強酸性。疾患の治癒に訪れる人も多く、別名「効きの湯」とも。温泉を出たあとに足の角質が、とれることとれること…………。

秋北バス「大館・小坂線」大館駅前～小坂操車場

▼

秋北バス「八幡平環状線」小坂操車場～鹿角花輪駅前

▼

羽後交通「急行玉川線」鹿角花輪駅～新玉川温泉

▼

秋北バス「田沢湖線」玉川温泉～田沢湖駅前

苦労することはないでしょう。

そして、峠を登り切った先には宿泊施設・大館矢立ハイツがあり、温泉の日帰り入浴も可能。秋田杉をふんだんに使った「天空の湯」は、バスを1本遅らせて滞在時間を捻出してでも入るべき。まあ「矢立ハイツ」バス停から出るバスは平日1日3本しかないのですが……。

大館矢立ハイツ

・第9ランナー：矢立ハイツ～大館駅前　秋北バス「矢立線」〈2日目6本目　720円〉

大館矢立ハイツの前にある道の駅　やたて峠は、インフォメーションや設備系の規模は最低限の様子。すぐ目の前に発着する秋北バスで矢立峠を降りて、秋田県大館市へ向かいます。

大館駅前
鷹巣駅前
ニツ井駅前
薬師山スキー場
道の駅ふたつい
能代ステーション
八竜ふれあいセンター
五明光停車場（五明光）
船越駅前
仲町
天王橋
天王グリーンランド
秋田駅西口
乗りバス玉川温泉線
乗りバス田沢湖線
男鹿半島
出
羽
秋
田
奥
羽
山

Part 3 大館～秋田

・第10ランナー：大館駅前～鷹巣駅前　秋北バス「大館鷹巣線」など〈2日目7本目　900円〉

大館駅～鷹巣駅間は、国道7号でJR早口駅の北側を抜けていくルートと、羽州街道沿いに進んで、JR早口駅に立ち寄るルートがあります。オススメはもちろん後者！

・第11ランナー：鷹巣駅前～薬師山スキー場　秋北バス「七座線」〈2日目8本目　460円〉
・薬師山スキー場～道の駅ふたつい　徒歩2・2㎞

北秋田市の西端に近い「薬師山スキー場」バス停には、かなり立派な待合所が建てられています。しかし路線バスは市境を越えることなく、能代市側には行きません。低い峠をてくてくと歩いていきましょう。

国道7号の沿道には数軒の飲食店があるものの、ほとんど閉店している様子。ドライ

薬師山スキー場

バーの休憩所として「道の駅ふたつい」が重宝されている上に、現在は能代市二ツ井までしか開通していない高速道路・秋田道も、いま大館方面に延伸工事中。ロードサイドのお店に立ち寄る機会は、徐々に消滅しているようです。

・第12ランナー：道の駅ふたつい～二ツ井駅前　二ツ井コミュニティバス「天神線」〈3日目1本目　200円〉

秋田県北部でも最大規模を誇る「道の駅ふたつい」への観光輸送を担うとあって、かなりメルヘンチックな外装のバスが発着しています。

・第13ランナー：二ツ井駅前～能代ステーション　秋北バス「二ツ井真名子線」〈3日目2本目　880円〉

二ツ井の街は、米代川の水運の拠点でもあったそうで、駅前には古めかしい屋敷や商家が立ち並び、街としての規模は大きめ。バスは二ツ井駅を出て早々に国道7号を外れ、ひたすら旧道・旧街道を通って能代市へ向かいます。

「道の駅ふたつい」に停車するコミュニティバス。外装はかなりの豪華仕様

クルマが30分程度で走り抜ける区間を、1時間かけてゆっくり、ゆっくり。のんびりバス旅を旅したい人には、ある意味〝ご褒美区間〟です。

・第14ランナー：能代ステーション～八竜ふれあいセンター　秋北バス「八竜線」〈3日目3本目　610円〉

能代の市街地を出ると、バスの車窓は程なく一面の田園風景に突入します。綺麗に区切られた農地に紛れるように数軒の家が見え、国道7号・国道101号が交わる芝森童交差点、さらにセカンドストリート・パチンコ店などが軒を連ねるエリアの南側には、結構巨大な三頭沼の端っこも見えます。

この沼の5㎞ほど西側はもう日本海の海岸線。このエリアは、かつて海だった場所の西側に砂州が形成されて、取り残されて沼や川ができたのです。これからバスで経由する三種町・男鹿市五明光は、独特の土壌を生かしたメロン・果物栽培が有名で、「八竜ふれあいセンター」バス停近くの直売所では、大きなメロンが5個入り3800円という超破格値で売られていました。

「サンドクラフト号」車両

・第15ランナー：八竜ふれあいセンター〜五明光停車場　三種町ふれあいバス「サンドクラフト号」〈3日目4本目　200円〉

三種町の風物詩と言えば、毎年夏に行われるサンドクラフト（砂像の展示）。鎌谷浜海水浴場の近くを通るバスにも、その名前がつけられています。

しかしバスを利用する際に少し困ったのが、時刻表や沿線バス停などの掲示物の少なさ。バス停であることを示すポールも張り紙も少なく、車内に時刻表もない……2019年に秋北バスから引き継がれたばかりのタイミングで訪問したので、ややバタバタしていたのかも知れませんね。

能代市内を出て三種町方面に向かうバス

・第16ランナー：五明光～船越駅前　男鹿市内バス「潟西線」（下五明光発）〈3日目5本目　200円〉

・第17ランナー：船越駅前～仲町　男鹿市内バス「船越線」〈3日目6本目　200円〉

男鹿市側の「五明光」バス停は2010年に廃止となり、男鹿市に引き継がれ、秋田観光バスが運営を請け負っています。かつて『ローカル路線バス乗り継ぎの旅』にも登場した〝五明光乗り継ぎ〟、三種町と男鹿市どちらも乗客はまばらで、設備も結構放置されている様子。早めに訪問した方がよいかもしれません。

JR男鹿線・船越駅に向かって進むバスの左手には、八郎潟残存湖が少しだけ見えます。かつては220㎢と、関東なら霞ヶ浦並みの広大な湖沼面積を誇った八郎潟は、現在はほとんどが埋め立てられて大潟村に。男鹿市のバスは湖の外側にわずかに残され水路化した流れ（西部承水路）に沿って、大潟村の田園風景を遠めに眺めながら進みます。

五明光バス停に到着するバス

天王橋バス停に到着する秋田中央交通バス

・仲町～天王橋　徒歩0・5㎞

秋田県男鹿市から潟上市へ。その間には、湖沼面積がわずかに5分の1となった八郎潟調整池の出口となる馬場目川（船越水道）が流れています。たった500mですが、この橋を渡って市境を越えましょう。

なお、先ほど乗車したばかりのバス「おがくる」船越駅前～仲町間は、わずか400

乗り換え　乗りバス田沢湖線 秋田〜盛岡

秋田新幹線として運行されているJR奥羽本線・田沢湖線に一部沿いながら、バスを乗り継いで行きましょう。

しかし！　途中区間では、季節運行だけどもう2年も運行がなかったり、書籍発行の直前に廃止になってしまった区間も。一応ここに「こんなルートもあったよ」ということだけ記録しておきます。

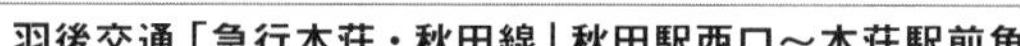

羽後交通「急行本荘・秋田線」秋田駅西口〜本荘駅前角

▼

羽後交通「急行横手・本荘線」本荘駅前角〜横手バスターミナル

▼

羽後交通「横手・大曲線」横手バスターミナル〜大曲ターミナル

▼

羽後交通「大曲・角館線」大曲ターミナル〜角館駅前

▼

羽後交通「角館・田沢湖線」角館駅前〜田沢湖駅前（2023年4月廃止）

▼

羽後交通「急行八幡平線」田沢湖駅前〜八幡平頂上（季節運行・ただし2021年から運行なし）

▼

岩手県北バス「八幡平自然散策バス」八幡平頂上〜盛岡駅前（東口）

mほど。船越駅から歩いたところで、徒歩距離は1㎞程度で済みます。

・第18ランナー：天王橋〜天王グリーンランド　潟上市コミュニティバス（秋田中央トランスポート）「江川・二田線」〈3日目7本目　100円〉

「天王橋」バス停はその名の通り、橋を渡ってすぐ。天王グリーンランド方面は、ほぼまっ直ぐ進んで20分弱で着く「江川・二田線」と、八郎潟のほとりまで蛇行して40分近く走る「塩口・蒲沼線」のどちらでもOK。

・第19ランナー：天王グリーンランド〜秋田駅西口　秋田中央交通「105」〈3日目8本目　830円〉

海岸部に近い鞍掛沼エリアにあるレジャースポット・天王グリーンランドは、

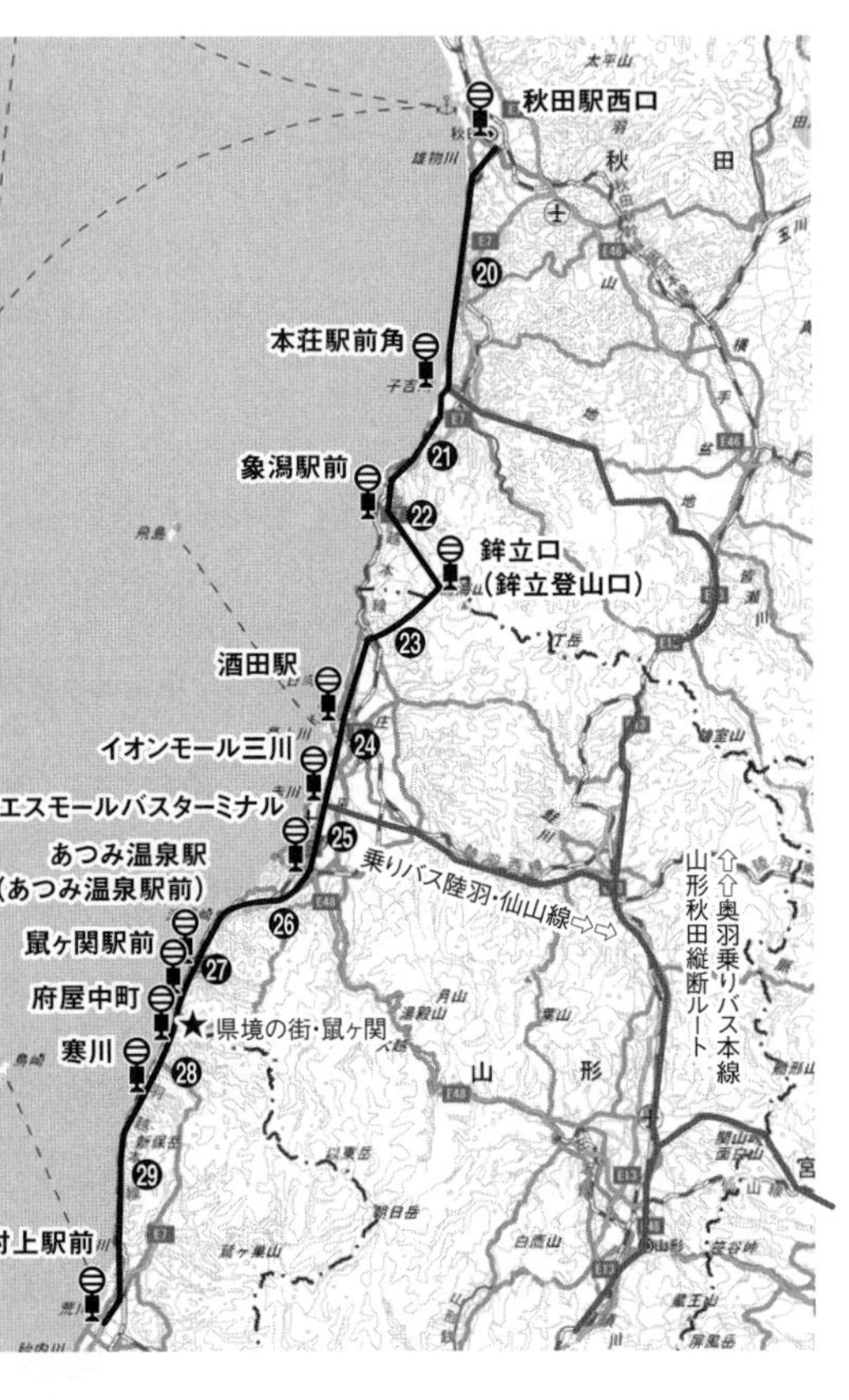

高さ59・8mの天王スカイタワーや、グルメスポットの食菜館くらら、日帰り温泉・天王温泉くららなどがあり、平日でもクルマで一杯！　駐車場の片隅には秋田駅方面のバスが発着しています。

このエリアには八郎潟の伝統的な川漁や埋め立てが始まる前の人々の暮らしを伝承する施設もあるので、時間があれば寄ってみるのも良いでしょう。

Part 4 秋田～村上

山形県・新潟県境の鼠ヶ関を南側に過ぎると地形はみるみる険しくなり、東側は険しい崖、西側は荒れ狂う日本海が続きます。鉄道も開業後にかなりの場所でルートを変更するなど、厳しい自然条件の中で作られた鉄道・道路を、バスの車窓からじっくりと眺めましょう。

・第20ランナー：秋田駅西口～本荘駅前角　羽後交通「急行本荘・秋田線」（本荘営業所行き）〈4日目1本目　890円〉

秋田駅からは、いまや全国でも珍しくなった急行バスで羽後本荘市を目指しましょう。

しかし急行バスとはいっても、所要時間はJR羽越本線の普通列車より3割ほど遅い約1時間、秋田市内の県道秋田天王線から国道7号の旧道に入るルートは、JRのルートとほぼ一緒。運賃もバスが890円、対してJRは770円。

しかし乗車した限りでは、各JR駅に近い中心部からまとめて乗車があり、不思議と車内が賑わっていたのが印象的でした。

・第21ランナー：本荘駅前角～象潟（きさかた）駅前　羽後交通「本荘・象潟線」（本荘営業所発）〈4日目2本目　680円〉

羽後本荘駅の前を出たバスはそのまま南下し、象潟駅へ。この駅から県境ギリギリの「三崎公園前」までバスが出ていますが、その先の路線バスはほとんど廃止されており、遊佐町内のバス停まで10㎞以上、さらに遊佐町・酒田市境も歩く必要があります。

また、一部区間で乗降ができる高速バス「夕陽号」が、羽後本荘～酒田市内で一般道を走っており、書籍上の乗り継ぎルートとしては使えます。しかし運行は土日祝日・1日1往復のみ。ということで、乗車チャンスが少しだけ多い「予約制乗り合いタクシー」で、県境を越えましょう！

秋田駅西口バス乗り場

・第22ランナー：象潟駅～鉾立口　乗り合い登山バス・鳥海ブルーライナー　〈4日目3本目　2000円〉

・第23ランナー：鉾立登山口～酒田駅　快速鳥海ブルーラインタクシー　〈4日目4本目　4600円〉

※両路線とも前日までの予約が必要

三崎公園前バス停。すぐ後ろに県境の看板が見える

「鉾立登山口」に到着した「鳥海山乗合タクシー」。かつては路線バス車両がここまで来ていた

霊峰・鳥海山への登山口である「鉾立登山口」への交通手段として、象潟駅からは象潟合同タクシー「鳥海ブルーライナーバス」、酒田駅・遊佐駅からは庄内交通「鳥海ブルーライン快速バス」が運行されていました。2010年には『ローカル路線バス乗り継ぎの旅』第7弾で、太川陽介さん・蛭子能収さんが鉾立経由で秋田県側に抜けていきましたが、現在はいずれもバス路線としては廃止。酒田駅・象潟駅へ早朝に到着していた寝台特急の廃止後に乗客が激減したそうで、現在はどちらも予約制の乗合タクシーに転換しています。もちろん冬季は運休なのでご注意ください。

・第24ランナー：酒田駅前～イオンモール三川　庄内交通「系統014」〈4日目5本目　500円〉

・第25ランナー：イオンモール三川～エスモールバスターミナル　庄内交通「系統013」〈4日目6本目　470円〉

山形県庄内地方（酒田市・鶴岡市・余目町など）の路線バス事業者・庄内交通は、2022年7月末をもって酒田市・余目町のバス路線をほとんど廃止、予約制乗合バスに転換という大ナタをふるいました。日本海沿岸有数の重要港湾・酒田港を擁し、いまも人口10万人規模を維持する酒田市ですら、バス路線の維持が困難になっているのです。

湯野浜温泉バス停。2022年7月の路線再編で酒田からの路線が廃止となり、乗り継げなくなった

乗り換え　乗りバス陸羽・仙山線　酒田〜仙台

余目駅〜新庄駅間を結ぶJR陸羽西線は、バイパス工事によるトンネル改修で2年間運休中（2024年度に運転再開予定）。これを路線バス扱いとして、ルートに組み込んでしまいます。まあ、『ローカル路線バス乗り継ぎの旅』でもJR名松線の代行バスとかをルートに組み込んでいたし……。

陸羽西線代行バス　酒田駅〜新庄駅

山形交通「48ライナー」新庄駅前〜仙台駅前

酒田市から庄内地方のもうひとつの主要都市・鶴岡市へ乗り継ぐバス路線ルートは、これまで湯野浜温泉経由や余目駅経由などがありました。しかしこの改変以降に現存しているのは「イオン三川」経由のみ。もっとも乗合バス転換後は、病院や買い物施設へ直行できるようになったこともあり、乗客は増加傾向にあるとのことです。

・第26ランナー：エスモールバスターミナル〜あつみ温泉駅　庄内交通「系統061」（温海営業所着）〈4日目7本目　1220円〉

バスターミナル併設の商業施設として1978（昭和53）年に開業したエスモール（開業時は庄交モール）は、キーテナントのダイエー撤退などがあったものの、現在でも専門店街として営業を続けています。バスの発着場は屋内にあり、冬でも寒さに震えずバスを待てるのは嬉しい限りです。

庄内交通・温海営業所

・第27ランナー：あつみ温泉駅前〜鼠ヶ関駅前　温海地域集合タクシー「平沢線」（平沢発）〈5日目1本目　200円〉

ＪＲあつみ温泉駅からＪＲ羽越本線・鼠ヶ関駅を経由して、山間部の平沢地区に至る庄内交通「平沢線」は２０２０年に廃止され、タクシー会社に運行を委託したうえで、定期路線として維持されています。

・鼠ヶ関駅前～府屋中町　徒歩5・7km

２０２０年に廃止されるまで、庄内交通・平沢線は県境に近い「伊呉野」バス停まで乗り入れ、県境を挟んで１００mほど先にある新潟交通観光バスの「伊呉野」バス停に乗り継ぐことができたのです（ただし接続はあまり……）。

しかし現在では、山形県側の庄内交通だけでなく、新潟県側も廃止となり、ＪＲ府屋駅までバス停はありません。おとなしく歩いた方がよさそうです。

・第28ランナー：府屋中町～寒川　新潟交通観光バス〈5日目2本目　310円〉

バスは、国道沿いにこまめに停車していきます。

途中の国道３４５号では、片側車線だけが厳重にコンクリートで固められています。この区間はもともと羽越本線の軌道を転用して道路を拡張しており、落石を防ぐロックシェッドをそのまま残しているのです。もちろんバスもこのロックシェッドを通過しますが、構造物の形が鉄道っぽいこともあり、バスなのに列車に乗っているような気分が味わえます。

・第29ランナー：寒川～村上駅前　新潟交通観光バス〈5日目3本目　680円〉

寒川バス停で乗り継ぐ

バスの乗り継ぎ地点となる「寒川」バス停は国道345号沿いにあり、特に府屋行きのバス停は海岸線から5mほど。小さい屋根はついているものの、日本海から吹き付ける風を直接受ける仕様となっています。このバス停で冬に待てる自信がありません……。

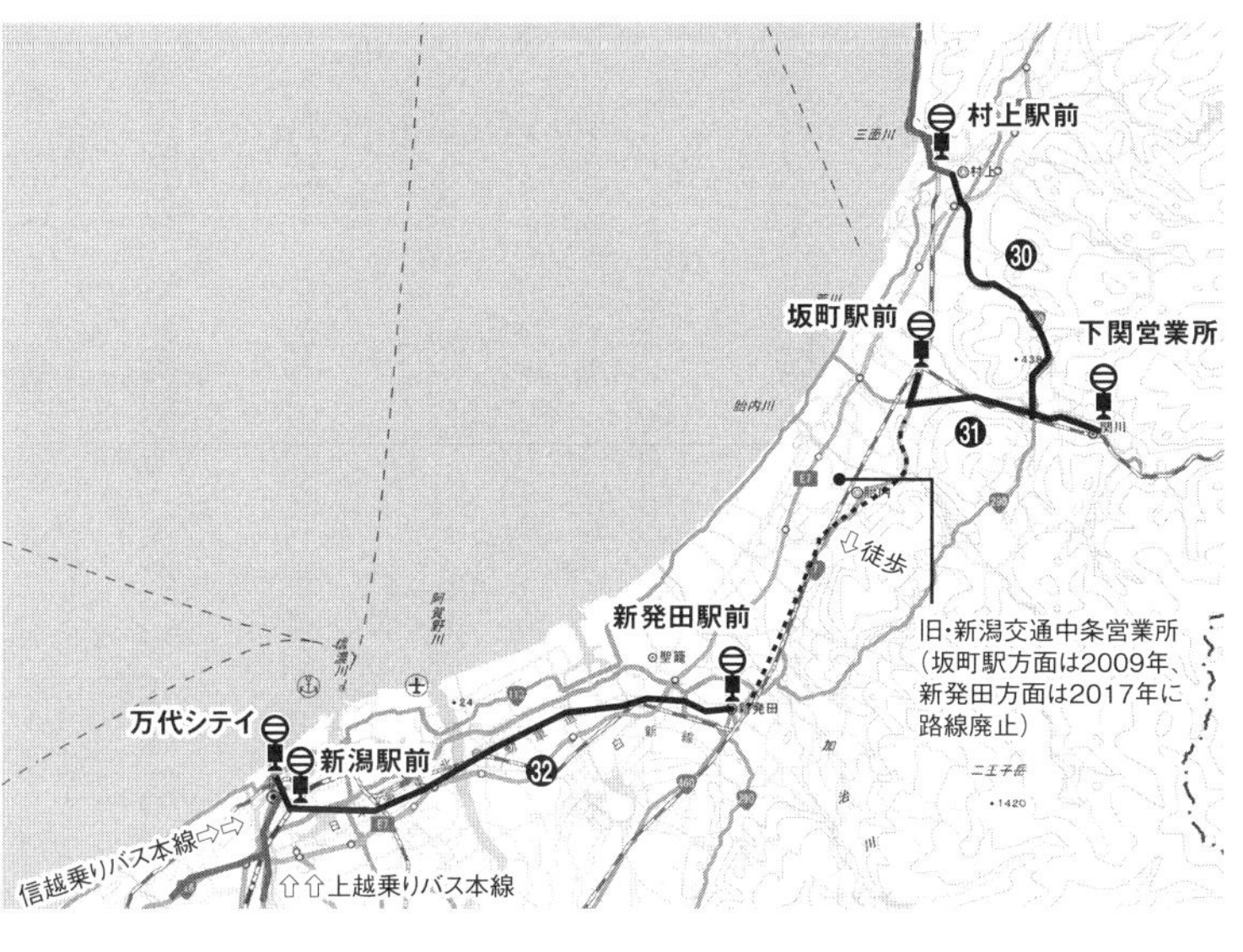

Part 5 村上～新潟

この区間は乗り継げるバスが少なく、かつ廃止区間が極端に多いという難点を抱えています。「廃止されたバス路線込み」ということで、参考程度にご覧いただければ……移動目的なら、早くて快適なJR羽越本線をどうぞ。

・第30ランナー：村上駅前～下関営業所　新潟交通観光バス〈5日目4本目　710円〉

・第31ランナー：下関営業所～坂町駅前　新潟交通観光バス〈6日目1本目　460円〉

JR羽越本線なら、村上駅（村上市）～坂町駅（胎内市）間の距離は10㎞少々。しかし直接向かう

新潟交通観光バス　下関営業所にて

路線バスはないので、いったん関川村の「下関営業所」まで向かい、そこから坂町駅に向かいましょう。

・坂町駅前〜新発田駅前　徒歩23・0㎞（胎内市デマンドタクシー「のれんす号」利用なら16・9㎞）

坂町駅〜JR新発田駅間の新潟交通観光バス路線が、胎内市の「中条営業所」まで短縮になったのが2009年のこと。そして2017年には、中条営業所〜新発田駅間のバスも廃止に。

中条営業所といえば、2010年放送の『ローカル路線バス乗り継ぎの旅』の〝ゴール断念の地〟となった場所。しかし現在は、この営業所自体が完全に閉鎖となっており、周辺は住民専用のデマンドタクシーのみ。もっともすぐ近くにJR中条駅があり、そこまで困る人もいなさそうです。

もし中条営業所〜新発田駅間のバスが存続していれば、JR坂町駅〜中条営業所間の徒歩距離は8・4㎞でした。

・第32ランナー：新発田駅前〜新潟駅前〜万代シテイ　新潟交通観光バス「E46」〈6日目2本目　660円〉

新潟市や郊外では、ほぼ都市高速並みのバイパスが完備されているため、生活道でもトラックが少なく快適に走れます。新発田から新潟市内に向かうバスが走る県道3号も、広くはないものの快適に走り抜けてJR新潟駅、そして万代シテイバスセンターへ。

竜飛崎〜青森〜秋田〜新潟間の路線バス乗り継ぎ、これにて完結！　お疲れさまでした。

第7章

総武乗りバス本線（東京駅〜銚子・外川車庫）内房乗りバス本線（千葉駅〜館山・安房白浜）

1897年に東京から銚子まで開業を果たした総武本線の当初の使命は、ズバリ「水運の代替」。利根川を経由して輸送していた銚子特産の醤油は、鉄道によって両国橋駅まで運ばれ、そこから船積みで東京市内（当時）に運ばれたと言います。

醤油などの貨物輸送もすっかり消え去った総武本線沿いを、路線バスで移動してみましょう。長距離の徒歩もなく、極端に運転本数が少ない区間もなく、割と容易に乗り継ぎが可能。2日目にはもう終点に到着できます。

一方、房総半島をぐるりと囲む内房線・外房線が全通したのは1929年のこと。この半島は海岸部の道路事情がかなり厳しく、鉄道も崖伝いに何本もトンネルをくり抜き、ようやく館山に到達しました。

そして、東京湾側の内房線沿いに、1区間の徒歩を挟んで路線バスを乗り継ぐことができます。ただしこちらもルートは海岸沿い。近くに人家も見当たらない国道を淡々と進みます。終点は半島の先端、野島崎灯台に近い「安房白浜」です。

Part 1 総武乗りバス本線・東京〜千葉

東京駅〜千葉県内は、だいたい東方向の都営バスに乗り継げば繋がります。その中で選択したルートはスカイツリー経由。他のルートは別途まとめてあります。

そして千葉県内は、ほぼ終始総武本線沿い。ただし、東京から至近距離と思えないほど乗り継ぎに苦戦。バスの役割は駅→住宅街・商業施設になっていて、駅→街道→駅の路線がことごとく消滅寸前という状況です。

・第1ランナー：東京駅丸の内北口〜錦糸町駅前　都営バス「東22」〈1日目1本目　210円〉

江東区役所前を走る都営バス

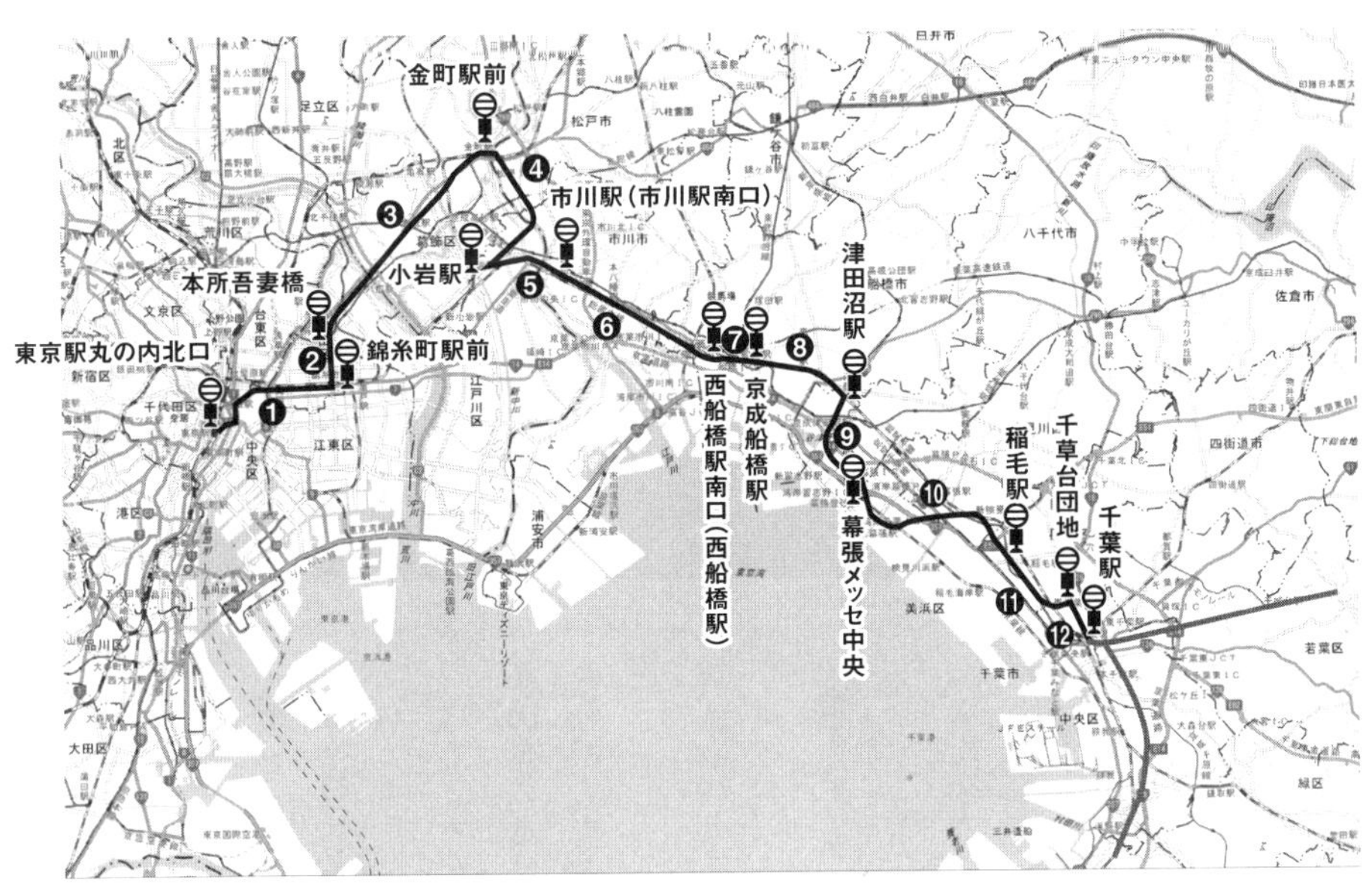

東京駅を出発！　最初に乗車するのは、コロナ禍の影響が残る２０２２年でも営業係数（１００円当たりの収入を稼ぐための経費）85、年間2億弱の利益を計上する、都営バスの看板路線「東22」です。

東京駅からしばらくは立ち客もちらほらという状態が続きますが、永代橋を越えてから沿線の方々の乗車が増え、東陽町に差し掛かる頃には、すでに前ドア近くまで人であふれている状態。なお東陽町～錦糸町間は区間便で本数が倍増しているため、若干余裕をもって乗車できます。

錦糸町駅前

・第2ランナー：錦糸町駅前～本所吾妻橋　都営バス「都08」（日暮里駅前行）〈1日目2本目　２１０円〉

総武線・錦糸町駅を出たバスは、一路東京スカイツリーが見える方向へ！　浅草通りと三つ目通りが交差する「本所吾妻橋」バス停で乗り継ぎます。なおスカイツリーに寄られる方は、「とうきょうスカイツリー駅入口」バス停で降りてぐるっと一巡り↓ひょうたん池でひと休み↓「草39」の本所吾妻橋・言問橋あたりのバス停までウォーキング、というルートをお勧めします。

・第3ランナー：本所吾妻橋～金町駅前　都営バス「草39」（浅草寿町発）〈1日目3本目　210円〉

バスはスカイツリーの北側をぐるりと回り込んで、水戸街道（国道6号）へ。その名の通り水戸方面への国道のメインルートですが、バスは四つ木橋で荒川を渡り、中川大橋で中川を渡って、そのまま金町駅前へ。葛飾区内は、沿道には「白鳥」「中川」「本田」など、〝こち亀〟こと『こちら葛飾区亀有公園前派出所』の登場人物の元ネタ地名が続きます。

・第4ランナー：金町駅前～小岩駅　京成バス「小55」〈1日目4本目　220円〉

金町駅からは、柴又街道を一挙に南下します。そのまま進むと20分ほどで到着しますが、この区間は下車したいスポットが満載！

小岩駅バス乗り場

☆**「柴又帝釈天」バス停下車**

↓柴又帝釈天（題経寺）・高木屋（映画『男はつらいよ』寅さん実家モデルの団子屋さん）・矢切の渡し（同名の歌謡曲で有名）

☆**「浄水場」下車**

↓金町浄水場　とんがり帽子の取水塔（『こち亀』85巻&アニメ版オープニングに登場）

乗り換え　そのほかの東京駅〜千葉県内

☆葛西経由　江戸川区の南側にぐるっと回り込む!

都営バス「錦25」錦糸町駅前〜葛西駅前

都営バス「新小22」葛西駅前〜新小岩駅前

京成タウンバス「新小52」へ

☆お台場経由　門前仲町でのバス乗り換えが混雑必至!

都営バス「都05-2」東京駅丸の内南口〜東京ビックサイト

都営バス「門19」東京ビックサイト〜門前仲町

都営バス「東22」へ

☆本郷経由　東京大学の前を通るよ!

都営バス「東43」東京駅丸の内北口〜本郷三丁目

都営バス「都02」本郷三丁目〜錦糸町駅前

都営バス「都08」へ

☆辰巳新橋

→小岩駅東側500m、『マルモのおきて』『ビューティフルレイン』『ドク』などに登場

もう、歩いて移動していいかも?

・第5ランナー：小岩駅北口〜市川駅　京成タウンバス「新小52」（新小岩駅東北広場発）〈1日目5本目　220円〉

東京・千葉の都県境越えは「新小52」で。かつて京成バス「上野線」として、市川駅〜上野駅間の長距離路線だったこの系統も、現在は京成タウンバスに移管され、小規模なローカル路線に。バスは国道14号・市川橋で江戸川を渡り、小岩駅〜市川駅を10分少々で結びます。

・第6ランナー：市川駅南口〜西船橋駅南口　京成トランジットバス「大洲・中山線」〈1日目6本目　340円〉

市川駅から、千葉県を東へ東へ！　まずは、東京ディ

ズニーリゾートなどへの輸送のイメージが強い京成トランジットバスの路線に乗車しましょう。

「市川03」系統が通るのはJR総武本線の南側、かつてトラックの多さから産業道路とも呼ばれた千葉県道283号（若宮西船市川線）。南側に京葉道路が抜けているためトラックは少なくなったものの、沿道にはスーパー・ホームセンター・ラウンドワンなどがあり、今もクルマ社会のメインルートを担っているようです。「市川03」は、クルマを持たない人々のアクセス手段として、従来の市川駅～本八幡駅便を再編するかたちで2022年に延伸を果たしました。

・第7ランナー：西船橋駅～京成船橋駅　京成バスシステム「西船11」〈1日目7本目　240円〉

・第8ランナー：京成船橋駅～津田沼駅　京成バスシステム「船41」（船橋駅発）〈1日目8本目　250円〉

ここからは、京成トランジットバスと同じく、京成バスの子会社・京成バスシステムのエリア。船橋駅～津田沼駅間はふるくからの繁華街である本町通りや、徳川家康が鷹狩のために開いたという御成街道を経由します……が、何とこの区間は1日3本、日中のみ！　本町通りの渋滞で定時運行が難しかったこともあってか、いつの間にか朝晩の運行が消滅してしまいました。なお、この路線は高確率でパンフレットの補充が滞っていたり、車両や座席などが古びていたり……あまり手を掛けられていない印象があります。

船橋駅

なお他にも南船橋駅～津田沼駅間は、おなじ京成バスシステムの「津田沼ららぽーと線」もありますが、こちらも1日2往復のみ。そもそも、この地区の京成バス運行を支えていた京成バス花輪車庫も、各地に機能分散された上で

2012年に閉鎖。現在は分譲マンションとなっています。

・第9ランナー：津田沼駅～幕張メッセ中央　京成バス「津46」〈1日目9本目　350円〉

・第10ランナー：幕張メッセ中央～稲毛駅　ちばシティバス・千葉海浜交通「メッセ新都心線」（幕張豊砂駅発）〈1日目10本目　270円〉

JR津田沼駅から南下して、幕張メッセ・イオンモール幕張新都心を目指せば、とりあえず千葉方面に繋がります！

2023年3月にはイオンモールの至近距離に、JR京葉線・幕張豊砂駅が開業。しかし乗り継ぎルートの津田沼駅・稲毛駅は総武本線にあるため、鉄道路線→鉄道路線のタテ移動を担う路線として、恐らくこれからも役目を担い続けそうです。

・第11ランナー：稲毛駅～千草台団地　ちばシティバス「千草台団地線」（西千葉駅行き）〈1日目11本目　190円〉

・第12ランナー：千草台団地～千葉駅　ちばシティバス「千草台団地線」〈1日目12本目　220円〉

千種台団地バス停

1966（昭和41）年に入居を開始した公団千種台団地の敷地中に路線バスの拠点があり、千葉駅方面のバスはここから出ています。おなじちばシティバス「西千01」ですが、稲毛駅～西千葉駅と千草台団地～西千葉駅～千葉駅に分断されているので、西千葉駅で乗り継いでもOK。

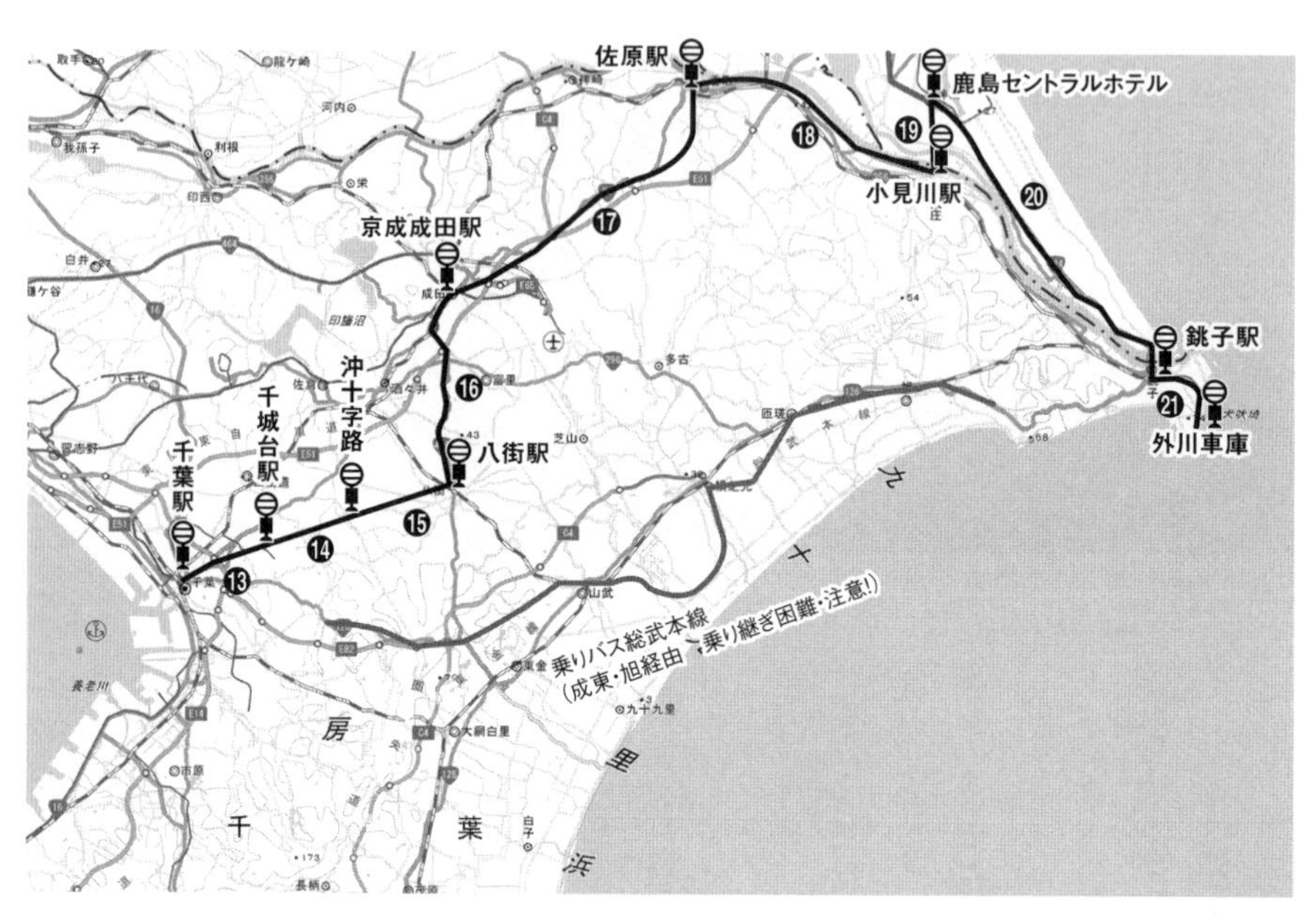

Part 2 総武乗りバス本線・千葉～銚子

この区間のバス乗り継ぎは、成田線に近いルートですんなり進むことができます。ＪＲ銚子駅からさらに進み、銚子電鉄の終点・外川駅近くのバス車庫まで乗り継いで行きます。なお、この区間の最難関は、実は千葉市側にあります。ほぼ１００万都市・千葉市から隣の八街（やちまた）市に抜けるだけで、こんな秘境を見ることになるとは……。

・第13ランナー：千葉駅～千城台駅　京成バス「千01」（千城台駅車庫行き）〈１日目13本目　４４０円〉

千葉駅～千城台駅間のバスは、佐倉街道を抜けていく「千01」以外にも市営霊園を経由する「千02」、国道１２６号を経由する「千05」（御成台車庫行き）など。なおこの区間は千葉都市モノレールでも結ばれていますが、こちらは千葉駅～稲毛区役所近辺→動物公園→ＪＲ都賀駅→千城台公園と、直線のほぼ倍近い距離を回り込み、バスとまったく並行していません。

・第14ランナー：千城台駅～沖十字路　千葉市若葉区泉地域コ

ミュニティバス「おまごバス」〈1日目14本目　300円〉

モノレールの終点・千城台駅は千葉交通の路線バスの要衝です。また同時に千葉市のコミュニティバス「いずみバス」「おまごバス」「さらしなバス」や佐倉市コミュニティバスなど、各地のコミュニティバスの要衝でもあり、朝方には小型バスとワゴン車が来る来る！

その中で乗り込む「おまごバス」は、その名の通り千葉市若葉区小間子（おまご）に向かいます。千城台団地を出た小型バスはものの3分で団地を過ぎ、畑が広がる平原へ。沿線には乳牛の牧場（千葉酪農協）や蕎麦屋さんなどもあり、ほぼ100万都市・千葉市とは思えない牧歌的な雰囲気に。市川市・船橋市では渋滞が集中していた御成街道も、ここでは平原の中の一本道となり、小高い丘では薄暗い森の切り通しを駆け、また平原へと抜けていきます。

千城台の団地群

そして、若葉区から300mだけ出て、八街市の「沖十文字」バス停へ。沖鳥森稲荷神社やゲートボール場、そしてベンチもあるので、しばし木陰で休息をとりましょう。

・第15ランナー：沖十文字～八街駅　八街市ふれあいバス「西コース」〈1日目15本目　200円〉

八街市側の「沖十文字」バス停は、千葉市側のバス停の前、道路沿いなので注意。八街市内行きは1日6本しかないので、1本逃すとベンチで昼寝するしかなくなります。

千城台には、各地区方面へのコミュニティバスが行き交う

八街市コミュニティバスは薄暗い森を抜けていく

そしてこの「ふれあいバス西ルート」は、恐らく東京１００㎞圏内で随一の超・狭隘ローカル路線！　特に「御成街道」～「いさご会館」バス停あたりまではは、舗装されているだけまだ良いか……という山道を突き進みます。これでも、このガタガタ道を抜けて朝日が丘団地を過ぎたあたりから、スーパーのトライアルやホームセンターのケーヨーデイツー、図書館に向かう人々で、座席は満杯に。このエリアでほぼ全員が下車し、八街駅到着時には乗客２人。沿道も利用状況もジェットコースターのような路線です。

・第16ランナー：八街駅前～京成成田駅　千葉交通「住野線」〈1日目16本目　680円〉

ＪＲ総武本線・八街駅前の商店街はかなり寂れ切っているものの、裏路地には独特の雰囲気があり、近年でもドラマ『クロサギ』ロケなどに使われたとのこと。近くのお店には、ジャニーズの俳優さんのサインと写真が大切に飾られていました。

駅の南口から北口に通り抜けて、

八街駅南口

COLUMN

八街名物、落花生の石像

八街の名産と言えば、ピーナッツ・落花生・ショウガ。だからといって落花生の石像を建てるか……。

しかし、強めにガツン！と香るオリジナルジンジャーエール、美味でした。

成田方面に向かう「住野線」へ。国道409号を八街市→富里市→成田市と進みますが、お客さんを見る限り富里市内の住宅やイオンなどの買い物によく使われている様子です。

・第17ランナー：京成成田駅～佐原駅　千葉交通「吉岡線」（佐原粉名口車庫行き）〈2日目1本目　570円〉

成田～銚子間は、総武本線ではなく、成田線と並行して進みます。京成成田駅を出ると、かつて成宗電気軌道（1944年に不要不急路線として廃止）が走っていた〝電車道〟を抜けて、成田山新勝寺の山門へ。駅から山門は1㎞ほどある上に勾配が続くためか、区間利用がかなり多いようです。

京成成田駅前で待機するバス

そして新参道の坂道を駆け下りて、国道51号（佐原街道）へ。この街道は、利根川の水運の要衝・佐原と成田山新勝寺を結ぶルートとして、総武本線が開通するまで賑わい続けていたのだとか。

途中で国道295号（空港通り）の立体交差があり、東へ進めば成田空港に行けます。もちろんローカル路線バスは国際空港など目指さず、ひたすら佐原に進みます。

・第18ランナー：佐原駅～小見川駅　千葉交通「神里線」〈2日目2本目　480円〉

・第19ランナー：小見川駅～鹿島セントラルホテル　神栖

市コミュニティバス（鹿島神宮駅行き）〈2日目3本目　200円〉
・第20ランナー：鹿島セントラルホテル～銚子駅　関東鉄道「海岸線」（鹿島神宮駅発）〈2日目4本目　1180円〉

水郷・佐原市を出たバスはいったん内陸部に入り、小さな工業団地を経由してまた利根川沿いに戻り、JR小見川駅へ。小見川駅から北上し、利根川を小見川大橋で、常陸利根川を息吹橋で渡り、鹿島セントラルホテルで銚子駅方面に乗り継ぎます。

このほか、小見川～銚子間は、総武本線・旭駅経由でもバスの乗り継ぎが可能です。

・第21ランナー：銚子駅～外川車庫　京成タクシー成田「外川（とかわ）線」〈2日目5本目　330円〉

バスが目指す「外川車庫」という名前を聞いて、ピンとくる方も多いでしょう。銚子電鉄の終点・外川駅のすぐ近く、信金の建物の裏側に車庫（現在は回転場のみ）があります。

始発・終点ともに鉄道と同じというこの路線ですが、途中区間では銚子電鉄が経由する

銚子駅前で待機するバス

乗り換え　乗りバス江戸崎支線　佐原～竜ケ崎～土浦

P065（東北乗りバス本線）にも掲載されていますが、こちらにも逆ルートを、少し行程を変えて書いておきましょう。

桜東バス「江戸崎佐原線」佐原駅～江戸崎

▼

JRバス関東「霞ヶ浦線」江戸崎～土浦駅西口

COLUMN

銚子電鉄に乗ってみよう

「総武乗りバス本線」の旅も完結したので、外川車庫から徒歩2分（実際はすぐ裏だが、少し回り込む必要あり）の駅に移動、ここから電車で帰りましょう。

1923年に建設された外川駅から元・京王電鉄、伊予鉄道の車両に乗り込み、濡れせんべいの手焼き体験ができる犬吠駅で降りるもよし、なぜか"毛生えの聖地"ということになっている笠上黒生駅で降りるもよし。東京～銚子間・約120㎞の旅を反芻しつつ、車窓から見える醤油工場を眺めていれば、わずか20分弱で銚子駅に到着します。

乗り換え　乗りバス総武本線・別ルート　銚子～千葉

すみません、このルートを隠していました！　本当はこちらが最短なのですが、本数の少なさ、接続の悪さ、そして筆者がそちらで乗り継いだことがないため、成田線沿いルートの採用と相成りました。

千葉交通「旭銚子線」銚子駅～旭駅

旭市コミュニティバス「旭南ルート」旭駅～干潟駅

匝瑳市内循環バス「椿海豊和循環」干潟駅～市役所

匝瑳市内循環バス「野田・栄循環」市役所～希望の里

横芝光町コミュニティバス「光ルート」希望の里前～横芝駅

横芝光町コミュニティバス「横芝ルート」横芝駅～南川岸

千葉交通「海岸線」南川岸～成東駅

千葉交通「千葉線」成東駅～千葉駅前

笠上黒生・海鹿島などを通らず、わくわく広場（スーパー）、コメリなどがある鹿島・小畑地区を経由。バスと鉄道、ちゃんとすみ分けているようです。

なお、かつて観音駅の駅舎内で営業していたたい焼き屋さんが、「市民センター前」バス停近くに移転開業しています。

終点・外川車庫から海岸線までは徒歩500mほど。それにしてもこのバス、京成タウンバスのロゴをつけてそのまま走っている……東京都内・市川市で乗車して以来、まさかの再会です。

Part 3 内房乗りバス本線・千葉～館山～安房白浜

千葉市内から南側は住宅街、袖ケ浦市・木更津市までは工業地帯、そこからはオーシャンビューの国道を走っていきます。途中に1か所徒歩区間がありますが、実は逆方向に進むと徒歩なしで乗り継げたり……。

なお、「総武乗りバス本線」と合わせて、東京からの所要日数・本数で通算しています。

- 第13ランナー：千葉駅～浜野駅東口　小湊鐵道バス〈1日目13本目　380円〉
- 第14ランナー：浜野駅～八幡宿駅西口　小湊鐵道バス（浜野発）〈2日目1本目　170円〉
- 第15ランナー：八幡宿駅西口～別荘下　小湊鐵道バス〈2日目2本目　530円〉

八幡宿駅で乗り継いで、市原市・袖ヶ浦市の市境に近い「別荘下」バス停まで、JRと並行しつつ旧・国道16号を走行します。西側には石油化学コンビナートが続き、あまり生活の匂いはありません。

しかし明治時代には、「別荘下」バス停から富士見坂を登った先に別荘が数軒あったのだとか。現在は普通の住宅街となり、面影は見当たりません。

なお、小湊鐵道は2023年4月・5月に路線バスの大幅減便を行い、千葉駅～八幡宿駅間は浜野駅で系統分割。浜

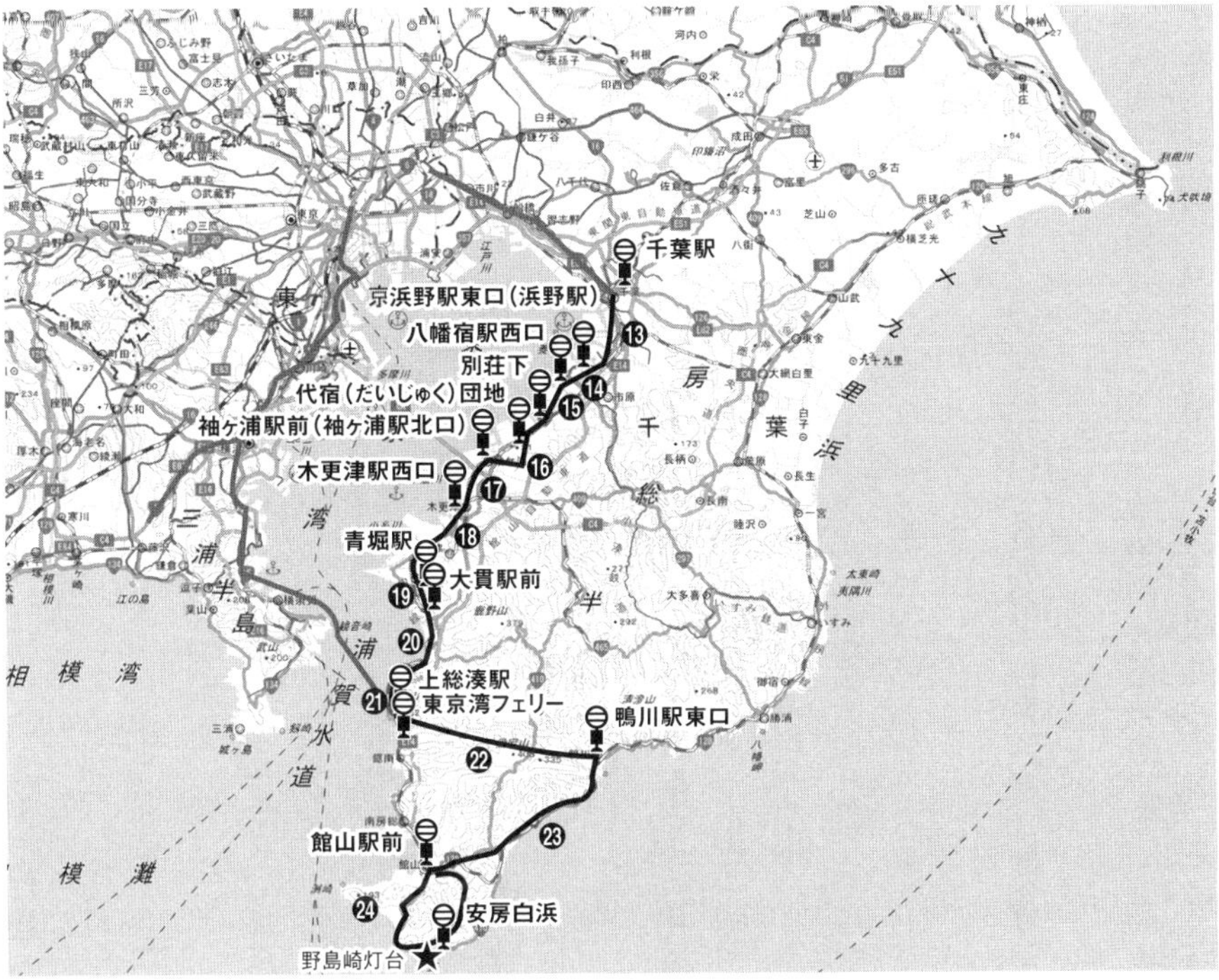

野～八幡宿駅間の運行は、早朝の1本のみとなりました。

・別荘下～代宿　徒歩2・4㎞

旧・国道16号を歩いて、袖ケ浦市へ。なお、この市境を越えるバスは袖ケ浦市側のJR長浦駅13時20分発、市原市の姉ヶ崎駅方面の片道1本だけ存在します。しかし「内房乗りバス線」が進む千葉→館山方面は逆方向なので、この区間を徒歩としました。

・第16ランナー：代宿団地～袖ヶ浦駅前　小湊鐵道バス（袖ヶ浦

代宿団地を出発するバス

バスターミナル行き）〈2日目3本目　400円〉

旧国道から少し山手に入ってけやき通りの坂を登り、丘の中腹の分譲地にある「代宿団地」バス停から出発。片道1本だけのバスはJR長浦駅が終点でしたが、この路線の終着は、東京駅方面の高速バスが頻繁に発車する「袖ヶ浦バスターミナル」。アクアライン経由で首都圏に通勤される方もいらっしゃるのだとか。「内房乗りバス線」は、手前の袖ヶ浦駅で下車。そのまま次のバスへ乗り継ぎます。

・第17ランナー：袖ヶ浦駅北口～木更津駅西口　小湊鐵道バス〈2日目4本目　470円〉

このバス路線が経由する木更津市金田は、かつては人口減少の一途をたどる小さな漁村だったそうです。しかし1997（平成9）年の東京湾アクアライン開業と「木更津金田バスターミナル」開設によって、ここは一挙に都内1時間圏内の通勤圏に。現在では、木更津市内でも人口増加が続くエリアになっています。

木更津金田

かつてはローカル系統だったこのバスも三井アウトレットなどを経由して、木更津駅へ。

・第18ランナー：木更津駅西口～青堀駅　日東交通「富津線」（富津公園行き）〈2日目5本目　470円〉

木更津駅西口、バスターミナルの前には、木更津そごうの建物がそのまま。そごうは2000年に閉店、後継テナントや100円ショップも閉店し、公民館などが入居する「スパークルシティ木更津」にリニューアル。上階には、登録

COLUMN

純喫茶天国・木更津

JR木更津駅は木更津そごう・十字屋・ダイエーなどの百貨店・量販店が撤退し、ちょっと寂しい感じになっています。しかし1本裏路地に入ると、ブレンド・マコーラ・木旺社などの純喫茶が立ち並んでいます。オススメは、ドラマ『木更津キャッツアイ』(2002年放送・岡田准一さん主演)にも登場した東口のラビン。ハンバーグに玉子サンドにナポリタンにオムライス、そして店内はバラを彫り込んだ木目のテーブルや、店内にドンと鎮座するピンクの公衆電話など、2〜3時間観察しても飽きません。ただし、ゆっくりするなら、コーヒーのおかわりくらいは頼みましょう。

すれば無料で使えるコワーキングスペースがあります。実はこの本も、数ページ分ここで書いていたりします。

・第19ランナー：青堀駅〜大貫駅東口　日東交通「富津市役所・君津駅線」（君津駅南口発）〈2日目6本目　310円〉
・第20ランナー：大貫駅前〜上総湊駅　日東交通「湊富津・笹毛線」（富津公園発）〈2日目7本目　500円〉

南房総の路線バスの雄・日東交通は、もともと旅館の送迎バスにルーツを持つという珍しい会社です（別府・亀の井バスなどの例もある）。新日鉄君津方面への通勤輸送やスクールバスに力を注いでいるようで、路線バスの本数はかなり少なめ、接続もいまひとつです。

なお、「内房乗りバス本線」では大貫駅接続ルートを採用していますが、実際には木更津駅〜富津公園間の「富津線」で、富津公園

スパークルシティ木更津

乗り換え　乗りバス東京湾横断線　金谷〜大船

「東京湾フェリー」経由で三浦半島、そして横浜方面へどうぞ。

- 東京湾フェリー　金谷港〜久里浜港
- 京急バス「久7」東京湾フェリー〜京急久里浜駅
- 京急バス「久10」久里浜駅〜浦賀駅
- 京急バス「須26」浦賀駅〜横須賀駅
- 京急バス「橋31」横須賀駅〜内川橋
- 京急バス「4」内川橋〜金沢八景
- 神奈川中央交通「船08」金沢八景〜大船駅東口

から上総湊方面に乗り継いだ方が良いです。ここは筆者がたどったルートを優先で採用させていただきました。

・第21ランナー：上総湊駅〜東京湾フェリー　日東交通「竹岡線」〈3日目1本目　470円〉

バス会社としての日東交通の歴史は、上総湊の旅館「万歳館」と木更津港を結ぶ路線から始まりました。しかし創業の地・湊の営業所は2021年に閉鎖（バス停として存続）。2023年現在、古めかしい営業所の建屋はまだ残っています。

日東交通・上総湊駅バス停（旧・上総湊出張所）

ここから南側へ出るバスは1日6本。うち半数が途中の「高島別荘」止まりで、東京湾フェリーへ向かうバスは3本のみです。

・第22ランナー：東京湾フェリー〜鴨川駅東口　日東交通「金谷線」〈亀田病院行き〉〈3日目2本目　900円〉

日東交通　鴨川駅前案内所

東京湾フェリー・金谷港からは千葉駅方面の高速バス、マザー牧場方面のバスなども出ていますが、「内房乗りバス本線」は太平洋側・JR外房線エリアの安房鴨川駅に向かいます。余裕があれば駅を過ぎて終点「亀田病院」バス停の1つ手前、鴨川シーワールドでイルカショーを楽しむのも良いでしょう。

・第23ランナー：鴨川駅東口～館山駅　日東交通「館山鴨川線」〈3日目3本目　720円〉

路線バスの発着はJR安房鴨川駅西口のロータリーではなく、東口の道路の前から。また、仁右衛門島方面のバスは、さらにセブンイレブンの裏手に入った日東交通の案内所から。建物の年季がすごい……。

バスは国道128号に入って海側を走り、南房総市和田浦を過ぎてすぐ内陸部に入り、館山駅へ。

・第24ランナー：館山駅（前）～安房白浜　日東交通「豊房線」「館山千倉白浜線」・ジェイアールバス関東「南房州本線」〈3日目4本目　610円〉

「内房乗りバス線」いよいよ最後の1路線、いや2路線？

COLUMN

房総半島の最南端・野島埼灯台

この灯台の建設が決まったのは、1866年のこと。アメリカ・イギリス・フランス・オランダと結んだ「江戸条約」で建設を約束され、3年後の1869年に完成しました。

東京湾の沖合を航行する船にとって命綱となるこの灯台は、関東大震災で倒壊したものの、すぐ再建され今に至ります。料金を払って灯台資料展示館(きらりん館)に入ると、周囲を照らしていたフランス製のフレネル・レンズ(レンズとしての厚みを減らしたノコギリ状の断面を持つレンズ。光を拡散できる)を見学可能。そのあと急な階段をのぼると、最上部で景色を見渡すことができます。

安房白浜・野島埼灯台方面のバスはなぜか2社競合。開業は日東交通が1922年、省営バス(現・JRバス)が1933年。ただし現在の日東交通路線は2005年にJRバスから日東交通に移管されたものです。ただどちらも、安房白浜に直接乗り入れる高速バスにシェアを奪われ、厳しい状況に。同じ時刻に発車するなら、共同運行でもいいのに……。

館山駅

JRバスの拠点は、白浜温泉・野島埼灯台などの観光スポットの入口にある「安房白浜」。バス路線が集う国鉄バスからの自動車駅ですが、窓口はすでに閉鎖されています。東京からのバス乗り継ぎルート「内房乗りバス本線」はここで終点を迎えますが、房総半島最南端の野島埼灯台まで行ってみましょう。

第8章

上越乗りバス本線（東京駅～新潟駅）

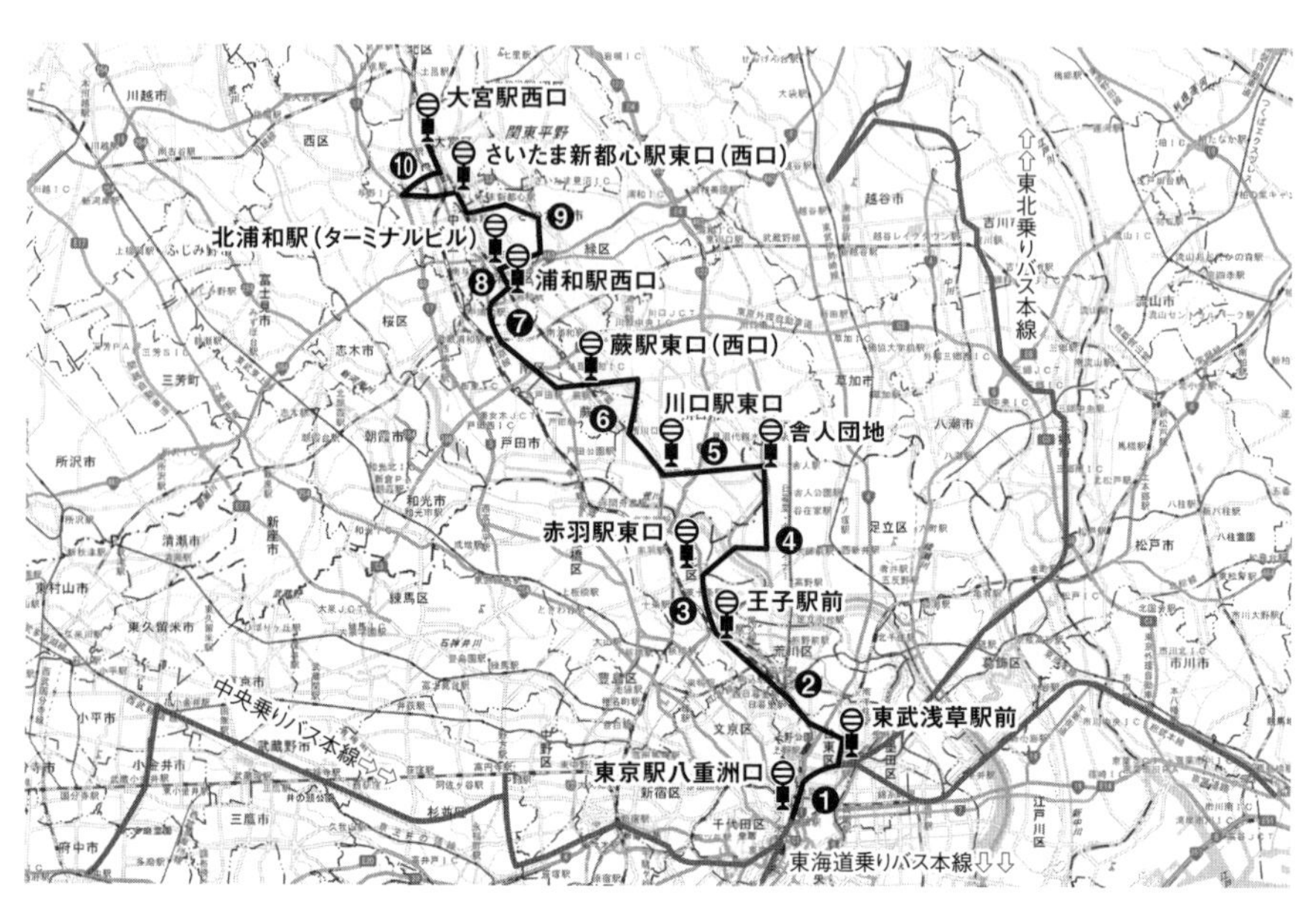

上越新幹線の開業によって、首都圏と日本海側の中心都市・新潟が結ばれたのは1982年のこと。それ以前は特急「とき」「いなほ」などが、東北本線（東京〜大宮）、高崎線（大宮〜高崎）、上越線（高崎〜長岡）、信越本線（長岡〜新潟）を直通で走り抜けていました。

この区間を路線バスで乗り継ぐとなると、課題はやはり〝上越国境越え〟。標高2000m前後の山脈を越えるバス路線があるかというと……20年少々前には、ちゃんとあったそうです。今はどうなのか？

また、江戸時代の五街道のひとつ・中山道に沿ったルートの移動で苦労を余儀なくされるなど、なかなか一筋縄ではいきません。さっそく東京駅から、路線バス乗り継ぎスタート！

Part 1 東京〜大宮

東京都内の路線バス乗り継ぎルートは選び放題。その中でも、全路線で本数が安定していて、乗り継ぎも分かりやすくて、かつちょっと浅草に寄って遊べるルートを「上越乗りバス本線」として指定してみました。

第1ランナー：東京駅八重洲口〜東武浅草駅前　都営バス「東

COLUMN

浅草観光、バス乗り継ぎの合間にちょうどいい！

　約1400年の歴史を持つ都内最古の寺院・浅草寺を中心に広がるこのエリアは、飲食店や和菓子・スイーツ、工芸品などのお店が参道に立ち並び、日中は観光客が途切れません。そして、浅草寺の入口・雷門にさがる高さ約3.3m・重さの700kgの大提灯は、昔も今も“映えスポット”。今や海外からの観光客の記念撮影も目立ち、路線バスも都営バス・東武バス・国際興業・台東区「めぐりん」などがこの浅草に集結しています。

　今回の乗り継ぎルート「上越乗りバス本線」では、「東武浅草駅前」という同名バス停で都営バス「東42」→「草64」と乗り継ぎますが、実際の距離は200mほど離れ、吾妻橋交差点で馬道通りを渡った先。この際、吾妻橋交差点を渡ってそのまま西に向かい、雷門をくぐって仲見世を通り、浅草寺のあたりをぐるりと一回りして、「草64」のバス停に向かうのも良いのではないでしょうか。両系統ともそれなりの本数があり、1本や2本やり過ごしたところで、大した時間ロスにもなりません。

42-1」（南千住駅西口・南千住車庫前行き）〈1日目1本目210円〉

「上越乗りバス本線」の記念すべき1路線目「東42-1」は、1971年に廃止となった路面電車・都電22系統の後継路線。東京駅八重洲口を出た後は江戸通り（国道6号）に入り、隅田川の西岸を浅草・南千住と北上していきます。同ルート・南千住方面には「東42-2」（東神田始発）、「東42-3」（浅草雷門始発）もあるので、それぞれの始発バス停まで別系統のバスで向かうのもOKです。

　今回の乗り継ぎは、浅草・吾妻橋交差点を越えてすぐの「東武浅草前」で下車。バスが向かう「南千住車庫前」まで行くと

東京駅八重洲口を出発する「東42-1」

マンガ『あしたのジョー』で有名になった泪橋バス停があるので是非どうぞ。ただし川の暗渠化によって橋はなく、バス停などの地名表記があるのみです。

・第2ランナー：東武浅草駅前〜王子駅前　都営バス「草64」（浅草雷門発）〈1日目2本目　210円〉

「東42-1」と同名のバス停ですが、「東42-1」は江戸通り側、「草46」は交差点を渡った馬道通りにあります。そのまま隅田川沿岸を離れて荒川区三ノ輪橋方面へ。都電の終点・三ノ輪橋停留所近くの交差点から明治通りに入り、そこから一直線にJR王子駅前に至ります。

なお、東京駅〜王子駅間であれば、「東43」で東京駅丸の内北口〜荒川土手操車場、そこから「王40」で荒川土手操車場〜王子駅前と、都営バス路線同士で乗り継ぐことも可能。

・第3ランナー：王子駅前〜赤羽駅東口　都営バス「王57」〈1日目3本目　210円〉

王子駅を出たバスは、また隅田川西岸に近づきつつ、東京メトロ南北線が地下を走る北本通りを北上。赤羽岩淵駅直上の交差点で赤羽駅に入って行きます。

・第4ランナー：赤羽駅東口〜舎人団地　国際興業バス「赤26」〈1日目4本目　220円〉

・第5ランナー：舎人団地〜川口駅東口　国際興業バス「川04」〈1日目5本目　270円〉

舎人団地内を走行する国際興業バス

COLUMN

東京～埼玉　路線バスでどう越える？

東京～埼玉の都県境は、今回の「上越乗りバス本線」で乗り継ぐ舎人団地の西側では荒川の河川敷にあります。

橋を経由して乗り継げるバスルートについてまとめました。

☆新荒川大橋（東京都北区～埼玉県川口市鳩ケ谷）

いずれも国際興業の路線で、鳩ケ谷団地で「赤21」→「川18」と乗り継いで川口駅方面に向かえます。鉄道沿いに最短距離で行くのであればこのルートですが、埼玉県側の「川18」が1時間に1本程度と少なく、今回惜しくも「上越乗りバス本線」から外れました。

☆戸田橋（東京都板橋区～埼玉県戸田市）

旧街道である中山道の浮間渡跡地近くにかかるこの橋ですが、路線バスはありません。国際興業バス・東練01などの「船渡橋」から、戸田市コミュニティバス「川岸一丁目」バス停まで、1・4kmほどの徒歩が必要です。

☆笹目橋（東京都板橋区～埼玉県戸田市）

戸田橋とおなじく、板橋区と戸田市を結びますが、頭上には首都高5号池袋線の高架があり、新大宮バイパスの一部である地上道路の交通量も相当なもの。しかし、この橋を通る国際興業バス「増14」（成増駅北口～下笹目）は2020年の改正で、昼10～16時の運行が消滅。下笹目から先は蕨・浦和方面に乗り継げるのですが……。

☆幸魂大橋（埼玉県和光市～埼玉県戸田市）

「さきたまおおはし」と呼ばれるこの橋は、上空に外環道が通り、形状の複雑さで知られる美女木ジャンクションはすぐ近く。

しかしこの橋を通過するバス路線はなく、東武バス「和14」SGリアルティ和光～武浦01「修行目」バス停まで、3・0kmほどの徒歩を要します。また和光市側のバスは、物流拠点・SGリアルティ和光への通勤用バス（和光市駅から直行）であるため、乗車中は間違いなく肩身が狭いかと思われます。

この他にも、東京・埼玉の都県境を抜けるルートは、東京都・花小金井駅～志木～浦和間を乗り継げる羽根倉橋経由や、所沢や浦和美園を経由するルートも。キリがないのでこのあたりにしておきましょう。

ここからは都営バスに代わって、主に埼玉県内を幅広くカバーする国際興業バスのエリアに入っていきます。王子駅を出たバスは、環七の鹿浜橋で荒川を越え、東京都足立区のほぼ北端、舎人団地へ。この場所は日暮里・舎人ライナーの終点・見沼代親水公園駅から700mほど西側。2008年の開業までは「里48」をはじめとする都営バス路線が、頻繁に運行されていました。

一方で舎人団地は、見沼代親水公園駅から微妙に距離があり、今も赤羽方面からのバス・川口方面からのバスがいずれも1時間に3～4本程度残っています。東京都・埼玉県、両方向からそこそこに運転本数があるという選考基準で、このルートを「上越乗りバス本線」に指定させていただきました。

東京都・埼玉県の〝路線バス都県境越え〟は、この西側でも各種乗り継ぎルートを組めます。別コーナーにまとめてみました。

・第6ランナー：川口駅東口～蕨駅東口　国際興業バス「川05」〈1日目6本目　280円〉

JR京浜東北線なら2駅・5分で到着できるこの区間を、このバスは川口市内の青木・前川などを回り込み、40分近くかかって蕨駅に向かいます。

・第7ランナー：蕨駅西口～浦和駅西口　国際興業バス「浦19-2」〈1日目7本目　280円〉

この「浦19-2」系統は、「浦19-1」がありません。もともとの「浦19-1」が経由している蕨市立病院あたりの渋滞が激しく、他の系統に振り替える形で

蕨市内のアーケード街を走行するバス

COLUMN

浦和駅はなぜ段差がある？

街道・中山道の宿場町としての浦和は、いまのJR浦和駅の西、やや高台にあります。そしてちょうど駅が台地の“へり”にあるため、この駅は構内で３ｍほどの段差が。西口から入って階段を降りて東口に出て……あれ?なんで1階にいるの？ そして駅ホームも、湘南新宿ラインのホームが京浜東北線ホームよりだいぶ低い位置に。1883年の開業から、駅の拡張を続けた苦心がうかがえます。

浦和駅と鉄道、そしてこの高低差で東西が分断される、という浦和特有の悩みは、2004年の浦和駅高架化の完成で解消。1日7.7万人が利用する駅だけあって、今ではエスカレーターで高低差をスイスイとクリアできます。

２００3年に、街道・中山道の現在のルートである国道17号を経由する「浦19－2」に統一されました。

しかしこの国道もまた混む……。

・第8ランナー：浦和駅西口～北浦和駅（ターミナルビル）国際興業バス「浦51－3」〈1日目8本目　２４０円〉

浦和駅から１㎞ほど東側、産業道路沿いの原山・本太などの地区をカバーしつつ、また西側に走って北浦和駅へ。この駅周辺は道路渋滞もあって、朝晩には「浦51－3」として駅から２００ｍほど離れた「北浦和ターミナルビル」に発着、その他の時間帯は、「浦51」として北浦和駅に発着します。わずかな距離なので、「上越乗りバス本線」では、どちらも良しとしましょう。

・第9ランナー：北浦和ターミナルビル～さいたま新都心駅東口　国際興業バス「北浦5」〈1日目9本目　２２０円〉

・第10ランナー：さいたま新都心駅西口～大宮駅西口　西武バス「新都11」〈1日目10本目　２５０円〉

浦和駅→北浦和→さいたま新都心→大宮駅の移動は、いずれも小刻み。かつ、東側の産業道路に入ったり、西側の住宅街に入ったりで、バス路線が描くルートは「コの字」ばかり。

なお、浦和駅〜大宮駅間は他にもルートが複数あります。

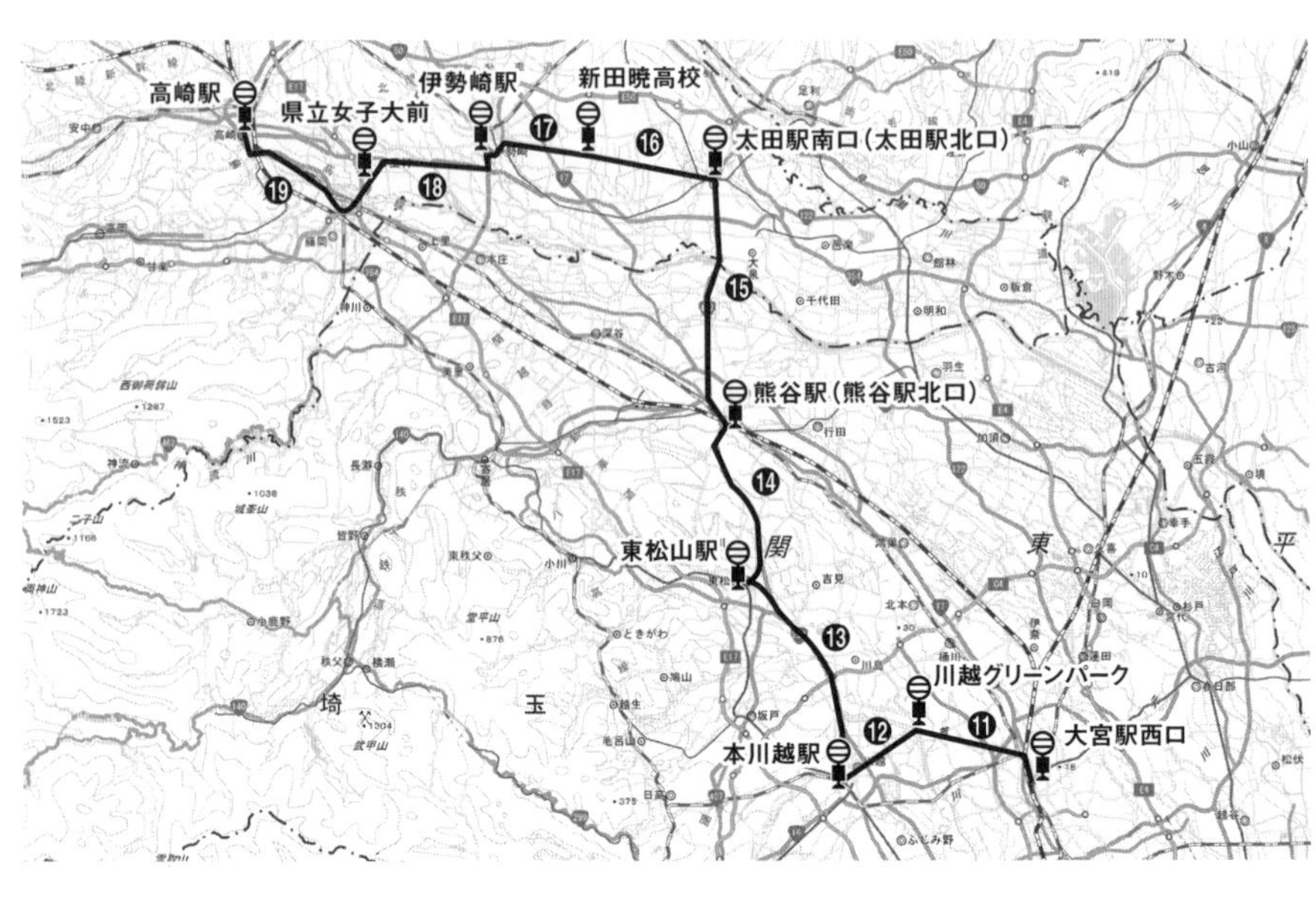

Part 2 大宮〜高崎

埼玉・群馬県境を越えるこの区間はほとんどの都市が東武バスの牙城でした。しかし同社は平成初期に営業エリアを大幅に集約し、地方路線は国際十王交通や朝日自動車などへの子会社に移管、そしてその路線も廃止……。気が付けば、JR高崎線沿い、中山道経由で繋がっていた乗り継ぎルートは、すっかり途切れてしまいました。しかし実はこのルート、高崎線を大きく外れた東松山経由でまだ繋がっているのです。

・第11ランナー：大宮駅西口〜川越グリーンパーク　西武バス

「川越グリーンパーク」バス停

COLUMN

地元に「廃止賛成運動」を起こされた？ 悲運の都市間鉄道・西武大宮線の遺構

1906（明治39）年に大宮駅〜川越久保町駅間で開業した西武大宮線は、大宮駅から現在のJR川越線・指扇駅近くまで、現在の県道2号線の道路脇を走っていました。そして、いまの川越グリーンパーク北側で荒川を渡って、東武東上線・本川越駅の800mほど北側にあった川越久保町駅（現在の川越市中央公民館・東京電力川越支社付近）へ。ただ荒川の改修計画が遅れに遅れ、近代化ができず火災・脱線事故などが相次ぎ、沿線は国有鉄道の誘致に舵を切ることに。ついに地元から廃止の要望が出されるまでの事態になり、いまの国鉄川越線が開業した翌年の1941（昭和16年）に全線廃止となりました。

もし荒川の改修が早々に済んで、先に近代化していれば……。川越グリーンパークの北側、旧・黒須駅の近くには、煉瓦積みの橋台がポツンと残っています。

「大22」〈1日目11本目　360円〉

・第12ランナー：川越グリーンパーク〜本川越駅
西武バス「本52」〈1日目12本目　360円〉

大宮〜川越間はJR川越線で繋がっていることもあり、両都市を結ぶバス路線はありません。大宮から荒川を越えた先にある住宅街・川越グリーンパークで乗り継ぎましょう。

昭和58（1983）年に完成した、総戸数1450戸のニュータウンへのバスの運行は、大宮側は日中1時間に1本、川越側は1時間に2本ほど。グリーンパークのすぐ北側、古くからの家並みが連なる黒須地区には、戦前に運行されていた〝悲運の鉄道路線〟西武大宮線の痕跡も残っているので、バス乗り継ぎのついでに是非。

・第13ランナー：本川越駅〜東松山駅　東武バスウエスト「川越02」（川越駅発）〈1日目13本目　600円〉

2023年に開催された「ワールド・ベースボー

本川越駅

ル・クラシック」（ＷＢＣ）の代表選手として一躍有名になった、ラーズ・ヌートバー選手ゆかりの地・東松山市へ！　国道２５４号を北上して荒川支流・入間川・越辺川を渡ったバスは周辺に駅がない〝鉄道空白地帯〟川島町に入ります。

この川島町は東京から50㎞圏内とほどほどに近く、東京23区内への通勤が５・６％、通学が14・４％と、それなりのウェイトを占めています。今回乗車する「川越02」も川島町内の「八幡団地」から発車する区間便があり、川越市方面は平日朝に1時間３～４本程度が確保され、ＪＲ川越線や東武東上線に乗り継ぐ人々の足となっています。

・第14ランナー：東松山駅～熊谷駅　国際十王交通「東松山線」〈1日目14本目　５９０円〉

余談ですが、この項を執筆しているのは２０２３年3月22日午前2時、数時間前にＷＢＣで日本が優勝を決めたところ。いま東松山市は記念セールが開催されるなど、時ならぬ〝ヌートバー景気〟に沸き返っているようです。

戦前には陸軍の飛行場や製紙工場など、軍需産業の拠点でもあった東松山市は、東武東上線で池袋まで1時間以内という立地条件を生かし、駅を中心とした住宅街・衛星都市として発展を続けました。しかしクルマ社会への移行で駅前・市街地はやや寂しい状況。国道４０７号と関越道のスマートＩＣがあり、東京電機大学のキャンパスに近い高坂地区（東松山駅の1駅南側）に賑わいが移りつつあるのだとか。

そして、現在の東武バスのエリアはここまで。この先は、路線を引き継いだ子会社

東松山駅バス乗り場

である朝日バスや国際十王交通に乗り継いで行きます。

・第15ランナー：熊谷駅北口～太田駅南口　朝日バス「KM61」〈1日目15本目　510円〉

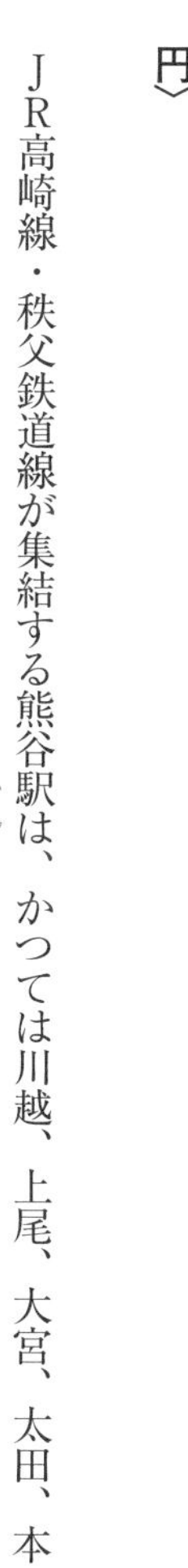

JR高崎線・秩父鉄道線が集結する熊谷駅は、かつては川越、上尾、大宮、太田、本庄、深谷、小川町、東松山、行田、羽生、加須方面へ向かう東武バスの一大拠点だったといいます。そのうちいまも運行しているのは、小川町、東松山、あと今回乗り継ぐ東武伊勢崎線・太田駅方面のみ。

熊谷駅前に停車するバス。少し離れているので注意

埼玉・群馬県境をまたぐ熊谷～太田間には、戦前には鉄道敷設の計画があったものの、利根川の架橋ができず断念。熊谷市側で開通していた東武熊谷線は1983（昭和58）年に廃止となりましたが、太田市側の東武小泉線は現在も運行を続けています。2都市を直接結ぶバス路線「KM61」はかつての東武熊谷線の終点・妻沼を経由、刀水橋で利根川を渡って、いよいよ群馬県へ！

・第16ランナー：太田駅北口～新田暁高校　太田市営バス・シティライナーおおた「新田線」〈2日目1本目　200円〉

・第17ランナー：新田暁高校～伊勢崎駅　いせさきしコミュニティバス・あおぞら「東西シャトルバス」（市民病院北行き）〈2日目2本目　200円〉

新田暁高校前には、太田市営・伊勢崎市営のバスが乗り入れる

乗り換え　乗りバス信越本線　高崎～長野

群馬バス「高崎安中線」高崎駅西口～安中駅

▼

群馬バス「安中市役所・松井田支所線」
安中駅～松井田支所

▼

徒歩5.5㎞

▼

JRバス「碓氷線」横川駅～軽井沢駅

▼

西武観光バス「S」もしくは草軽交通　軽井沢駅
～草津温泉バスターミナル（草津温泉）

▼

長電バス「急行志賀高原線」草津温泉バスターミナル
～スノーモンキーパーク

▼

長電バス「上林線」スノーモンキーパーク～中野駅

▼

長電バス「立ヶ花線」中野駅～立ヶ花駅

▼

長野市コミュニティバス「ニツ石線」
手子塚～三才駅

▼

長電バス「檀田三才線」三才駅～長野駅

今や新幹線で40分弱のこの区間ですが、かつては66.7度という碓氷峠の急坂を、2本の線路と中央部のラックレール（歯車を組み合わせるための形状）で電気機関車が引っ張り上げて登っていました。バスはそこを越えますが、その先の軽井沢～長野間でまったくバス路線が繋がっていないため、さらに北側、火山帯を横切って長野市に向かいます。

国道354号の旧道などを経由して前橋駅～伊勢崎・太田方面に繋がっていたバス路線も、現在は自治体単位のコミュニティバスに再編され、途切れ途切れに。太田市・伊勢崎市の市境に近い「新田暁高校」で奇跡的にバス乗り継ぎが繋がっていますが、ダイヤはもちろん平日朝晩が主体。太田市側は土日・祝日運休です。

- **第18ランナー：伊勢崎駅～県立女子大前**
  群馬中央バス「県立女子大学－伊勢崎駅前線」〈2日目3本目　480円〉
- **第19ランナー：県立女子大前～高崎駅**
  群馬中央バス「高崎玉村線」〈2日目4本目　520円〉

前橋～伊勢崎間の路線バス（敷島公園バスターミナル経由）は2019年に廃止、直接移動できる経路は途切れているため、もういちど利根川を渡り、群馬県玉村町へ。この町は利根川・烏川という2本の川に挟まれ、もとより立地的に鉄道の敷設を望めそうもありません。

しかし２０１４年に高崎～玉村町～伊勢崎～板倉町に続く東毛広域幹線道路が全通。そのうち高崎玉村バイパス区間の４車線化によって、高崎方面へのクルマ通勤が激増しているのだとか。バス路線「高崎玉村線」はバイパスから早々に逸れて、旧道をゆっくりと進みます

なお、この区間では、以下の別ルートで前橋駅経由に進むことも可能。２社のバス停はジョイフル玉村店近辺にあるので、乗り継ぎついでに一休みしていきましょう。

永井運輸「前橋玉村線」玉村町役場前（県立女子大前のひとつ手前）～前橋駅南口↓

群馬中央バス「11Ａ」前橋駅前～高崎駅前

Part 3 高崎～長岡

「上越乗りバス本線」は、いよいよ上野国（こうづけのくに）（群馬県）・越後国（新潟県）の国境越え！　とはいってもルートはきわめて単純。三国街道（国道17号、群馬県道25号）をひたすら北上し、峠を10km以上歩いて、新潟県入り、というルートをとります。

そして、このルートでは予約制の「デマンドタクシー」も登場……か？

・第20ランナー：高崎駅前～渋川駅前　関越交通バス「高崎渋川線」〈2日目5本目　800円〉

東武バス時代は「高渋線」とも呼ばれたこのバス路線は、１９５３～１９５６年にかけて全線廃止となった東武伊香保軌道線（路面電車線）の後継路線でもあります。とはいっても、線路の規格も低く、とにかく遅いこの電車は、道路

玉村町内を走行するバス

拡張とともに戦後早々に撤去要請を受けていたそうです。

バスは三国街道の旧道・県道24号を進み、群馬温泉に立ち寄って、渋川市内へ。なお前橋駅から渋川方面の路線もあり、前述の玉村～前橋ルートと組み合わせるのもOK。こちらも、かつての路面電車線の後継路線です。

高崎駅前を出るバス

・第21ランナー：渋川駅前～上野入口　関越交通バス「子持線（桜の木線）」〈2日目6本目　580円〉

・上野入口～沼田駅　関越交通バス「岩本線」〈3日目1本目　510円〉

渋川までは日中でも1時間に1本ほどのバス運行が確保されていましたが、ここから「上野入口」は一挙に1日4本、朝晩のみに。しかも上野入口から乗り継ぐ「岩本線」は2020年のダイヤ改正で朝1本、晩1本のみに減便。まったく乗り継げなくなりました。

2023年6月現在の「岩本線」沼田駅方面の運行は、7時25分・上野入口発の1本のみ。しかも、まわりに宿泊施設は見当たりません。

COLUMN

沼田市・国道17号沿いは“もつ煮天国”！

県全域で牛や豚などの畜産が盛んな群馬県では、ホルモンが多量に出ることもあって、もつ煮を提供する店が数多くあります。中でも国道17号沿い、沼田市近辺はトラックドライバー向けの食堂が多く、人気の永井食堂はいつも車やトラックが絶えません。

この永井食堂は関越交通子持線「上白井一軒家」バス停から500mほどの場所にありますが、残念ながらバスの運行は朝晩のみ。残念ながら、訪問はクルマ一択のようです。

沼田市内を走行する「ぬまくる」車両

上野バス停に停車する関越交通バス。近年ライトバン車両となった

ここで妥協案として、デマンドタクシー（予約制バス）はいかがでしょうか。

・上野入口～JR沼田駅　沼田市デマンドタクシー「ぬまくる」　1乗車400円

この「ぬまくる」は当日1時間前までに電話かアプリ「MONET」の予約で、沼田市内500か所で乗車可能。渋川駅でバスに乗り込む前にサッと予約しておけば、上野入口から沼田駅まですんなり乗り継ぐことができます。

もともと沼田市は巨大な河岸段丘に囲まれ崖が多く、高低差70mと徒歩での移動にはかなり困難。バス運賃に補助を出して安く利用できるようにするなど、クルマがなくても移動できる環境を整える、いわゆる〝モビリティ〟政策に力を注いできました。しかしコロナ禍前からの乗客の減少と、バス停から遠いエリア

乗り換え

乗りバス尾瀬・日光線 沼田〜尾瀬〜宇都宮

関越交通「鎌田線」沼田駅〜鎌田

関越交通「湯元温泉線」鎌田〜湯元温泉

東武バス「Y」「YK」湯元温泉〜東武日光駅

関東自動車「01」
東武日光駅前〜宇都宮駅西口

数千年単位の長い時間をかけて形成された湿地に、ミズバショウが咲き乱れる尾瀬湿原。2005年にはラムサール条約で登録され、その希少さが世界的に認められました。

この湿原の入口である片品村・鎌田を経由して日光・宇都宮まで抜けていきましょう。ただしもちろん、途中の金精峠は冬季通行止めなので、通り抜けできる期間は限られています。

も多いことから、ゴミステーションなどの活用などで乗降場所を増やし、小型の予約制に転換したのだとか。

・第22ランナー：沼田駅〜猿ヶ京　関越交通「猿ヶ京線」〈3日目2本目　1150円〉

沼田からの道路は水上方面にも分かれています。しかしこちらは鉄道ですらループ橋で高度を上げるような急坂でもあり、清水峠を越える国道291号は1885（明治18）年に開通したものの、ほどなく大規模な土砂崩れの被害を受け、もう100年以上もクルマの通行が不可能なまま。ということで、このルートは三国街道一択！

この街道は江戸時代に越後の諸大名の参勤交代にも使われ、「猿ヶ京」という地名も、戦国時代にこの街道を進軍した武将・上杉謙信によって付けられたと言われています。400年以上の歴史がある温泉街は、ほとんどの地区が1959（昭和34）年に完成した相俣ダムに沈んだものの、今も多くの温泉宿が営業して

相俣ダム湖沿いを進むバス

います。

・第23ランナー：猿ヶ京～永井宿郷土館入口　みなかみ町営バス「法師線」（まんてん星の湯発・法師行き）〈3日目3本目　390円〉

終点・法師バス停の前にあるただ1軒の旅館・長寿館は、1895（明治28）年に建築された鹿鳴館様式の建物で知られ、過去には歌人・与謝野晶子、作家・川端康成も逗留し、映画『テルマエ・ロマエ』では俳優・阿部寛さんや上戸彩さんが、ここで撮影されたそうです。なお日帰り入浴は3時間のみ（11時～14時）、受け付けていない日もあります。峠を越えるならここで投宿して、一晩ゆったりと過ごしてからでも良いでしょう。

「みなかみ町民バス」の終点・法師バス停

・永井宿郷土館入口～西武クリスタル　徒歩12km

約12kmの徒歩を経て、三国峠越え！　なお、この峠越えは『ローカル路線バス乗り継ぎの旅』第13弾・東京～新潟（2013年1月5日放送）にも登場していますが、マドンナ・田中律子さんのお友達という旅館の女将さんの送迎で乗り切っているため、歩いていません。なお筆者も、腰痛であっさりダウンしたため、徒歩では踏破していません。

峠を越えるこのルートは、実は1995年までJR沼田駅～猿ヶ京～新潟県・苗場国際スキー場行きのバス路線で繋がっていました。当時は沼田駅・後閑駅から三国峠を越える東武バスのルートが、苗場方面へのメインルートだったのです。しかし上越新幹線の開業とともに越後湯沢駅が玄関口となり、こちらのバス路線は減便・季節運行化の上で途絶えています。

いま、この三国峠をどうしてもバスで越えたい場合は、冬季限定の高速バス「苗場ホワイトスノーシャトル」を使う

「西武クリスタル前」バス停に停車する南越後交通バス

と良いでしょう。コロナ禍の中で運行体制に変更はあったものの、２０２２～２０２３シーズンは週末を中心に3月まで運行。ただし乗車するのは東京・サンシャインシティからなので、猿ヶ京から都心に戻って、池袋から猿ヶ京～三国トンネル～苗場と進みましょう。

・第24ランナー：西武クリスタル～湯沢駅前　南越後観光バス〈３日目４本目　７００円〉

新潟県内のバス乗り継ぎは三国峠トンネルを越えて４㎞ほど坂を降った先にある、リゾートマンション・西武ヴィラ苗場クリスタルの玄関前からスタート。苗場スキー場に程近く、かつ屋内駐車場もあるため、冬場でもクルマのメンテナンスが楽だそうです。

バスはそのまま国道17号を進みますが、沿道にはきらびやかなリゾートマンションが。バブル経済真っ只中の頃は億超えの物件も多くあったものの、現在では１００万以下、中には１Ｋで10万、３ＬＤＫで30万程度で購入できる中古マンションも。ただし維持管理費はそれなりにかかるそうです。

・第25ランナー：湯沢駅前～六日市駅角　南越後観光バス（六日市車庫行き）〈３日目５本目　４８０円〉

・第26ランナー：六日市駅角～小出営業所前　南越後観光バス（六日市駅発・魚沼市役所前行き）〈３日目６本目　５５０円〉

越後湯沢駅バス乗り場。飯山線・森宮野原駅方面の急行バスも出ている

この先も国道17号沿い、信濃川支流魚野川沿いに進みます。ガーラ湯沢・上越国際スキー場などを左手に見つつ、六日市駅前の交差点で小出、魚沼市役所方面に乗り換え。その後は真っ直ぐ伸びる、通称・新国道をひた走ります。20年モノの中古車両の割には乗り心地も快適です。

小出では、駅は川の西岸なのに対して市街地はことごとく東岸、しかも魚野川・破間川に挟まれた高台に。川に囲まれた市街地に橋をかけてまで、鉄道を通すのは難しかったことが窺えます。

・第27ランナー：小出営業所前～小千谷車庫前　南越後観光バス（小千谷総合病院行き）〈4日目1本目　490円〉

小千谷方面のバスはJR小出駅に入らず、そのまま国道17号を下っていきます。JR越後川口駅の前では、魚野川はついに信濃川に合流。小千谷の市街地に入る手前のバス車庫で乗り換えをどうぞ。

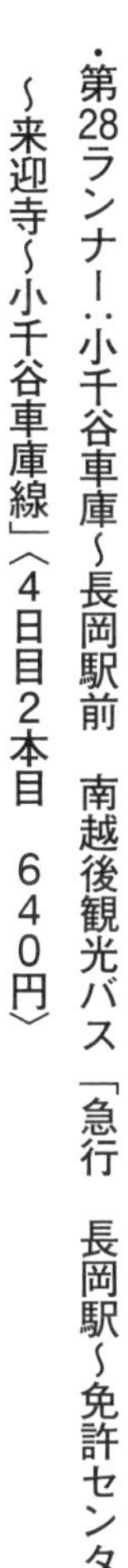

・第28ランナー：小千谷車庫～長岡駅前　南越後観光バス「急行　長岡駅～免許センター～来迎寺～小千谷車庫線」〈4日目2本目　640円〉

小千谷市でも南魚沼市小出と同様に、JR駅と市街地のあいだを信濃川が隔てています。バスから眺めてもわかるほど澄み切ったこの川の水があるからこそ、小千谷（おぢや）は小千谷縮（おぢやちぢみ）（麻織物）の生産・出荷を行うことができたのです。

ということで、湯沢から六日市・小出・小千谷・長岡と続くバス乗り継ぎは、舟運の街から明治期に鉄道が到達という経緯で発展してきた街どうしを結んでいます。もっとも小千谷では郊外にバイパスが抜けて以降、市街地はやや苦しい状況だそうですが……。

南越後観光バス　小千谷車庫

長岡方面への急行バスは、工業団地のある坪野経由、総合病院が近い小栗田経由どちらでもOK。いよいよ越後平野に入っていきます。

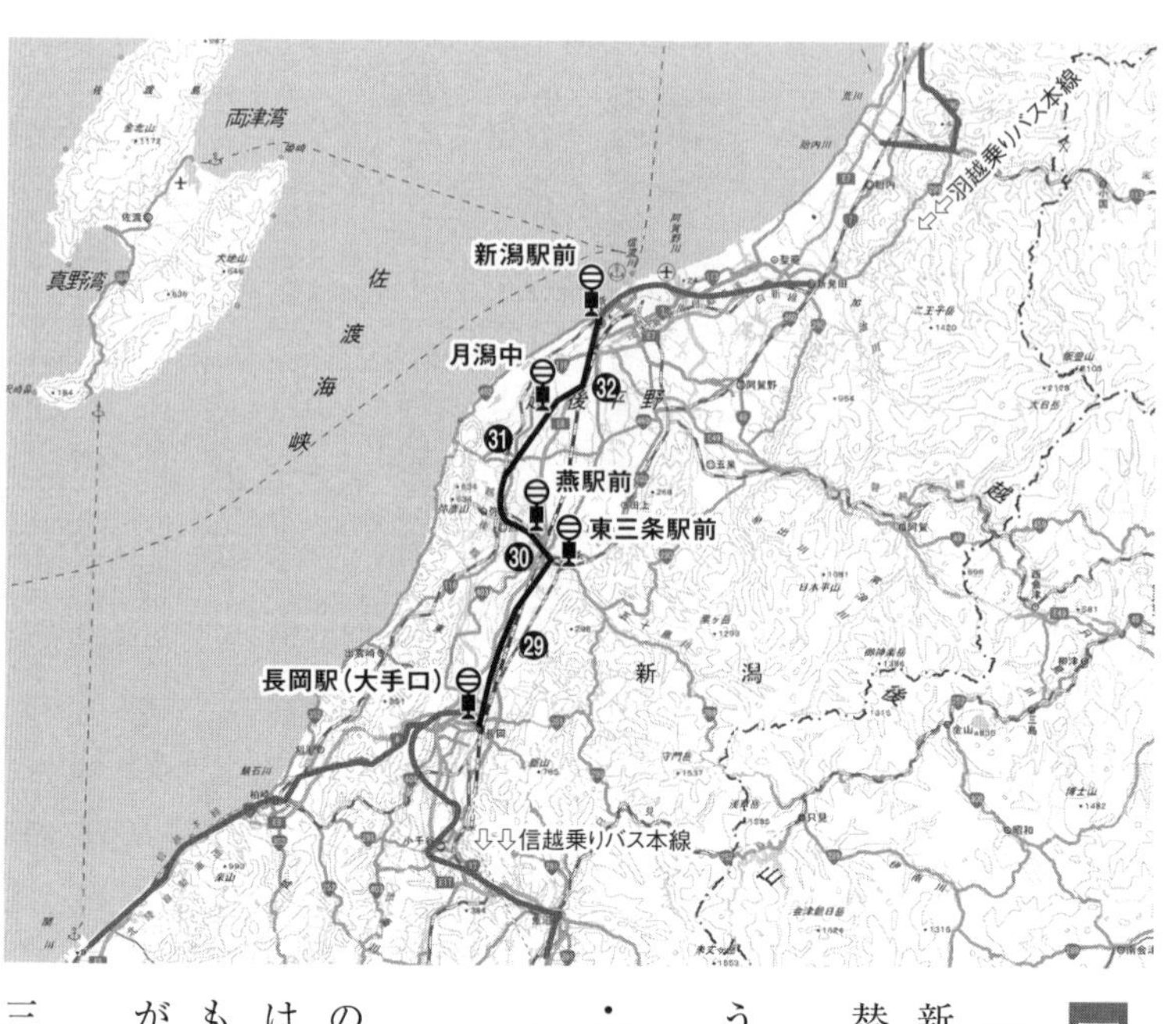

Part 4 長岡～新潟

「上越乗りバス本線」もいよいよ大詰め。途中からは、燕市～新潟市内を結んでいた新潟交通電車線（1999年全廃）の代替バスを乗り継いで行きます。

20年前までは鉄道だったこの区間、まあバスは繋がるだろう、と思ったら、運転本数でひと苦労することに。

・第29ランナー：長岡駅（大手口）～東三条駅前　越後交通「長岡駅─東三条駅・分水駅線」〈4日目3本目　780円〉

5000年ほど前の縄文時代中期のものとされる火焔型土器のモニュメントがそびえ立ち、長岡城の本丸跡地に建つ長岡駅は、街の歴史そのもの。もっとも長岡城は、戊辰戦争の際に城も城郭も焼け落ちてしまい、数m掘り下げてようやく基礎の石が出るほどに、何も残っていません。

バスは信濃川東岸を徐々に離れ、国道8号に合流してJR東三条駅に向かいます。

・第30ランナー：東三条駅前～燕駅前　越後交通「東三条駅―本町―燕駅線」〈4日目4本目　260円〉

信越本線・東三条駅を出て、県央橋で信濃川支流・中の口川を渡って、越後線・燕駅へ。なお駅前のバス停は越後交通が「燕駅」、新潟交通観光バスが「燕駅前」ですが、場所はほぼ一緒です。時刻検索サイトで乗り継ぎ検索できないから、統一してほしい……。

長岡駅大手口バス乗り場

・第31ランナー：燕駅前～月潟中　新潟交通観光バス「白根～燕線」（白根桜町行き）〈5日目1本目　540円〉

ここからは、1999年までに全線廃止となった「新潟交通電車線」の代替バスを乗り継いで行きます。

燕～月潟間は先立って1993年に廃止されていますが、運行されていた当時は燕駅側の六分（ろくぶ）～燕間の通学利用が多く、朝には20分に1本程度の運行が確保されていたのだとか。

しかし2023年現在、鉄道のルートを忠実に辿るこの系統は1日2往復のみ。別に新潟市南区（旧・白根市）の中心部に直接向かう系統もありますが、こちらも1日4往復。なお白根桜町経由なら、新潟交通「W70」でそのまま新潟駅に直行できますが、今回は筆者が未乗車という理由で、新潟交通電車線沿いの月潟経由で新潟駅を目指します。

燕駅バス乗り場

COLUMN

バスセンターのカレー

路線バスの乗り継ぎ旅で新潟入りするなら、万代シティバスセンター構内のそば店で提供されるカレーは、ぜひとも食べておきたいもの。黄色くてとろっとしたルーは野菜・豚肉の旨味がたっぷり溶け込んで、スパイシーな後味も爽やか！ そして蕎麦との相性も抜群です。

このお店に寄るなら、「W80」「萬代橋ライン」どちらも、萬代橋通りの「万代シティ」バス停から徒歩300m。ここから新潟駅は800mほど、残り区間はもう歩いても良い距離です。

・第32ランナー：月潟～新潟駅前　新潟交通観光バス「W80M」〈5日目2本目　660円〉

旧・月潟村役場の駐車場から出発する「W80」が辿る経路は、曲・味方・黒埼など、ほぼ〝電車線〟の経路そのまま。中には木場のように、駅跡地（草むら）がそのまま残る場所も。〝電車線〟は新潟駅から3㎞ほど手前の白山前駅止まり。川を越えることができなかったものの、バスは念願の〝新潟駅乗り入れ〟を果たした形です。

しかし現在、「W80」の新潟駅乗り入れは朝晩を中心に一部便のみ。日中は新潟市西区のイオン青山店に併設された乗り継ぎ拠点「青山バス停」で、「B1（萬代橋ライン）」に乗り継いで新潟駅に向かいましょう。

なお、2023年4月のダイヤ改正で、月潟周辺のバスの運行自体がかなり減少しました（特に土・日）。燕からの乗り換えであれば、白根桜町から「W7」「W70」への乗り換えの方が、本数も多く乗り継ぎが容易です。

新潟駅前のバスターミナル。現在は建て替えで大きく姿を変えた

第9章

乗りバス日本海縦断ルート

（北陸本線・信越本線　京都～新潟）

日本の鎖国体制が解け、近隣諸国との外交が始まった明治時代には、ロシアへの玄関口だった敦賀港への鉄道整備が急がれました。敦賀に鉄道が到達したのは、新宿駅や名古屋駅よりも早い１８８２年のこと。その後、ウラジオストク～敦賀航路に接続するボート・トレインで東京と結ばれ、政財界の著名人が行き交ったといいます。

その後、敦賀から福井・金沢・新潟と続く日本海沿いの鉄道ルートが完成。京都を起点に、日本海沿岸に路線バスを乗り継いで行きましょう。

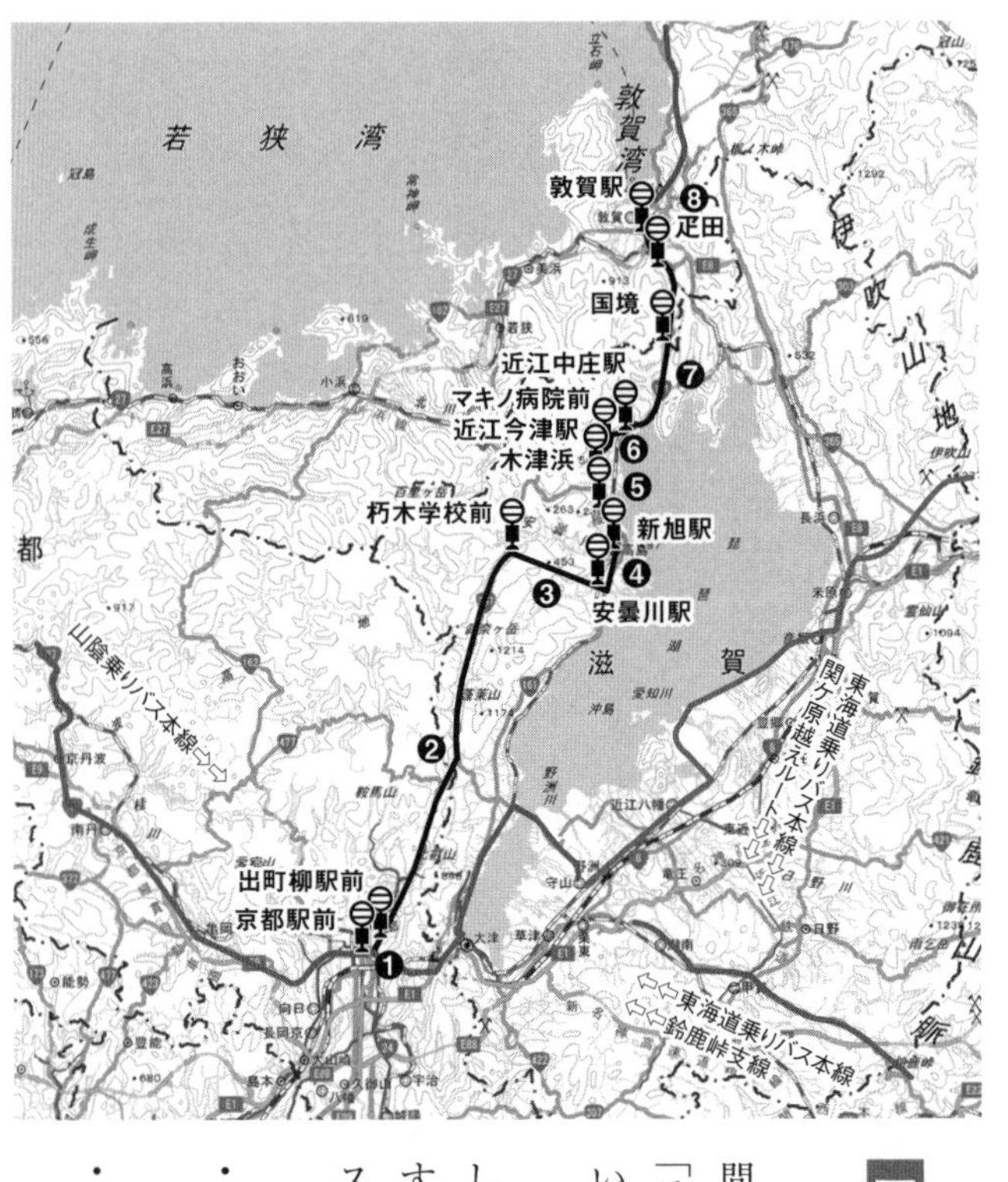

Part 1 京都～敦賀

ＪＲ北陸本線の起点は米原駅ですが、米原～敦賀間のバス路線はことごとく繋がらないこともあり、「乗りバス北陸本線」の起点は京都駅に設定させていただきました。

京都からは比良山地を越えて、琵琶湖沿いに北上していきます。ただ、この周辺はコミュニティバスすら廃止・再編されている区間も多く、なかなかバス乗り継ぎが繋がりません。

・第1ランナー：京都駅前～出町柳駅前　京都市バス「4」「17」など〈1日目1本目　２３０円〉

・第2ランナー：出町柳駅前～朽木（くつき）学校前　京都バス「比良線」〈1日目2本目　１５５０円〉

・第3ランナー：朽木学校前～安曇川駅　江若交通「朽木線」〈1日目3本目　770円〉

出町柳を出た京都バスは、日本海側の小浜に至る鯖街道をひたすら北上していきます。この路線も運行体制の縮小が続き、現在は季節限定、土日祝日に1日1往復のみとなってしまいました。

江若交通との乗り継ぎ拠点「朽木学校前」の目の前には、バス数台が停泊できる立派な車庫がそびえ立っています。この車庫は朽木から能家・生杉といったローカルバス路線の拠点でもありましたが、コミュニティバスへの転換などで、いま停泊するバスはほとんどありません。

※この先は、筆者が実際に乗り継いでいないため、机上調査の情報を掲載させていただきます。

江若交通朽木車庫

・第4ランナー：安曇川駅～新旭駅　高島市コミュニティバス「新旭安曇川線」〈1日目4本目　220円〉※1日6便、利用30分前までに要予約

・第5ランナー：新旭駅～木津浜　高島市コミュニティバス「新旭町西循環線」〈1日目5本目　220円〉

・木津浜～近江今津駅　徒歩1・4㎞

・第6ランナー：近江今津駅～マキノ病院前　高島市コミュニティバス「高島運動公園線」〈1日目6本目　220円〉

・マキノ病院前～近江中庄駅　徒歩300m

・第7ランナー：近江中庄駅～国境　高島市コミュニティバス「国境線」〈1日目7本目　220円〉

・国境～疋田　徒歩8・6㎞

・第8ランナー：疋田～敦賀駅　敦賀市コミュニティバス「愛発線」〈2日目1本目　200円〉

Part 2 敦賀～金沢

北陸本線・敦賀～福井間は、開通当初は4か所のスイッチバックで勾配を這い上り、海岸線を進むルートをとっていました。しかし1962年の北陸トンネル開通で、内陸部の山岳地帯を貫くルートに変更されています。

2023年度末の北陸新幹線・金沢～敦賀間開業とともに、この区間の在来線は第三セクター鉄道に転換される予定。一方で並行する路線バスはこれまでと変わらず、かつての北陸本線ルートである海沿いをコトコトと進みます。

・第9ランナー：敦賀駅～元比田　敦賀市コミュニティバス「東浦線」〈2日目2本目　200円〉

敦賀駅を出たバスは、福井県道8号沿いに海岸線をひたすら北上していきます。旧・北陸本線のトンネル群は1㎞ほど東側にあるものの、標高差200mほどの山の中。バスからはまったく見えません。

かわりに、駅があった葉原・杉津（すいづ）などのバス停名から、当時の鉄道の名残を想像で思い浮かべるのはいかがでしょうか。

・元比田～河野　徒歩5㎞

この徒歩区間は、2015年放送の『ローカル路線バス乗り継ぎの旅』第15弾でも、途中で災害復旧工事中のため徒歩移動が難しいとの理由で、別途ロケ車両で移動となった区間です。バスの運転手さんによると「トラックの抜け道になっていて、もともと歩行者が歩ける道ではない」とのこと。敦賀まで引き返して、列車で武生まで移動して、行った気分だけ味わってからバス乗り継ぎを再開するのが良いでしょう。

元比田バス停から河野方面を眺める

・第10ランナー：河野～たけふ新駅　福井鉄道バス「王子保―河野海岸線」（糠長島発）〈2日目3本目　850円〉

河野からは国道8号・春日野峠を越えて越前市武生（旧・武生市）の市街地へ。バスの終点となるターミナルは、福井鉄道・福武線の駅名の改称に伴って、2022年に「たけふ新駅」と名称を変更。これまでの越前武生駅という名称は、北陸新幹線の駅名として転用される予定です。

・第11ランナー：越前武生駅～織田（おた）　福井鉄道バス「越前武生海岸線」（かれい崎行き）〈2日目4本目　740円〉

・第12ランナー：織田～福井駅前　京福バス「清水グリーンライン織田線」〈3日目1本目　730円〉

かれい崎バス停

越前町織田地区には、1972年まで福井鉄道鯖浦線の終点・織田駅があり、海岸沿いの集落に向かうバスがここから発着していたといいます。駅があった場所は現在「織田バスターミナル」となり、武生・鯖江・福井からのバスが、織田で乗り換えることなく、直接目的地に向かっています。

他にも、海岸線の「かれい崎」バス停経由で、武生〜かれい崎〜福井駅と移動可能です。

永平寺停留所で発車を待つバス

・第13ランナー：福井駅〜丸岡バスターミナル　京福バス「丸岡線」（丸岡城行き）〈3日目2本目　670円〉

・第14ランナー：丸岡バスターミナル〜芦原温泉駅　京福バス「芦原丸岡永平寺線」（三国観光ホテル前行き）〈3日目3本目　570円〉

福井県は大正・昭和初期に民間の鉄道会社が誕生した「私鉄王国」でした。

特に、座禅修行の道場としても知られる永平寺には、福井方面から京都電燈越前電気鉄道、金津（現在の芦原温泉）・丸岡方面から永平寺鉄道と2社の鉄道が集結。戦時中の統合を経て京福電気鉄道が誕生し、そして現在のえちぜん鉄道に繋がっています。

しかし東古市〜永平寺間の鉄道路線は、2001年の列車事故ののちに廃止。丸岡・金津方面の路線も1969年に廃止となっています。これらの廃止代替バスで、福井市の北隣・あわら市の芦原温泉駅まで、路線バスを容易に乗り継ぐことができます。なお永平寺に行かれたい方は、えちぜん鉄道勝山線・永平寺口駅（旧・東古市駅）からバスか、福井駅東口からの特急バス「永平寺ライナー」（高速道路経由）をどうぞ。

・第15ランナー：芦原温泉駅～吉崎蓮如忌会場（吉崎別院前）　京福バス「吉崎蓮如忌臨時バス」〈3日目4本目　200円〉

室町時代の僧侶・蓮如上人が吉崎御坊を築いた吉崎の街は、市街地に福井県・石川県の境界がある〝県境の街〟でもあります。しかし福井県側からのコミュニティバスは2012年に廃止、吉崎方面は週末のみ運行される「あわらぐるっとバス」として残っていたものの、この書籍の発刊を待たずに2023年3月に廃止となってしまいました。

蓮如上人を偲んで年に数日間行われる、蓮如忌期間のみ運行される臨時バスを活用して乗り継いでみましょう。なお2023年の臨時バス運行スケジュールは、4月22日（土）～5月1日（月）までだったということです。

芦原温泉駅前に待機する「吉崎蓮如忌臨時バス」

・第16ランナー：吉崎～加賀温泉駅　北鉄加賀バス（塩屋発）〈4日目1本目　490円〉

吉崎地区の北側・塩屋地区から大聖寺川を渡り、JR加賀温泉駅へ。

・第17ランナー：JR加賀温泉駅・アビオシティ加賀～小松空港　キャン・バス（日本海観光バス）「小松空港線」〈4日目2本目　550円〉

・第18ランナー：小松空港～小松駅前　北鉄加賀バス「小松空港連絡線」〈4日目3本目　280円〉

キャン・バス　加賀温泉駅にて

ここから観光周遊バス「キャン・バス」で片山津の温泉街を抜けて、小松空港へ。さらにJR小松駅に抜けます。

温泉街の外れには、平安時代末期の武将・木曾義仲が敵方の武将・斎藤実盛の首を洗ったという首洗い池があります。斎藤実盛は、幼き日の木曾義仲を信濃に送り届けた、いわば命の恩人。敵・味方に分かれて戦を繰り広げたものの、1183年にこの地で行われた篠原の戦いで、斎藤実盛は討ち取られてしまいました。木曾義仲は首級が実盛のものであることを知り、涙にくれたといいます。

この池の最寄バス停は「手塚山公園首洗い池」。観光ガイド風のアナウンスで、サラッと「首洗い池」と言われると、なんだかギョッとします。

・第19ランナー：小松駅前〜辰口　北鉄白山バス「佐野線」など〈4日目4本目560円〉

・第20ランナー：辰口〜金沢駅　北鉄金沢バス「辰口線」(緑ヶ丘十丁目発)〈4日目5本目　740円〉

辰口ハイタウンを走行するバス

能美市辰口と言えば、泉鏡花も愛した辰口温泉、石川県内唯一の動物園・いしかわ動物園などのレジャー施設で知られています。しかしその近くの丘陵地帯が辰口ハイタウンとして開発されるなど、近年は金沢方面へのベッドタウン化が進みつつあるようです。

辰口で乗り継ぐ金沢行きのバスは、その辰口ハイタウンからの通勤を担うために、朝6時台・7時台の早朝便が設定されています。そのあと日中の運行はあまりありませんが……。なお他にも、九谷焼の街として知られる「寺井中央」で「42」に乗り継ぐのもアリです。

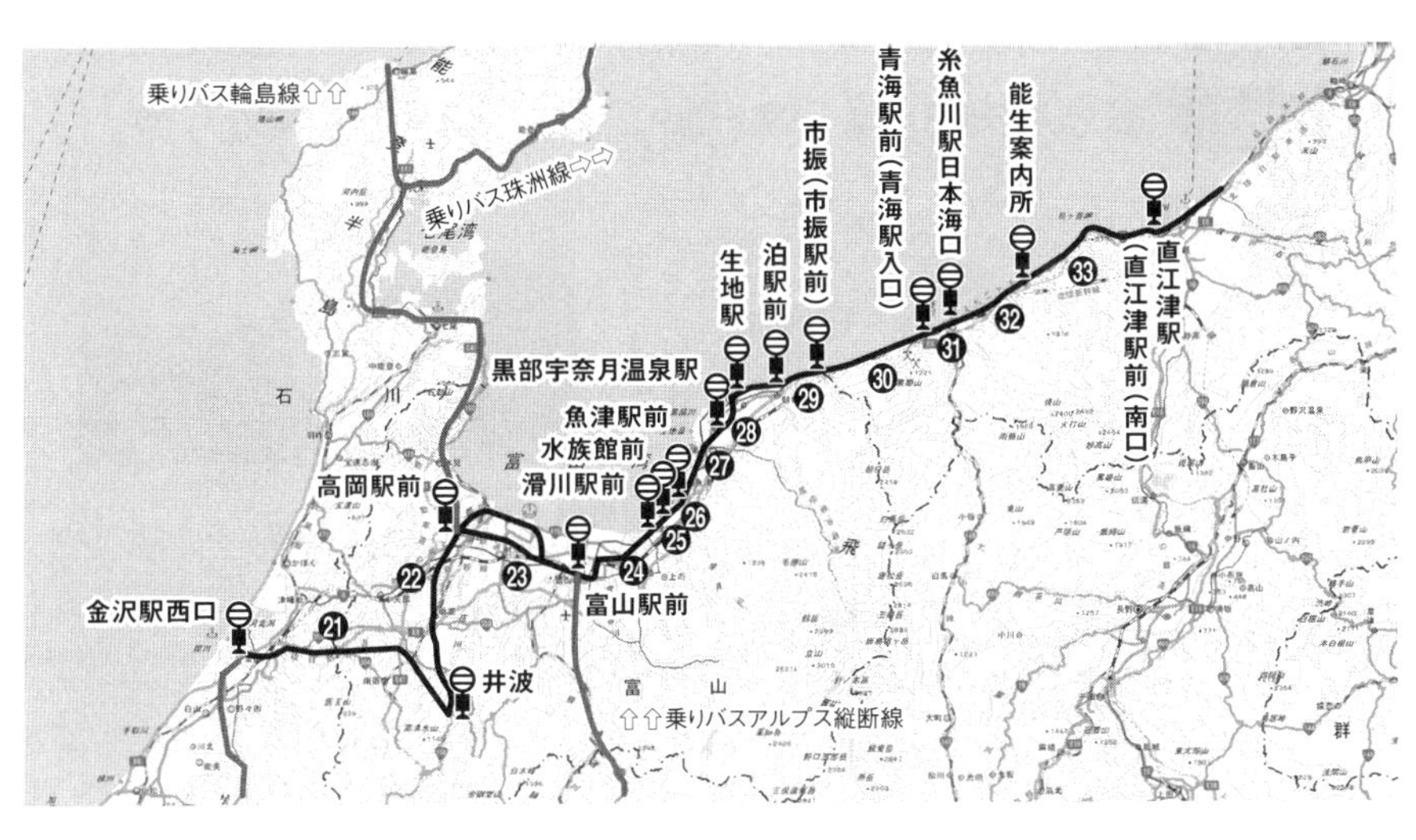

Part 3 金沢～富山～直江津

石川県・富山県の峠越えと言えば難所・倶利伽羅峠が知られていますが、バスはこの倶利伽羅峠から10㎞ほど南側、医王山の山麓を抜けていきます。

富山・新潟の県境付近では長距離の徒歩が必要となりますが、そのあとは意外とスムーズに乗り継ぎが可能です。

・第21ランナー：金沢駅西口～井波　加越能バス「南砺～金沢線」〈4日目6本目　870円〉

金沢市から砺波平野に抜ける加越能バス「南砺～金沢線」は、1997年の北陸新幹線の開業に合わせて開業。金沢と南砺市を1時間以内で結ぶとあって、コロナ前は、3年間で乗車実績が2・6万人から3・6万人に上昇するほど好調を保っていました。

一方で、国道359号を経由していたJRバス「名金線」は伸び悩みが続くようになります。井波ではなく城端線・福

加越能バス「南砺～金沢線」の車両

乗り換え　乗りバス輪島線・珠洲線　高岡〜輪島・すずなり館

加越能バス　高岡駅前〜脇

北鉄能登バス「脇線」脇〜七尾駅前

七尾市コミュニティバス　七尾駅前〜JA高階店前

七尾市コミュニティバス　JA高階店前〜笠師保駅前

七尾市コミュニティバス　笠師保駅前〜能登中島駅

七尾市コミュニティバス　能登中島駅〜横見集会所

徒歩1・2km

北鉄奥能登バス「鹿島線」曽福〜穴水駅前

【輪島方面】北鉄奥能登バス「輪島線」穴水駅前〜輪島

【珠洲方面】北鉄奥能登バス「珠洲宇出津特急」穴水駅前〜すずなり館前など

光を拠点として金沢を結んでいたものの、渋滞が激しいJR森本駅を経由、所要時間が加越能バスより2〜3割かかっていたこともあり、2022年6月をもって金沢市内の路線のみに短縮。1966年に名古屋〜金沢間で通し運行を開始した名金急行線ルートは徐々に縮小し、最後の県境越え区間が消滅しました。

・第22ランナー：井波〜高岡駅前　加越能バス「荘川小牧線」(庄川町発)〈4日目7本目　780円〉
・第23ランナー：高岡駅前〜富山駅前　富山地方鉄道「高岡線」〈4日目8本目　750円〉

乗り継ぎ地点となる「井波」バス停の前には、1972年に廃止された加越能鉄道加越線の井波駅がそのまま残されています。高岡方面へのバスの始発地点は、加越線の終点だった庄川町駅から。鉄道の始点は石動(いするぎ)駅でしたが、こちらは高岡駅を目指します。

・第24ランナー：富山駅前〜滑川駅前　富山地方鉄

乗り換え　乗りバス・地鉄射水線ルート　高岡〜新港東口〜富山

高岡駅から新湊市を経由して富山市内を結んでいた富山地方鉄道射水線は、富山新港の開削によって途中区間が海に変わるという、自力ではどうしようもない理由で、1966年に路線が分断。高岡市側の区間は路面電車・万葉線としていまも残っていますが、富山市側の区間は1980年に廃止となりました。

この射水線のルートを、バスや渡船でたどってみましょう。

富山地方鉄道「10」「11」など　高岡駅前〜小杉駅前

射水市きときとバス「市民病院・太閤山線」小杉駅前〜市民病院

射水市きときとバス「新湊・大門線」市民病院〜越ノ潟

富山県営渡船　越ノ潟港〜堀岡港

地鉄バス「91」「14」新港東口〜富山駅前

※高岡駅前〜越ノ潟間は路面電車「万葉線」利用でもOK

道「滑川線」〈5日目1本目　810円〉

・第25ランナー：滑川駅前〜水族館前　滑川市のるmycar「北部循環ルート」〈5日目2本目　100円〉

富山駅前の城址大通りを南に進んだバスは、国道41号に入ってほどなく北側に大きく回り込み、常願寺川・白岩川の河口に近い水橋地区に向かいます。はるか南側には立山連峰、水橋を越えると富山湾も見えて、その車窓は1時間近く乗車していても飽きません。

滑川駅でバスを乗り継ぎ、早月橋で早月川を渡って、魚津市の西端に位置する魚津水族館へ。

JR富山駅　バスロータリー

COLUMN

直江津駅では駅弁・駅そばを食すべし！

直江津の駅弁といえば、「駅弁味の陣2019」で見事に「駅弁大将軍」（グランプリ）を獲得した鮭めしは外せません。ほか鱈めしや、単品のする天（するめ天ぷら。日本酒に合う！！！）も絶品です。

また駅の北側出口にある駅そば「直江津庵」では、身の柔らかい小魚・めぎすの天ぷらを乗せためぎすそばが名物（季節限定）。また駅前のそば店として親しまれてきた「塚田そば」も駅徒歩10分ほどの場所にあり、2〜3回訪れてそれぞれ寄っていきたいものです。

※魚津〜富山・新潟県境は実際に乗り継いでいないため、机上調査の情報を掲載させていただきます。

・第26ランナー：水族館前〜魚津駅前　魚津市民バス「市街地循環ルート東回り」〈5日目3本目　200円〉
・第27ランナー：魚津駅前〜黒部宇奈月温泉駅　魚津市「おもタク」（魚津市役所前発）〈5日目4本目　1000円〉※要予約
・第28ランナー：黒部宇奈月温泉駅〜生地駅　黒部モビリティサービス「新幹線生地線」（魚の駅「生地」行き）〈5日目5本目　200円〉
・生地駅〜泊駅前　徒歩14・4km

入善町内には町営バス「のらんmy car」が運行されていますが、南北方向の路線しかないため、乗り継ぎでの移動には使えないようです。なお2020年までは社会実験として、黒部宇奈月温泉駅に向かう「入善新幹線ライナー」が運行されていました。

・第29ランナー：泊駅前〜市振　あさひまちバス「市振線」〈6日目1本目　200円〉
・第30ランナー：市振駅前〜青海駅前　青海地区コミュニティバス「きらら青海（今村新田入口）・玉の木線」〈6日目2本目　100円〉
※金曜日のみ運行

・第31ランナー：青海駅入口～糸魚川駅日本海口　糸魚川バス「青海・糸魚川線」〈6日目3本目　360円〉

背後に山脈が迫る新潟県糸魚川市は、平地面積のほとんどが海岸線沿いと言っていいでしょう。富山・新潟県境から東隣の上越市までは約40㎞。東西に長い街をカバーする糸魚川バス（頸城自動車系列）の路線網も、また長く東西に延びています。

驚くべきことに、鉄道とぴったり並行しているにもかかわらず、全区間で徒歩を挟まず路線バス乗り継ぎが可能です。

・第32ランナー：糸魚川駅前～能生案内所　糸魚川バス「能生・糸魚川線」（横町五丁目発・西飛山行き）〈6日目4本目　530円〉

・第33ランナー：能生案内所～直江津駅　頸城自動車「32・能生線」（労災病院前行き）〈6日目5本目　1030円〉

糸魚川駅

能生駅

糸魚川市能生地区（2005年までは西頚城郡能生町）のバスの拠点は「能生案内所」と「能生駅前」。「能生案内所」がある市役所支所は、1969年まで北陸本線・能生駅があった場所です。

海岸線の近くを走っていた北陸本線は地滑り災害を受けやすかったこともあり、各駅は700mほど山側に移転。駅の位置も、筒石駅のように300段近い階段をくだったトンネルの中だったり、名立駅のように人里離れた場所だったり。駅を失った市街地をカバーするために、バスが必要とされようです。

なお、能生案内所の前にはスーパーのサンエー、ホームセンターのコメリなどがあり、乗り継ぎ時間をつぶすには最適です。

新潟駅前
潟東営業所
加茂駅前
東三条駅前
長岡駅前（大手口）
柏崎駅前
鯨波3丁目
柿崎バスターミナル
鵜の浜
直江津駅（直江津駅前（南口））
⇧⇧上越乗りバス本線
佐渡海峡
真野湾

Part 4 直江津～新潟

直江津駅（上越市）から、海岸線沿いに路線バスを乗り継いでいきますが、バスは上越市・柏崎市の市境手前で途絶え、10㎞以上の徒歩を要します。

しかし、柏崎から長岡、新潟までのバス乗り継ぎは順調。スイスイと新潟駅に到着可能です。

長岡～新潟は「上越乗りバス本線」でも触れているため、少し区間を変えつつ、一部省略します。

・第34ランナー：直江津駅前（南口）～鵜の浜　頸城自動車「1・上越大通り線」（雁子浜東行き）〈6日目6本目　610円〉

・第35ランナー：鵜の浜～柿崎バスターミナル　頸城自動車「3・浜線」〈6日目7本目　440円〉

頸城自動車「浜線」は、かつては柿崎から直江津市内に直通していました。しかし「上越大通り線」と区間が重複することもあり、2016年には「鵜の浜」での乗り継ぎに変更となっています。

鵜の浜バス停。直江津からのバスは全便がここで折り返しとなる

・柿崎バスターミナル〜鯨波3丁目　徒歩15・0㎞

柿崎〜柏崎間では国道8号と鉄道がぴったり並行していることもあり、バス路線は平成初期に廃止されています。「路線バス乗り継ぎ」となると徒歩しか手段がないものの、特に上越市側の区間では歩道がまったくありません。

徒歩区間に該当する柿崎〜鯨波間は鉄道なら17分、4駅先。素直に鉄道を使った方がよさそうです。

なお、2022年10月、柏崎市側の越後交通路線（谷根〜川内神社前）が区間短縮。それまで13・3㎞だった徒歩距離は15㎞まで伸びました。

・第36ランナー：鯨波3丁目〜柏崎駅前　越後交通（川内神社前発）〈7日目1本目　250円〉

谷根地区への乗り入れはなくなってしまったものの、1駅西側のJR鯨波駅近辺までの乗り入れは続いています。いちばん柿崎側に近い「鯨波3丁目」を乗り継ぎ地点に設定しました。

・第37ランナー：柏崎駅前〜長岡駅（大手口）　越後交通「長岡駅—柏崎線」〈7日目2本目　840円〉

柏崎駅前にはアルファーワンなどの、遠くから眺めてもわかる高層階のシティホテルが数軒立ち並んでいます。このエリアにはブルボン本社や発電所などもあり、出張で滞在する人々がかなり多いようです。

柏崎駅前バス停

柏崎～長岡間のバスは、国道8号を経由してゆっくり山道を登る曽地経由、越後線・西山駅を経由、地蔵トンネルへの坂を登る西山経由。いずれも車窓は変化に富み、どちらを選択してもOKです。

・第38ランナー：長岡駅（大手口）～東三条駅前　越後交通「長岡駅―東三条線」〈7日目3本目　780円〉

こちらは、「乗りバス上越線」と重複指定です。

・第39ランナー：東三条駅前～加茂駅前　越後交通「東三条駅前―宮の浦―加茂駅前線」〈7日目4本目　350円〉

・第40ランナー：加茂駅前～潟東営業所　新潟交通観光バス「白根小学校―庄瀬―加茂駅前―新潟経営大学線」（新潟経営大学発）〈7日目5本目　710円〉

JR加茂駅までは信越本線沿いにバスを乗り継ぎます。加茂駅からは信濃川支流・加茂川を下り、2005年までは白根市だった新潟市南区の中心部を抜けて、郊外の「潟東営業所」に向かいます。

・第41ランナー：潟東営業所～新潟駅前　新潟交通観光バス「W70」〈7日目6本目　660円〉

国道460号沿いにある新潟交通・潟東営業所は、近くを上越新幹線が走っているものの、人家などは見当たりません。バスは白根の市街地を抜けた後、国道8号・17号の重複指定区間に入り、JR新潟駅前のバス乗り場に到着。お疲れ様でした！

新潟駅前バスターミナル

関東外かく環状乗りバス線
（茨城・日立〜宇都宮〜沼田）

高速道路の「外環道」といえば、全長80㎞以上にわたって都心の「外かく」を結んでいます。一方で、本書籍も外環状の乗りバスルートを制定してみました。

とはいっても、そのルートは高速道路の「外環道」より100㎞も外側。宇都宮市以外はあまり大きな街を通らず、乗車できる本数も概して少なめなので、心して乗り継ぎましょう。

●日立〜宇都宮

かつて日立市側が日立電鉄バス、烏山近辺が国鉄バス、宇都宮では東野交通によって運営されていた路線をたどります。現在は各社のM&Aと路線譲渡で、事業者は日立電鉄→茨城交通、東野交通→関東自動車、ほか国鉄（JR）バス路線は両社＋自治体のバスに姿を変えています。

・第1ランナー：日立駅〜大甕駅西口　茨城交通「22」「26」（「ひたちBRT」でも可）
・第2ランナー：大甕駅西口〜馬場八幡前　茨城交通「94」
・第3ランナー：馬場八幡前〜常陸太田駅　茨城交通
・第4ランナー：常陸太田駅〜塙　茨城交通
・第5ランナー：塙〜JR烏山駅　那須烏山市営バス
・第6ランナー：JR烏山駅〜小川仲町　那賀川町コミュニティバス「馬頭烏山線」
・第7ランナー：小川仲町〜氏家駅前　関東自動車「氏家・喜連川・馬頭線」
・第8ランナー：氏家駅〜自治センター玄関前　上河内地域路線バス「氏家線」
・第9ランナー：自治センター玄関前〜済生会病院　上河内地域路線バス「済生会病院線」
・第10ランナー：済生会病院〜宇都宮駅西口　関東自動車「01」

●宇都宮〜沼田

こちらは日光白根山ロープウェイ〜鎌田（群馬県片品村）間が季節運行です。天候によっても運休する場合があるので、事前に運行スケジュールや天気予報などを確認していきましょう。

・第11ランナー：宇都宮駅西口〜東武日光駅　関東自動車「01」「56」
・第12ランナー：日光駅〜湯元温泉　東武バス「YK」
・第13ランナー：湯元温泉〜日光白根山ロープウェイ　関越交通
・第14ランナー：日光白根山ロープウェイ〜鎌田　関越交通
・第15ランナー：鎌田〜沼田駅　関越交通

乗りバスアルプス横断線

（塩尻・松本～高山～富山）

「北アルプス」と呼ばれる山岳地帯を貫いて、長野県松本市～岐阜県高山市、そして富山までバスを乗り継いで行きましょう。

なぜこの路線を乗りバスルートに設定したか……それはもう「景色がいいから」。こういった個人の嗜好で好きにルートを設定できるのが、乗り継ぎ旅の醍醐味です。

●松本～高山

松本市側はアルピコ交通上高地線・新島々駅前のバスターミナルを起点として、各地にバスが発車しています。乗り継ぎポイントは、以下に記す上高地経由以外に、乗鞍経由でもOKです。

なお2都市直通の特急バスもありますが、有料道路の安房峠道路を経由するので、当書籍ではルートから除外します。

- **第1ランナー：松本バスターミナル～新島々～上高地バスターミナル　アルピコ交通「松本―新島々―上高地線」（松本バスターミナル発便は要・予約。通常便は新島々始発、アルピコ交通上高地線から乗り継ぎ）**
- **第2ランナー：上高地バスターミナル～平湯温泉　アルピコ交通「上高地シャトルバス」**
- **第3ランナー：平湯温泉～高山濃飛バスセンター　濃飛バス各路線**

●高山～富山

高山から北上するバスは、郊外を抜ける国道41号ではなく、JR高山本線沿いの生活道路をうねうねと抜けていきます。そして2006（平成18）年に廃止となった神岡鉄道の終点・神岡で乗り換え、猪谷・富山と乗り継いで行きます。

- **第4ランナー：高山濃飛バスセンター～濃飛バス神岡営業所　濃飛バス「古川・神岡線」**
- **第5ランナー：濃飛バス神岡営業所～猪谷駅前　濃飛バス「上宝神岡線」**
- **第6ランナー：猪谷～富山駅前　富山地方鉄道「31」**

第10章

中央乗りバス本線（名古屋駅〜塩尻駅〜東京駅）

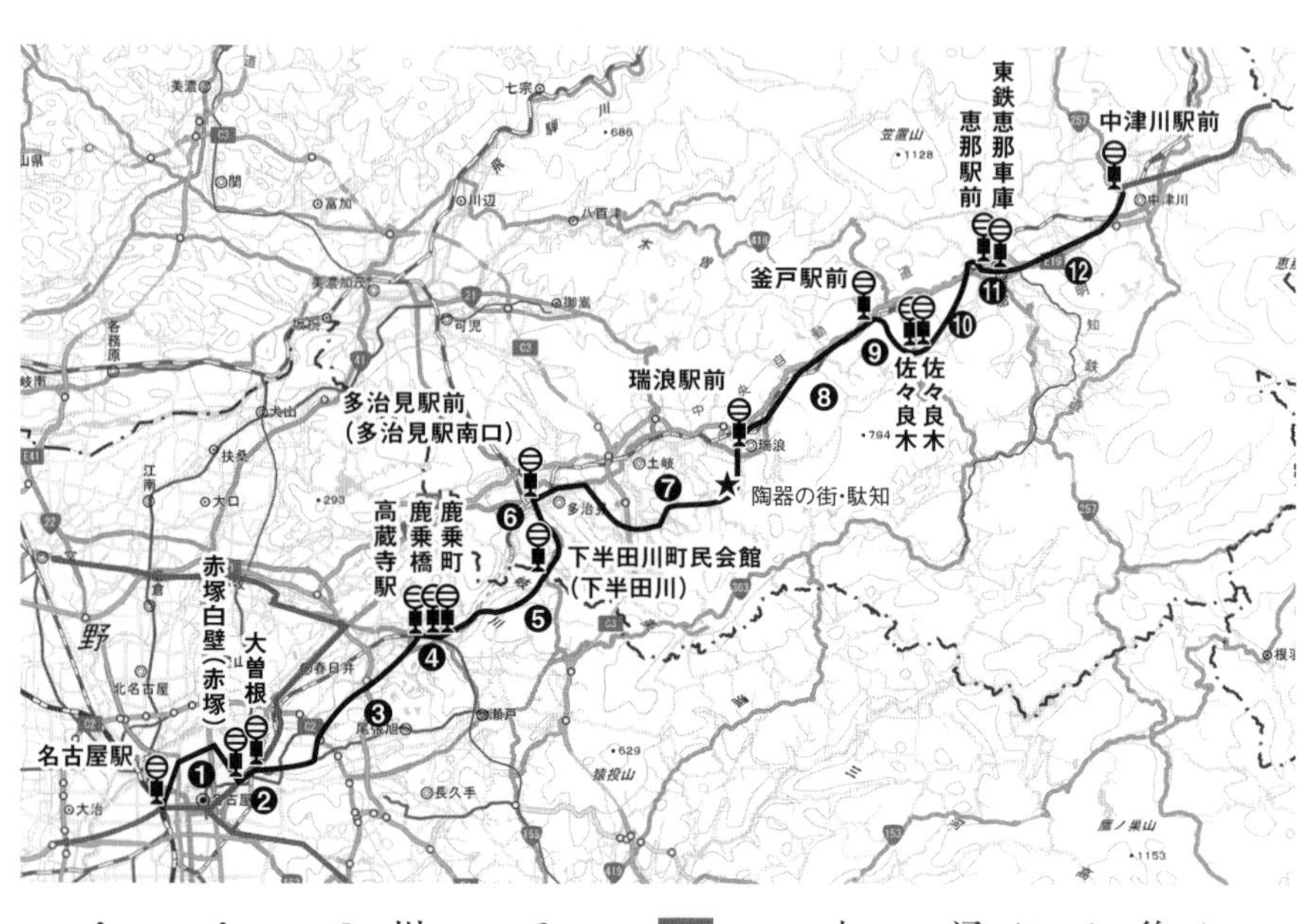

東京側の〝中央東線〟区間は私鉄・甲武鉄道として1889年に新宿～立川間が開通。現在の終点・塩尻まで延伸開業させた直後の1906年に国有化されます。一方で〝中央西線〟区間は1900年の名古屋～多治見間の開通に始まり、1911年5月にようやく全通。たった20年少々で、約400㎞の中央本線が全通したのです。

この中央本線の沿線を、路線バスで乗り継いでみましょう。途中には数々の難所がありますが、意外と繋がります。

Part 1 名古屋～中津川

中央西線の中でも名古屋～中津川間は、1時間2～4本の快速で1時間少々。名古屋への通勤圏としては十分に許容範囲です。沿線も名古屋市・春日井市・多治見市・土岐市・瑞浪市・中津川市と、それぞれ規模の大きな街ばかり。路線バスを乗り継いでの移動は、まっすぐに進めないものの、十分に可能です。

- 第1ランナー：名古屋駅～赤塚白壁　名古屋市交通局「基幹2」（猪高車庫行き）〈1日目1本目　210円〉
- 第2ランナー：赤塚～大曽根駅　名古屋市交通局「幹名駅1」（名古屋駅発）〈1日目2本目　210円〉

名古屋市東区内　出来町通りを走るバス

「中央乗りバス本線」スタートは、名古屋市独自の基幹バスから。「基幹2号」系統で、道路中央部の専用バスレーンを突っ走る〝快速走行〟を味わいましょう。

全国のバスレーンの中でも、道路中央部にバスレーン・乗り場が設置されている中央走行方式区間を採用しているのは名古屋の基幹2号系統のみ。道路上のパッと見は路面電車と同様ですが、バスは道路中央部でかなりスピードを出すため、渋滞で動かないクルマをどんどん追い抜いて進みます。

専用バスレーンの終点・引山まで乗車したいところですが、次のバス乗り継ぎの関係で、大曽根行きに乗り換えましょう。

なお、名古屋駅～大曽根間は、「幹名駅2」系統であっさり直通が可能。実は、乗り換える必要はありません。……すみません、道路の真ん中をバスがぶっ飛ばすこの区間を、どうしてもルートに入れたかったのです。

・第3ランナー：大曽根～高蔵寺駅　名古屋ガイドウェイバス「ゆとりーとライン・志段味線」〈1日目3本目　440円〉

2001年3月23日に運行を開始した「ゆとりーとライン」は、日本で初めてガイドウェイバスシステムを導入しています。

高架上の専用軌道区間では自動走行、運転手さんもハンドルにノータッチ。高架を降りて一般道に入ってから、通常のバスと同様の運転をはじめます。

いつもクルマで混み合う砂田橋交差点を専用高架で抜けるため、朝晩のラッシュ時でも渋滞知らず。しかし近年では、専用軌道の終点の先にコストコが開業したため、週末に渋滞にハマるようになったのが悩みどころです。

なお、基幹バスとゆとりーとラインはどちらも一般路線バスの枠組み内として、「中央乗りバス本線」ルートに組み込みました。法律的には高架区間のみ鉄軌道扱いなので、避ける場合は以下のルートをどうぞ。

・名鉄バス「本地ヶ原線」名鉄バスセンター〜瀬戸駅前 ↓ 名鉄バス「瀬戸北線」瀬戸駅前〜新瀬戸駅 ↓ 名鉄バス「瀬戸水野線」新瀬戸駅〜中水野駅 ↓ 瀬戸市コミュニティバス「下半田川線」 ↓ 多治見方面へ

・第4ランナー：高蔵寺駅〜鹿乗橋　名鉄バス「玉野台循環線」〈1日目4本目　170円〉

・鹿乗橋〜鹿乗町　徒歩200m

高蔵寺駅から、庄内川にかかる鹿乗橋たもとのバス停までは、1㎞少々。運転本数も1時間1〜2本とそこまで多くないので、次に乗り継ぐ「鹿乗町」バス停まで、約1・4㎞ほど歩いても良いでしょう。

・第5ランナー：鹿乗町〜下半田川町民会館　瀬戸市コミュニティバス「下半田川線」（陶生病院発・妻之神行き）〈1日目5本目　100円〉

・第6ランナー：下半田川〜多治見駅前　東鉄バス「下半田川線」〈1日目6本目　340円〉

高蔵寺〜多治見間の愛知県・岐阜県境越えでは、JR中央本線は山岳部を約3㎞の愛岐トンネルで抜けています。並行道路はほぼ人家がなく、路線バスの運行もありません。

この愛岐トンネルの南側、瀬戸市側に回り込んで、縁結びの神様・妻神神社が

東鉄バス・駄知車庫。2022年に閉鎖となった

COLUMN

中津川駅のコーヒースタンド&駅そば

JR中津川駅構内では、昔ながらの駅ナカ喫茶店や駅ナカコーヒースタンドが、いまも営業を続けています。

2軒のお店はバックヤードで繋がっているようで、さっきまでそばを茹でていたおじいさんがコーヒーを淹れて、トーストを焼いて……と大忙し。どちらも至って普通のお店ですが、立ち寄っていきたいものです。

ある下半田川地区で、多治見市側の東鉄バスに乗り継ぎましょう。

・第7ランナー：多治見駅前南口~東駄知~瑞浪駅前　東鉄バス「瑞浪=東駄知=多治見線」〈1日目7本目　610円〉

東鉄バスの前身となる東濃鉄道は、中央線の誘致が叶わなかった駄知・笠原への鉄道路線を運営していました。

なかでも、日本三大陶磁器の一つである美濃焼の産地・駄知町に至る鉄道線の駄知線は旅客・貨物ともに好調。1965年の時点で1日の利用客は1・3万人、朝晩には4両編成の電車が満員だったといいます。しかし1972年の豪雨災害で土岐川を渡る橋が流失し、そのまま廃止に。駄知町にあった車庫は線路をアスファルトで埋めたままバス車庫に転用され、鉄道車両の保守を行っていた建物も、そのままバス車庫として転用。鉄道駅の面影を保ったバス車庫・発着所として、50年近くが経過しました。

しかし、この営業所も2022年10月をもって閉鎖。「中央乗りバス本線」で乗車する多治見~瑞浪間のバスも駄知の市街地を経由するものの、この車庫にバスが入っていくことはもうありません。

・第8ランナー：瑞浪駅前~釜戸駅前　瑞浪市コミュニティバス「釜戸=大湫線」(八瀬沢行き)〈1日目8本目　300円〉

・第9ランナー：釜戸駅前~佐々良木　瑞浪市コミュニティバス「釜戸=平山線」

乗り換え　乗りバス中津川線　中津川～高山

中央本線・高山本線間の中津川～下呂を結ぶ予定だった国鉄下呂線は、工事反対運動で着工が遅れたまま、1980年に計画は頓挫しました。しかし、現在もこのルートをバスで乗り継ぐことができます。

北恵那交通「付知峡線」中津川駅前～加子母総合事務所

▼

濃飛バス「加子母線」加子母総合事務所～下呂バスセンター

▼

濃飛バス「下呂線」下呂バスセンター～高山濃飛バスセンター

（ＪＡ釜戸支店発・滝上行き）〈1日目9本目　100円〉

・佐々良木（瑞浪市）～佐々良木（東鉄）　徒歩500ｍ

・第10ランナー：佐々良木～恵那駅前　東鉄バス「三郷線」（椋実発）〈1日目10本目　200円〉

瑞浪市の「佐々良木」バス停と、恵那市の「佐々良木」バス停は、同じ名前でも500ｍほど離れているので注意。なんじゃもんじゃ（ヒトツバタゴ）の花が咲く、愛称・東濃なんじゃもんじゃ街道を500ｍほど歩きます。

・第11ランナー：恵那駅前～東鉄恵那車庫　東鉄バス〈1日目11本目　200円〉

・第12ランナー：東鉄恵那車庫～中津川駅前　北恵那交通「坂本三坂線」〈2日目1本目　580円〉

恵那市内では、2本のバスを乗り継いで中津川市内に入ります。東鉄恵那車庫～中津川間の路線は、東鉄バスが2020年に撤退、北恵那交通が新路線を立ち上げ、運行を維持しています。

中津川駅

Part 2 中津川〜塩尻

中津川からは、木曽川やJR中央本線、そして旧街道・中山道に沿って、路線バスで国道19号を北上していきます。沿線人口はそこまで多くないものの、路線バスは鉄道がカバーできない病院・学校・スーパーなどを経由するため、なかなか重宝されているようです。

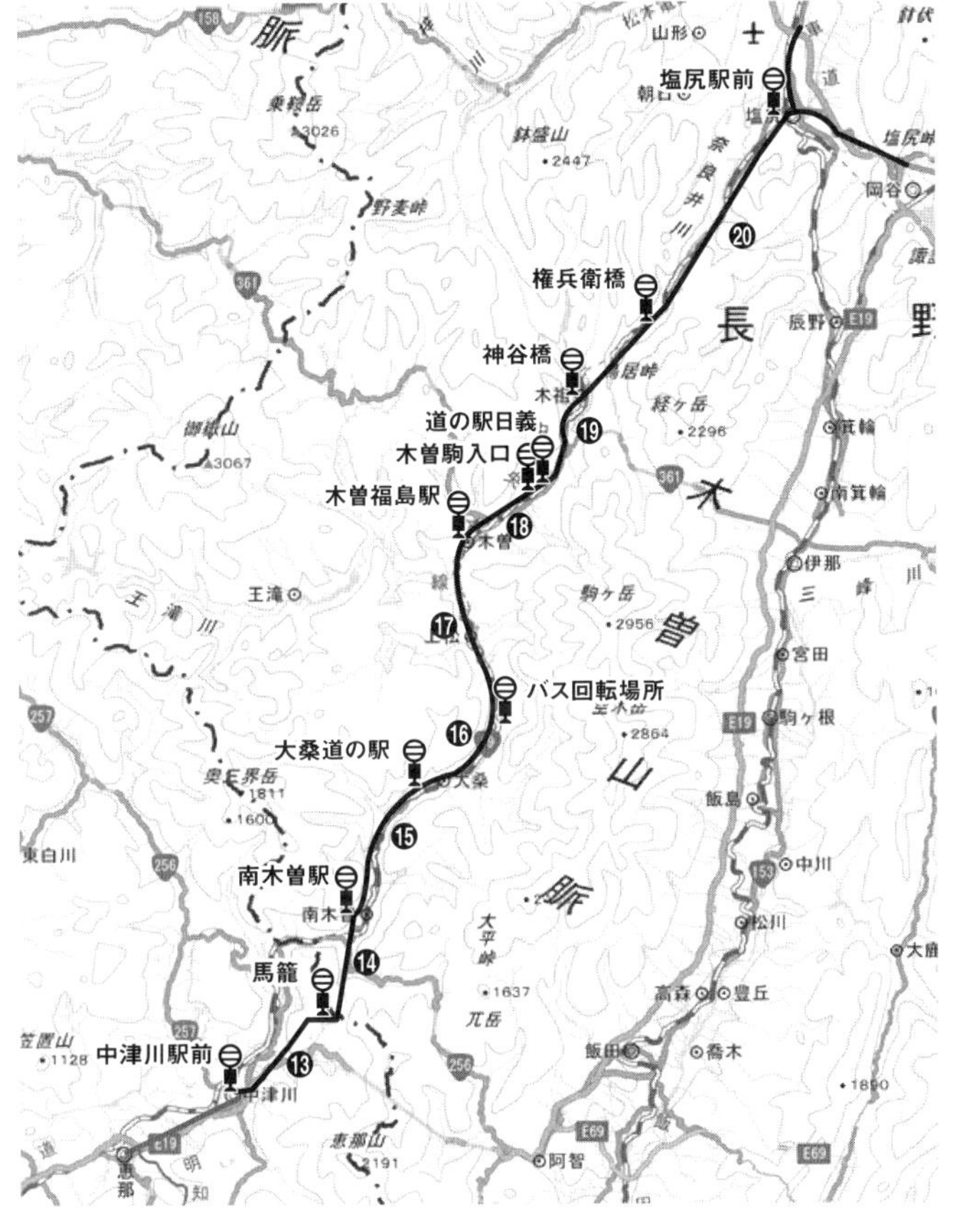

・第13ランナー：中津川駅前〜馬籠
北恵那交通「馬籠線」〈2日目2本目
570円〉

・第14ランナー：馬籠〜南木曽駅　南木曽町地域バス「馬籠線」〈2日目3本目　800円〉

江戸時代の街道である中山道の宿場町・馬籠宿は、石畳の坂に並び建つ往時の家並みが人気を博し、いまや年間100万人もの人々が訪れる一大観光スポットに成長しました。路線バスも岐阜県側は中津川駅から、長野県側は南木曽駅から出ており、県境を越えての乗り継ぎが可能となっています。

他にも、北恵那交通「坂下線」で坂

下駅まで行き、300mほど先にある「坂下診療所」から大桑村くわちゃんバスへの乗り継ぎも可能です。

馬籠バス停に停車する「おんたけ交通」バス

・第15ランナー：南木曽駅～大桑道の駅　大桑村くわちゃんバス「坂下診療線」（坂下診療所発）〈2日目4本目　200円〉
・第16ランナー：大桑道の駅～バス回転場所　大桑村くわちゃんバス「野尻・須向線」〈3日目1本目　200円〉
・第17ランナー：バス回転場所～木曽福島駅　上松町コミュニティバス「倉本線」（本町行き）〈3日目2本目　400円〉

大桑村営のくわちゃんバスは、本数こそ少ないものの、時刻表の表記を「上り・下り」ではなく「大桑村から南木曽・坂下に行く便・帰る便」にするなど、細かい工夫が随所に見られます。

村内のバスの系統は、「（南隣の）中津川市の診療所に行く系統」「（上松町を挟んで北隣の）木曽町の病院・スーパーに行く便」と分かれています。後者は、大桑村・上松町境にある「バス回転場所」で乗り継ぐ便と、回転場所には寄らずに木曽町内のAコープ・総合病院に行く系統（JR木曽福島駅には立ち寄らない）となかなか複雑ですが、いずれにせよバスでの大桑村・上松町・木曽町間の乗り継ぎは可能、ということで。

バス回転場所

乗り換え　塩尻〜松本、どう行く？＆乗りバスアルプス縦断線

塩尻〜松本間は、以下のルートで路線バスの乗り継ぎが可能です。

塩尻市地域振興バス・すてっぷくん「塩尻北部線」塩尻駅前〜まつもと医療センター

▼

松本市コミュニティバス「寿台線」　まつもと医療センター〜松本バスターミナル

その先は、乗りバスアルプス横断線（松本〜上高地〜高山〜富山）へ乗り換えをどうぞ！

・第18ランナー：木曽福島駅〜木曽駒入口　木曽町生活交通システム「木曽駒高原線」（大原上行き）〈3日目3本目　200円〉

中津川〜塩尻間のJR中央本線で、特急「しなの」が停車するのは、南木曽駅・木曽福島駅のみ。中でも木曽福島駅の前には観光案内所や土産物屋が立ち並ぶ、一大観光拠点です。しかし福島町の中心部や病院・スーパーは少し谷底にあり、この駅を出たバスはいったん谷底の街に降りて、乗客を拾って国道16号を北上していきます。

JR木曽福島駅前

・木曽駒入口〜道の駅日義　徒歩200m

徒歩距離はごくわずか。時間まで道の駅日義、で木曽牛コロッケ、とうもろこしソフトクリーム、五平餅をどうぞ！

木曽町生活交通システムのバス停

・第19ランナー：道の駅日義〜神谷橋　木曽町生活交通システム「日義巡回線」〈3日目4本目　100円〉

旧・日義村の村営バスとして運行されていた「日義巡回線」で木曽町の北端を目指します。

・神谷橋〜権兵衛橋　徒歩8・8㎞

このあと国道19号は木祖村、塩尻市と繋がっていきます……が、木祖村内のバスはすぐに国道を外れて山間部に入ってしまうので、乗り継ぎには使えません。

・第20ランナー：権兵衛橋〜塩尻駅前　塩尻市地域振興バス・すてっぷくん「楢川線」〈3日目5本目　100円〉

2005年に塩尻市に合併された旧・楢川村から、国道19号を経由して塩尻駅へ。中央西線沿いの路線バスの旅、いったんこれにて完結！　このあとは、〝中央東線〟区間へどうぞ。

Part 3 塩尻〜甲府

・第21ランナー：デマンドバス「のるーと塩尻」　塩尻駅前〜御野立口〈4日目1本目　400円〉

塩尻市では、市営の路線バス「すてっぷくん」を2024年までにAIデマンドバス（予約制・AIでルートを決めて運行）に転換させる方針です。当初は「アプリや電話での予約に手間がかかる」との声も聞かれたものの、実際に移行してみると、1日数本のバスよりはバス停より乗車地点が多くて、時間の自由が利くデマンドバスは評判がよく、全面移行への異論はさほど起きないままだったと言います。

2023年3月には、当書籍で「中央乗りバス本線」に組み入れる予定だった「すてっぷくん・東山線」（塩尻駅前

~御野立口間）をデマンドバスに転換。よって、同ルートのデマンドバスを「乗りバス本線」に指定します。

・御野立口~岡谷市看護専門学校前　徒歩2・4㎞

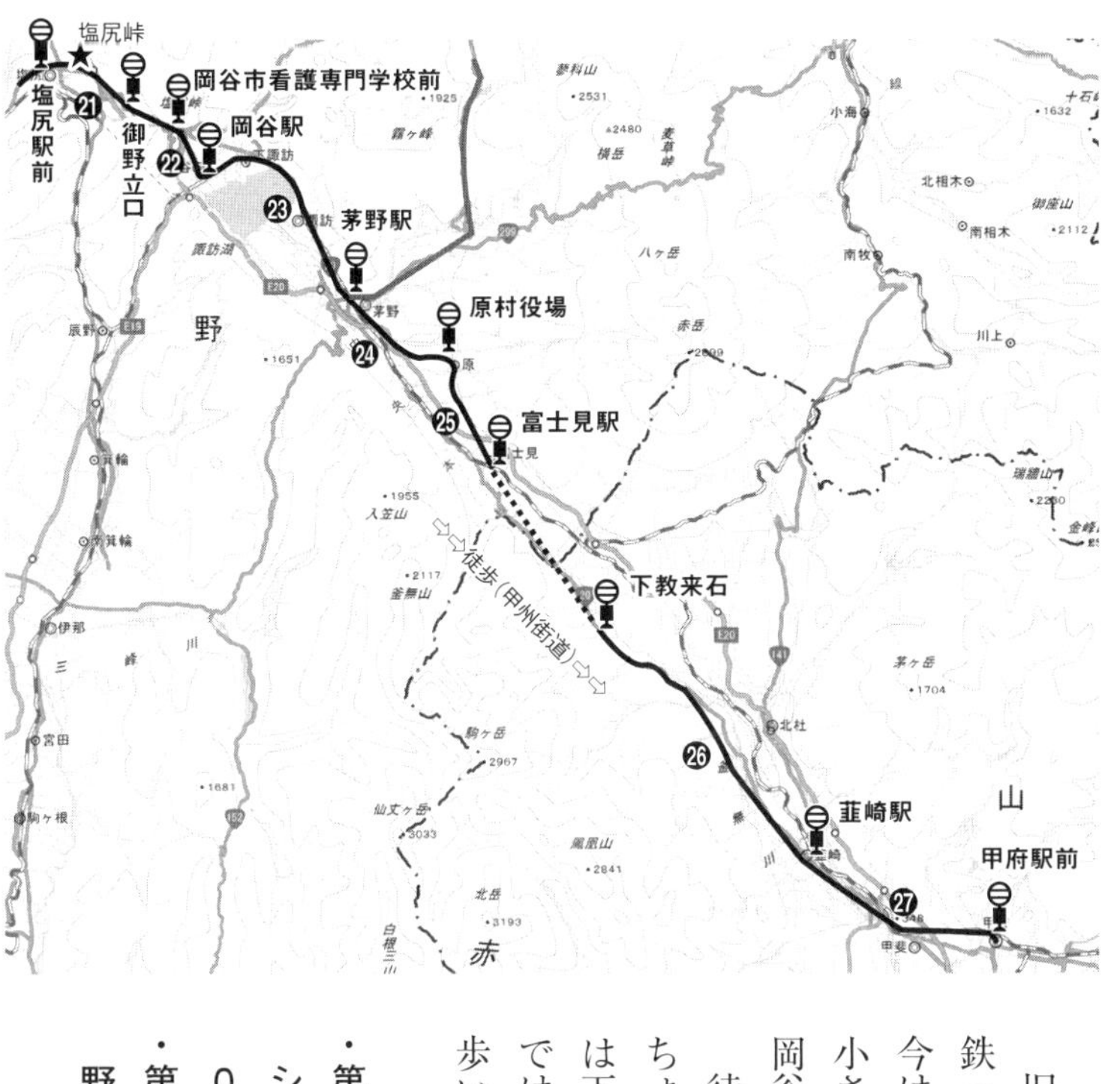

旧街道・中山道の難所である塩尻峠は、かつては松本電鉄（現在のアルピコ交通）や国鉄バスなどのルートでした。今はすべてのバス路線が消滅し、沿道にはバスが停車する小さなスペース（バスベイ）がところどころに残るのみ。岡谷市内まで徒歩で移動しましょう。

徒歩区間はそれなりに坂があるものの歩道も広く、ちょっとしたトレッキング感覚で移動が可能。次のバス停は下り坂の途中にある専門学校の前にあり、JR岡谷駅まではずっと下り坂で5㎞ほど。乗車時間が合わなかったら、歩いても良いかもしれませんね。

・第22ランナー：岡谷市看護専門学校前~岡谷駅　岡谷市シルキーバス「やまびこ公園線」〈4日目2本目　150円〉
・第23ランナー：岡谷駅~茅野駅　アルピコ交通「岡谷茅野線」〈4日目3本目　930円〉

乗り換え　乗りバス白樺湖支線　茅野～白樺湖～草津温泉

白樺湖を越えて、上田・草津温泉まで。絶景に次ぐ絶景の乗りバス路線を設定してみました。

アルピコ交通「白樺湖・車山高原線」茅野駅～東白樺湖
↓
たてしなスマイル交通「シラカバ線」東白樺湖～立科町役場前
↓
東信観光バス「中仙道線」立科町役場前～大屋駅前
↓
千曲バス「鹿教湯線」大屋駅前～上田駅前
↓
上田バス「上田草津線」上田駅前～草津温泉バスターミナル

諏訪湖の北側をぐるりと回り込み、国道20号をひたすら走り抜けていきます。

これから路線バスを乗り継いで行く茅野市・富士見町・北杜市は、いずれもバス路線の大幅縮小を行っています。特に茅野市は、2022年10月に、一挙に13路線をデマンドバス「のらざあ号」（予約制）に切り替えたばかり。さっそく乗車してみたところ利用者はそこそこに見られるようで、まさかの3時間待ち……。

その中で岡谷～茅野間は市外に向かう路線ということで存続となりましたが、経営状況は芳しくない様子。乗り継ぎ体験はお早めに。

茅野駅バス乗り場

・第24ランナー：茅野駅～原村役場　「穴山・原村線」（払沢車庫行き）〈4日目4本目　640円〉

・第25ランナー：原村役場前～富士見駅　セロリン号（原村循環線）〈4日目5本目　300円〉

茅野市からは、茅野観光バスが委託を受けて運行する、諏訪郡原村方面の

乗り換え

乗りバス富士登山線
甲府～富士吉田～富士山頂～三島

せっかくここまで来たので、乗りバスついでに富士山にも立ち寄っていきましょう。帰りももちろん路線バスで。

富士急バス「甲府線」甲府駅南口～富士山駅

▼

富士急バス「富士山線」富士山駅～富士山五合目

▼

徒歩7km（富士登山・吉田ルート）

▼

富士山頂

▼

徒歩4・3km（富士登山・富士宮ルート）

▼

富士急シティバス「特急・準急　ぐりんぱ・イエティ・水ヶ塚公園・富士山富士宮口五合目線」富士宮口五合目～三島駅南口

バスに乗り継ぎます。

原村は天狗岳・赤岳・西岳の山並みも美しく、村内には別荘地や観光農園、美術館などもあり、お隣の茅野市・北杜市とは少し違った雰囲気。なおこの村は、もう１００年以上も他地域と合併せずに独立を保っているそうです。

なお、２０２０年までは原村内からＪＲ小淵沢駅に向かう「鉢巻高原リゾートバス」が運行されていました、しかしもともとが期間限定であったところに、運行最終年の２０２０年にコロナ禍が直撃。「運行を休止します。今後の運行予定はありません」とアナウンスされ、その言葉通り復活していません。ということで、次のバス停「下教来石」までは、ＪＲ富士見駅から10km以上の徒歩となります。

・富士見駅～下教来石　徒歩11・0km

長野県から山梨県側に出る道は、この先東京都内の新宿まで続く甲州街道でもあります。かつては山梨県側から茅野方面への路線バスが運行されていましたが、現在は県境の３kmほど手前、「下教来石」バス停で途切れ、周辺にバス路線がないため、バス乗り継ぎにあたっては長距離の徒歩は不可避。『ローカル路線バス乗り継ぎの旅』でも何度も「下教来石」から徒歩という場面が登場したので、記憶に残っている人も多いでしょう。

・第26ランナー：下教来石～韮崎駅　北杜市民バス「韮崎・下教来石線」〈5日目1本目　1030円〉
・第27ランナー：韮崎駅～甲府駅前　山梨交通「8」「35」〈5日目2本目　700～930円〉

「下教来石」バス停の数km先には、甲州街道の宿場町・教来石宿があり、旅人は日本武尊を祀った教来石に旅の安全を願ったと言います。

江戸時代には甲斐・信濃の国境に番所があり、この一帯は宿場町と国境警備を兼ねたエリアであったようです。下教来石から韮崎まで出れば、あとは順調に甲府に到着できます。

Part 4 甲府～橋本

中央本線沿いの甲府～上野原～八王子間はすでにバス路線がなく、小菅村から東京都・奥多摩町へのバスルートも、肝心の奥多摩町～青梅市が寸断。甲府市から東京都内へ乗り継げる路線バスのルートは、ありそうでありません。

その中で、唯一バス乗り継ぎが繋がっている富士吉田・道志ルートで、相模原市に抜けていきましょう。

・第28ランナー：甲府駅南口～富士山駅　富士急バス「甲府線」〈5日目3本目　1600円〉

バスは国道411号を東に進み、石和温泉の南側で、富士登山のための街道・御坂みちに突入。国道137号の新御坂トンネルを越えると、目の前には河口湖が見えて

JR甲府駅

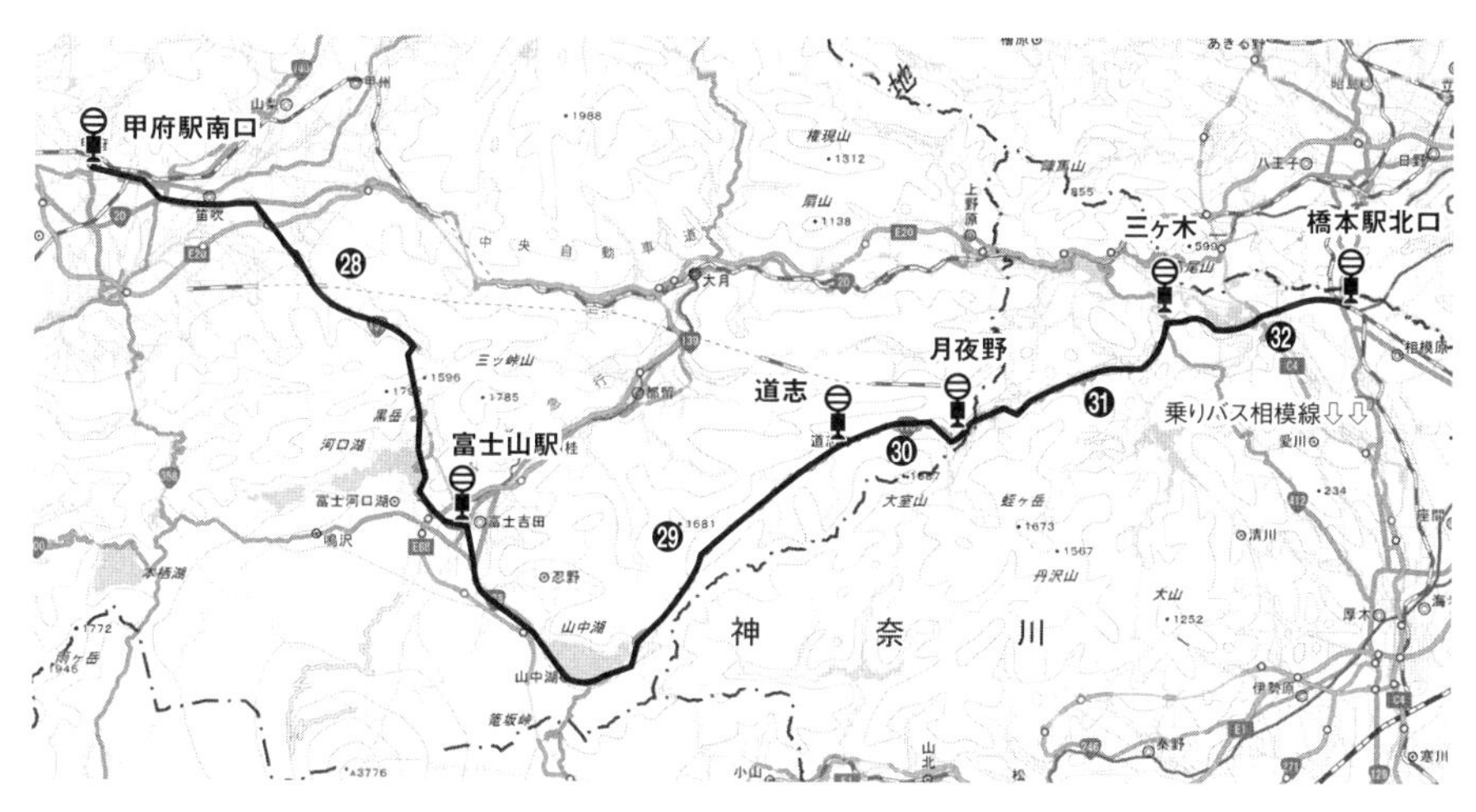

きます。車窓左側に富士急ハイランドを眺めながら、富士急行・富士山駅のバスロータリーに到着。大型連休の際は河口湖駅～富士山駅間で見事に渋滞にハマるので、河口湖駅から電車に乗り換えるものよいでしょう。

なお、石和温泉にほど近い笛吹川のほとりには、信玄餅の工場・直売所ならびにテーマパークがあります。是非とも寄っていきたいものです。

・第29ランナー：富士山駅～道志　富士急バス「道志線」（河口湖駅発）〈5日目4本目　1470円〉

富士山駅で待機する富士急バス

国道138号を南東に進み、富士吉田の市街地を抜けていきます。バスは山中湖の南側を回り込み、山中湖村の旭日丘交差点で、御殿場方面に抜ける国道138号とお別れして道志みち・国道413号へ。このあと相模原市まで、ずっと道志みちを走行します。山伏峠をトンネルで越えて道志村へ。

なお、道志方面の一部便は旭日丘交差点にある「旭日丘バスターミナル」で乗り換えとなるのでご注意ください。

・第30ランナー：道志～月夜野　富士急バス「道志都留線」（都留市駅・長又発）〈6日目1本目　580円〉

道志みちは道志村を東西に貫いており、先ほど乗車してきた「富士山駅～道志村」以外にも、東端の長又地区から西端の月夜野地区を行き来する、村内で完結する「長又～月夜野」系統もあります。道志村の中心部で、月夜野行きに乗り換えをどうぞ。

月夜野バス停。富士急バス・神奈川中央交通が乗り入れる

・第31ランナー：月夜野～三ヶ木　神奈川中央交通「三56」〈6日目2本目　570円〉

道志村の東端にある「月夜野」バス停は、山梨県側から富士急バス、神奈川県側から神奈川中央交通2社が乗り入れています。山あいの狭い土地には、わずかばかりのスペースの転回場と駐車場があり、バスはしばしの休憩をとって引き返していきます。

ただし、両社のバスの運行は年々減少し、山梨県側のバスは日曜日に全便運休に。神奈川県側のバスは、昼の12時55分・月夜野発が最終便となっています。「月夜野」バス停の目の前には旅館やキャンプ場などもあるので、ここで1泊して乗り継ぐのが良いでしょう。ちなみに筆者が泊まった湯川屋旅館さんは、イワナやヤマメ、打ち込みうどんがとても美味でした。

道志小学校に停車するバス

乗り換え　乗りバス相模線　八王子～橋本～茅ヶ崎

神奈川中央交通「八77」八王子駅南口～橋本駅北口

↓

神奈川中央交通「橋52」など　橋本駅北口～相模原駅南口

↓

神奈川中央交通「相02」「相05」相模原駅南口～相模大野駅北口

↓

神奈川中央交通「大53」相模大野駅北口～北里大学病院・北里大学

↓

神奈川中央交通「台13」北里大学病院・北里大学～相武台前駅

↓

神奈川中央交通「海10」相武台前駅～海老名駅東口

↓

神奈川中央交通「長16」海老名駅東口～長後駅西口

↓

神奈川中央交通「長41」長後駅西口～湘南台駅西口

↓

神奈川中央交通「湘11」湘南台駅西口～茅ヶ崎駅

・第32ランナー：三ケ木～橋本駅北口　神奈川中央交通「橋01」「橋03」「橋09」〈6日目3本目　440～550円〉

月夜野～三ケ木のバス運行は1日2往復のみでしたが、ここからは一挙に1時間4～8本に。経由地も、城山ダムの堰堤を抜けて、ひたすら道志みちを走る「橋01」、ダム湖の南側、串川を経由する「橋03」、ダム湖の北側の三井地区を経由する「橋09」と、もう選び放題。京王相模原線もこの近辺まで延伸を計画していたこともあり、橋本駅方面の人の流れは、それなりにあるようです。なお、三ケ木～橋本駅北口の運賃は「橋01」が440円、残りの系統はやや遠回りなこともあって550円。若干違うのでご注意ください。

月夜野バス停。富士急バス・神奈川中央交通が乗り入れる

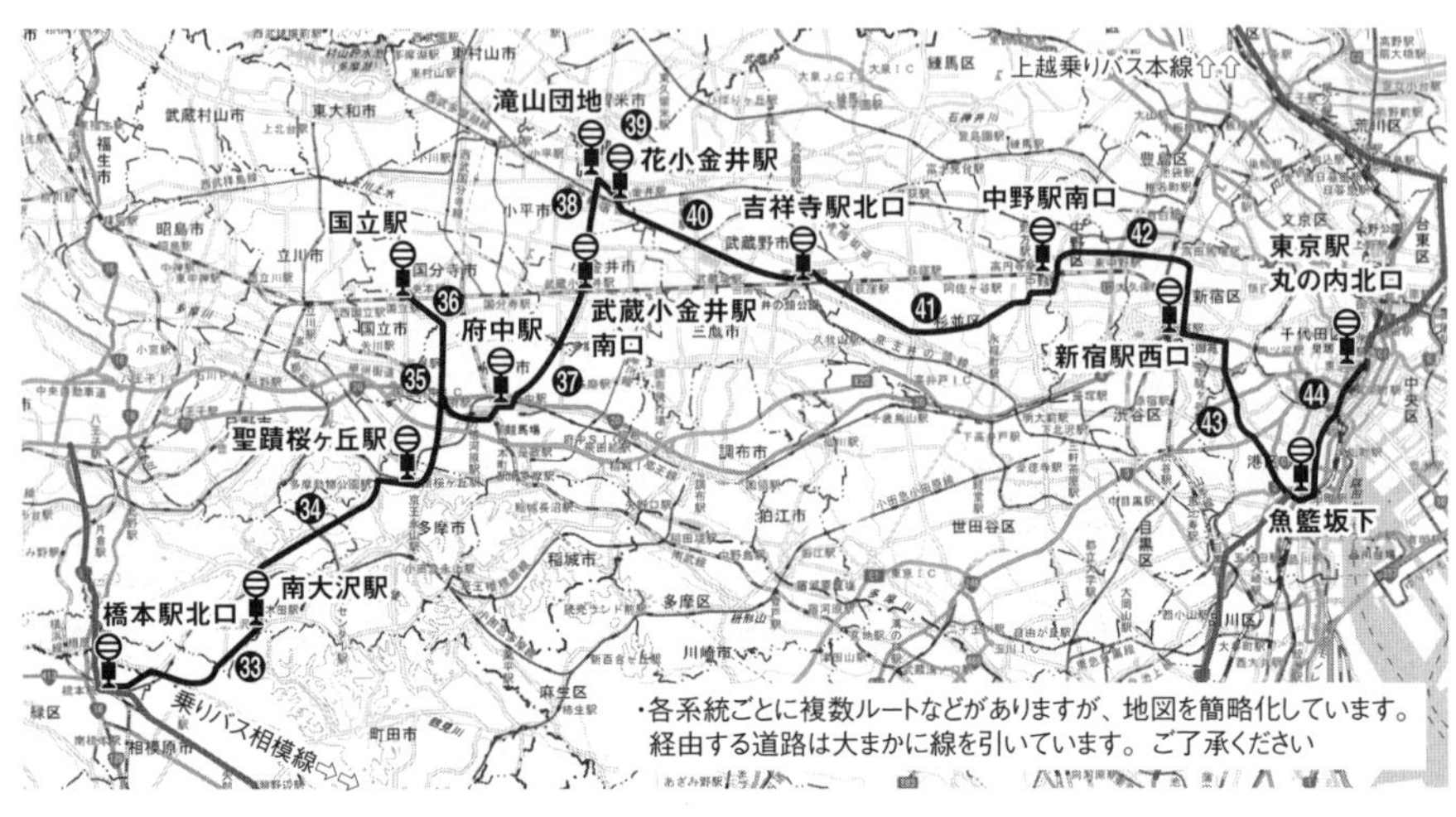

Part 5 橋本～東京

橋本～新宿間であれば京王バス路線だけでも乗り継ぎが可能です……が、他に各社路線に乗車するために、西武バス・関東バスのエリアにも回り込みます。

・第33ランナー：橋本駅～南大沢駅　京王バス「南63」〈6日目4本目　320円〉

・第34ランナー：南大沢駅～聖蹟桜ヶ丘駅　京王バス「桜80」「桜84」〈6日目5本目　360円〉

橋本駅から多摩丘陵沿いを駆け上り、柚木街道から右折して南大沢駅へ。そして南大沢駅からは野猿街道に入り、多摩川南岸の聖蹟桜ヶ丘駅に到着。少し前まで、山岳部の道志みちでバスに揺られていたのが信じられない快適さです。

・第35ランナー：聖蹟桜ヶ丘駅～国立駅　京王バス「国18」〈6日目6本目　330円〉

南大沢駅に停車するバス

・第36ランナー：国立駅～府中駅　京王バス「国17」「国03」「国02」〈6日目7本目　250円〉

京王線の聖蹟桜ヶ丘駅、中央線の国立駅、そしてまた京王線の府中駅とジグザグに進みます。なお急ぐ方は、「国18」の「国立府中インター」で下車し、「国17」（谷保経由）の府中駅行きに乗り換えると良いでしょう。

・第37ランナー：府中駅～武蔵小金井駅南口　京王バス「武71」「武73」〈6日目8本目　250円〉

小金井街道をまっすぐ進む「武71」と東京農工大を経由する「武73」、どちらでもＯＫ！

・第38ランナー：武蔵小金井駅～滝山団地　西武バス「武14」「武15」「武21」〈6日目9本目　250円〉

国立駅で発車を待つバス

・第39ランナー：滝山団地～花小金井駅　西武バス「花01」「花02」「清03」「清03－1」〈6日目10本目　200円〉

1968年から入居が始まった滝山団地は、街なかにケヤキや桜に彩られた歩行者専用道を作ったり、区画のほとんどを分譲大型住宅として設定したりと、それまでの公団住宅とは一線を画したコンセプトで建設されたそうです。そういえば、バスから眺める限りでも、公園は広いし、遊具も多いし……。都内の路線バス乗り継ぎついでに、公団住宅ウォッチングはいかがでしょうか。

・第40ランナー：花小金井駅～吉祥寺駅北口　西武バス「吉64」〈6日目11本目　270円〉
・第41ランナー：吉祥寺駅北口～中野駅南口　関東バス「中36」〈6日目12本目　220円〉

吉祥寺駅南口

吉祥寺駅のバス乗り場は北口・中央口・南口とあり、今回のバス乗り継ぎは北口を経由します。時間に余裕があれば、市道・パークロードに何人ものガードマンの方が立ち、バスを誘導する南口の様子も見ていきましょう。

歩行者が極めて多いこの道路をバスのルートから外すべく、バス乗り場移転を含む吉祥寺駅南口駅前広場事業が検討されているものの、なかなか着手する気配がありません。

・第42ランナー：中野駅～新宿駅西口　京王バス「宿45」〈6日目13本目　220円〉
・第43ランナー：新宿駅西口～魚籃坂下　東京都交通局「品97」（品川駅高輪口行き）〈7日目1本目　210円〉
・第44ランナー：魚籃坂下～東京駅丸の内北口　東急バス「東98」（等々力操車場発）〈7日目2本目　220円〉

新宿～東京間のうち、魚籃坂下バス停から先は「東海道乗りバス本線」などと同ルートです。東京駅に到着、お疲れさまでした！

新宿駅西口で発車を待つ京王バス

第11章

山陰乗りバス本線

（下関～松江～京都）

山口県下関市内から日本海沿岸に回り込み、島根県・鳥取県、兵庫県北部。そして京都に至るJR山陰本線に沿って、路線バスを乗り継いで行きます。

全長673kmにも及ぶ日本最長の鉄道路線（東北本線は盛岡以北が第3セクター鉄道に転換されているため2位）と寄り添うように、全長614kmの国道9号が並行しており、このルートに沿って進んでいきます。

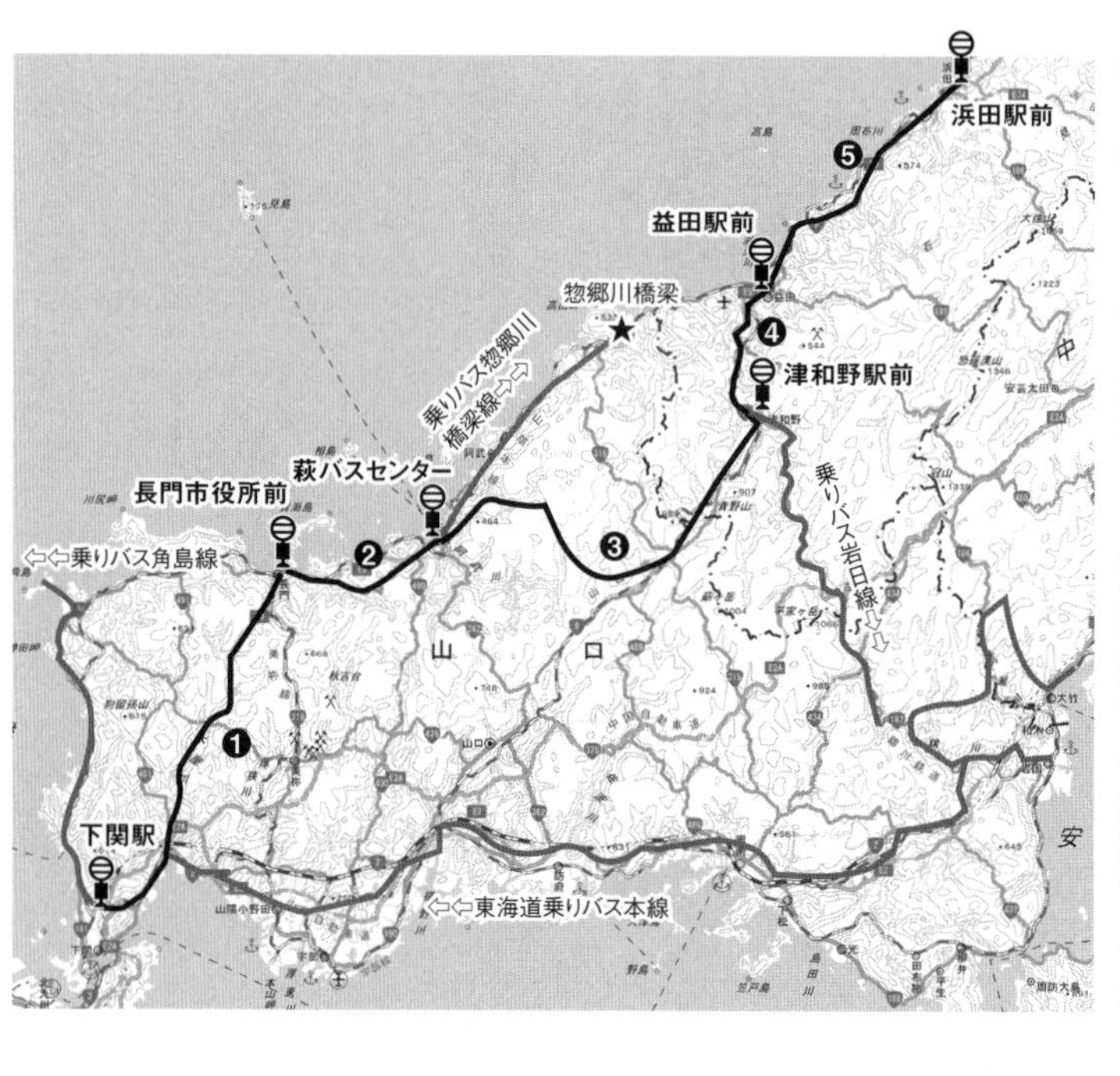

Part 1 下関～浜田

山陰本線は、京都駅側の最初の区間（現在の二条～嵯峨嵐山間）の開通は1897年、現在の出雲市駅までの開業も1912年と、かなり早期に行われました。しかしそこから西側への工事はなかなか進まず、約20年を要して1933年にようやく全通を果たします。

もっとも工事が難航した区間のあたりは、路線バスの車窓から地形を眺めることができます。

・第1ランナー：下関駅～長門市役所前　サンデンバス「仙崎線」（大泊行き）〈1日目1本目　1930円〉

「山陰乗りバス本線」第1ランナーという大役は、全区間を3時間近くかけて走り抜ける準急便に担ってもらいましょう。

ＪＲ下関駅を出たバスは、市内のＪＲ小月駅までは「山陽乗りバス本線」と同じく国道４９１号を走り、木瀬川に沿って豊田町西市へ。木瀬川支流・木屋川のダム湖を上流に向かい、２時間近くかけてようやく下関市を抜けます。

長州藩の湯治場としてしられる俵山温泉、山口県最古の６００年という歴史を持つという長門湯本温泉を経由して、長門市の中心部へ。バスはそのまま西海大橋を渡って青海島・大泊に向かいますが、「山陰乗りバス本線」は市役所の前で下車します。

・第2ランナー：長門市役所～萩バスセンター　防長交通（青海大橋駅発・東萩駅前行）〈1日目2本目　720円〉

山口県萩市は全長約80㎞の阿武川の下流にあり、市街地は川の分流である橋本川・松本川に挟まった三角州にあります。長門市内を出たバスは、国道１９１号で峠を越えて市街地に降り、島状の市街地にある「萩バスセンター」へ。ＪＲ山陰本線はこの三角州を大きく迂回しているため、市街地へのアクセスは路線バスの役目です。

萩バスセンターからは、他にも山陽新幹線・新山口駅に直行するＪＲバス路線や、日本屈指の大規模な鍾乳洞・秋芳洞などに向かうバスもあり、下関からの乗り継ぎルートとして使えます。

萩バスセンター

・第3ランナー：萩バスセンター～津和野駅　防長交通（津和野バスセンター行き）〈1日目3本目　2220円〉

COLUMN

惣郷川橋梁

JR山陰本線・須佐〜宇田郷駅の間にある惣郷川橋梁（1932年完成）。河口部を一気に渡りきる際の車窓は絶景！ また列車を眺めたり、写真を撮るスポットとしても、定番ともいえる場所です。

景色だけでなく、この橋の工法の特殊さもチェックしてみましょう。強い風と高波が年中押し寄せるため、足元の井桁基礎部は1・5mの高さまで積み上げられ、その上に橋脚が建てられています。この基礎部分は内部のスペースが狭く、コンクリートを入れて固めるために、近所の子供に駄賃を払って作業をお願いしたのだとか。

惣郷川橋梁の撮影スポット（最寄は「川尻」バス停）は、以下のバス乗り継ぎで到達可能です。

・防長交通　萩バスセンター〜道の駅阿武町　→　防長交通　道の駅阿武町〜川尻

萩市内から阿武川に沿って山間部を駆け上がり、いったんＪＲ山口線沿線へ。運が良ければ、蒸気機関車が牽引する観光列車・ＳＬやまぐち号が車窓から見えるかもしれません。

ＳＬやまぐち号最大の見どころは徳佐〜津和野間の峠越えですが、バスがかけのぼる国道９号野坂峠の勾配も相当なもの。島根県に入り、眼下には盆地の街・津和野が見えてきました。

・第４ランナー：津和野駅〜益田駅前　石見交通「津和野線」（津和野温泉発・医光寺前行き）〈１日目４本目　９９０円〉

島根県津和野町の街並みは山陰の小京都とも呼ばれるほどに優美で、街なかの水路沿いを、錦鯉を眺めながら歩くだけでも飽きません。防長交通「津和野バスターミナル」は温泉

津和野バスターミナル

乗り換え　乗りバス岩日線　益田〜日原〜岩国

現在は県境手前の錦町駅で終着となっている第三セクター鉄道・錦川清流線は、岩国から島根県六日市を経由して、山口線・日原駅に到達する岩日線の一部区間として建設されました。全線開通は叶わなかったものの、建設途中で放棄された鉄道高架やトンネルが至る所に。いまも県境を越えて運行するバスに乗り継いで、この書籍の中だけでも、岩日線を開業させましょう。

石見交通「津和野線」益田駅前〜日原駅前

↓

六日市交通「広域線」JR日原駅〜六日市駅

↓

岩国市生活交通バス「六日市線」六日市温泉ゆ・ら・ら〜錦町駅

↓

この先のバス路線は20km以上途切れています。錦町駅で錦川清流線に乗り継ぐことをお勧めします。

街の外れ、温泉宿・わた屋の斜め前にあります。弱酸性でサラサラの温泉を楽しんで、翌日にバスに乗るのも良いでしょう。

・第5ランナー：益田駅前〜浜田駅前　石見交通「浜田益田線」（石見交通本社前発）〈1日目5本目　1080円〉

益田市内の石見交通バスの大半は、中心部から3kmほど離れた「益田医光寺」バス停から発車します。益田城の大手門を移築したという総門をくぐって、創建600年を超える医光寺を参拝していくのも良いでしょう。

「浜田益田線」のバスは益田市の市街地を出てすぐ国道9号に入り、浜田市周布では石見交通の営業所を通り過ぎて、JR浜田駅へ到着します。

JR益田駅前のバス乗り場

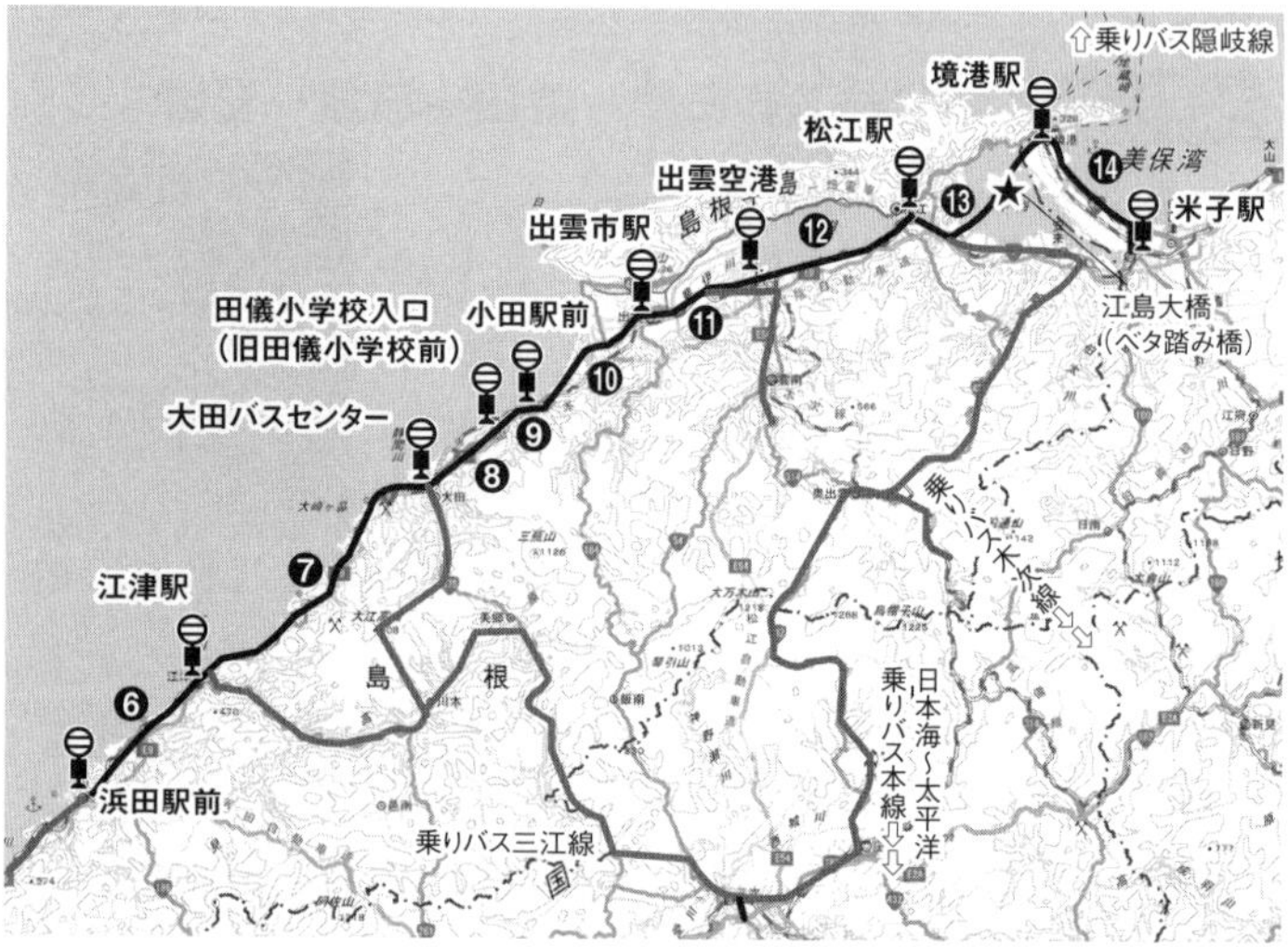

Part 2 浜田～米子

JR山陰本線・国道9号沿いにひたすら進みます。そのほか途中で江の川をさかのぼり、2015年に廃止となったJR三江線沿いのルートも選択可。島根県西部は、意外と内陸部の路線バスルートが豊富です。

・第6ランナー：浜田駅前～江津駅　石見交通「周布江津線」「有福線」〈1日目6本目　640円・1230円〉

山陰本線・JR浜田駅は、かつて広島に直通する高速鉄道・今福線の始発駅となる予定でした。戦後には災害の回避と高速化を兼ねてルートを変更、建設を進めていたものの、1980年に正式に工事中止。開通すれば広島～浜田間を55分で結ぶ予定だった今福線の沿線には数本のローカルバスが走ってますが、うち有福温泉方面は、石見交通「有福線」で向かうことができます。

海側を行くなら「周布江津線」、山側を行くなら「有福線」。乗り継ぎルートは好きな方をお選びください。

JR浜田駅。広島方面への高速バスが発着している

乗り換え 乗りバス三江線　江津～三次

2018年に廃止となったJR三江線に沿って、廃止代替の路線バスを乗り継いで行きましょう。

石見交通「江津川本線」江津駅～石見川本

大和観光バス「川本美郷線」
石見川本～道の駅グリーンロード大和

備北交通「作木線」道の駅グリーンロード大和～三次駅前

・第7ランナー：江津駅～大田バスセンター　石見交通「大田江津線」〈2日目1本目　1110円〉

江津駅からも、ひたすら国道9号を走行して、JR大田駅前にある「大田バスセンター」に向かいます。ほか、2018年に廃止となったJR三江線・石見川本駅を経由しても、大田バスセンターに到達できます。

・第8ランナー：大田バスセンター～田儀小学校入口　石見交通「波根線」（越堂行き）〈2日目2本目　660円〉

・第9ランナー：旧田儀小学校前～小田駅前　出雲市バス「多伎循環バス」（富山発・いちじく温泉行き）〈2日目3本目　200円〉

・第10ランナー：JR小田駅～出雲市駅一畑バス「小田線」（上塩冶車庫行き）〈2日目4本目　610円〉

大田バスセンター～出雲市間を直通する「石見交通・出雲今市線」は2007年に廃止。代替となるバスをまめに乗り継ぎつつ、出雲市を目指します。

石見銀山エリアはゴルフカートを改造したバスが往来している

乗り換え　乗りバス木次線　出雲市〜木次〜三井野原

観光列車・奥出雲おろち号が人気のJR木次線ですが、その奥出雲おろち号は老朽化のために、2023年度をもって運行終了する見込みです。そんなJR木次線に沿って、路線バスを乗り継ぐルートがあるのをご存じでしょうか?

出雲市バス「三刀屋出雲線」出雲市駅〜三刀屋バスセンター

▼

雲南市民バス「吉田大東線」三刀屋バスセンター〜JR出雲大東駅

▼

雲南市民バス「阿用久野線」JR出雲大東駅〜久野川大橋公園

▼

徒歩3・4km

▼

奥出雲交通「佐白線」佐白宮の下〜奥出雲交通

▼

奥出雲交通「大谷線」奥出雲交通〜横田駅

▼

奥出雲交通「三井野原線」横田駅〜三井野原

・第11ランナー：出雲市駅〜出雲空港　出雲一畑交通「出雲空港—出雲市駅線」〈2日目5本目　720円〉
・第12ランナー：出雲空港〜松江駅　松江一畑交通「出雲空港—松江線」〈2日目6本目1050円〉

出雲市駅・松江駅のほぼ中間地点にある出雲空港で、バスを乗り継いで行きましょう。

この空港の滑走路は宍道湖に突き出すように作られており、着陸の前に眺める宍道湖・中海は絶景！機会があればどうぞ。

なお、出雲市〜松江間は他にも、30kmに渡って山間部の三刀屋・出雲大東駅などを回り込むルートでもOK。一部区間を

出雲空港連絡バス

乗り換え **乗りバス隠岐線 松江〜隠岐諸島**

隠岐諸島のおもな有人島4島には、それぞれ路線バスが走っています。島々を船で巡って、バスに乗車していきましょう。

一畑バス「松江七類腺」松江駅〜七類港
↓
隠岐汽船　七類港〜来居港
↓
知夫村営バス
↓
隠岐観光「いそかぜ」来居港〜菱浦港
↓
隠岐海士交通「海士島線」
↓
隠岐観光「いそかぜ」菱浦港〜別府港
↓
西ノ島町営バス・本線
↓
隠岐汽船　別府港〜西郷港
↓
隠岐一畑交通「布施線」「五箇線」など

「乗りバス木次線」として指定させていただきました。

・第13ランナー：松江駅〜境港駅　一畑バス「松江境港線」〈3日目1本目　1050円〉
・第14ランナー：境港駅〜米子駅　日の丸自動車「外浜線」〈3日目2本目　660円〉

山陰乗りバス本線、ついに「ベタ踏み坂」へ！

江島大橋は、日本第5位の湖沼面積を誇る中海にかかり、松江市の江島と境港市を結んでいます。中海には5000t級の貨物船・タンカーが行き交うため、水面からの高さは45m。急激な勾配をのぼるためにクルマはアクセルをベタ踏みする……という由来で、いつしか橋のアプローチの坂は「ベタ踏み坂」と呼ばれるように。2013年末から放送されたダイハツ・タントカスタムのCMにも登場し、豊川悦司さん・綾野剛さんの「ベタ踏みだろ?」「いいえ?」という台詞とともに、橋の知名度は一躍全国区になりました。

いまでも橋のたもとのコンビニは「江島大橋最寄りの店」と巨大な看板を掲げ、観光案内所の機能も兼ねている様子。広い駐車場も、もともとCM効果で来訪者が激

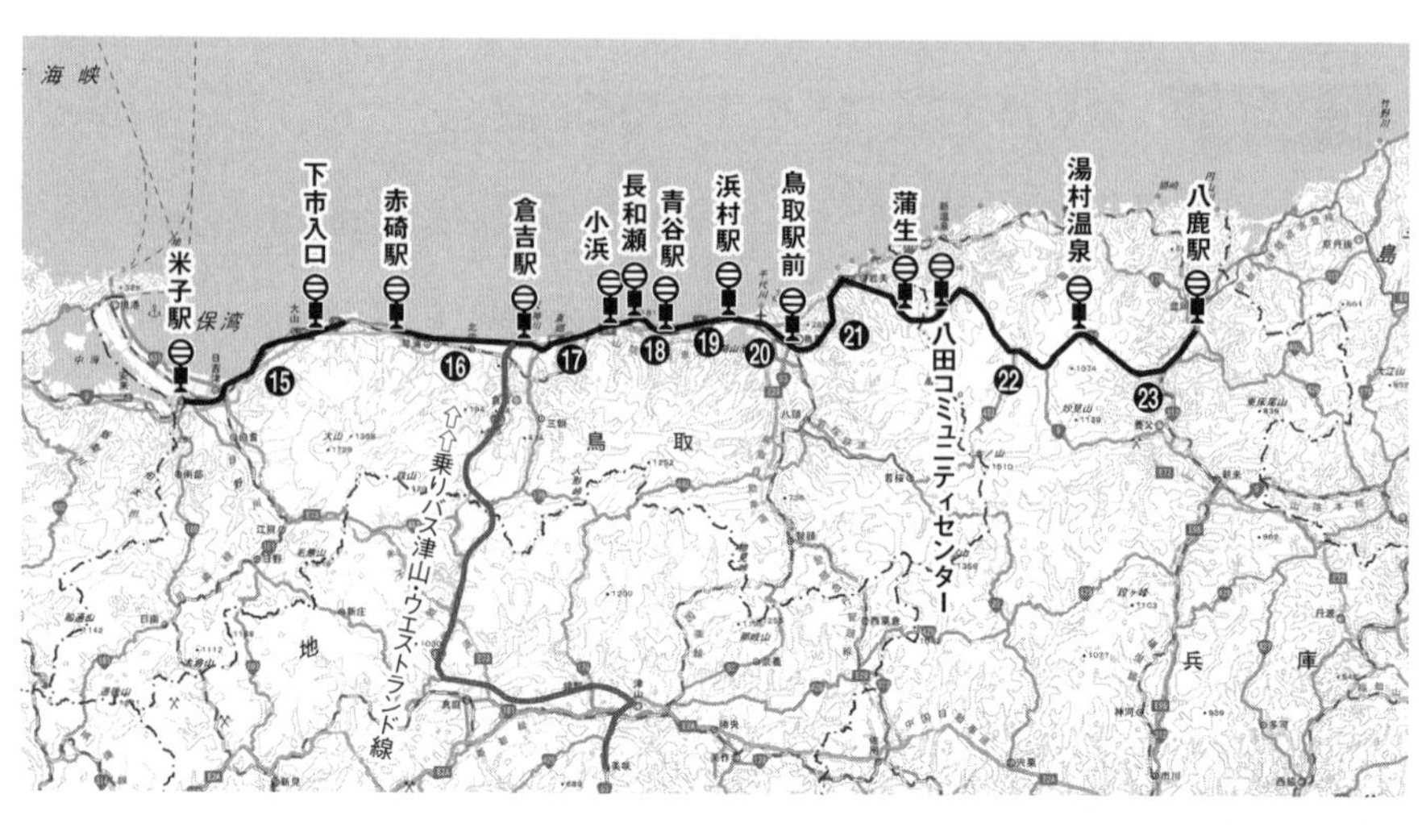

増、県が慌てて準備した臨時駐車場を店舗の駐車場に転用したとは店員さんの話。

境港駅からは、全長17㎞の弓ヶ浜半島を縦断する境港市〜米子市間のバスに乗車。JR境港線に並行しつつ国道431号を走り、1時間弱で米子駅に到着します。

Part 3 米子〜八鹿（ようか）

この区間のバス乗り継ぎは相当に困難、かつ筆者もほとんど来訪していません。よって、地図上で調べた情報のみを記載させていただき、この先の到着日時の目安も省略させていただきます。あまりにも徒歩区間が多い……。

・第15ランナー：米子駅〜下市入口　日本交通「下市線」〈730円〉
・下市入口〜赤碕駅　徒歩8・2㎞
・第16ランナー：赤碕駅〜倉吉駅　日の丸自動車「赤碕線」〈800円〉
・第17ランナー：倉吉駅〜小浜　日本交通「橋津線」（西倉吉発）〈590円〉

「ベタ踏み坂」こと江島大橋を駆け上がるバス

・小浜～長和瀬　徒歩１・２km
・第18ランナー：長和瀬～青谷駅　日の丸自動車「青谷線」〈250円〉
・第19ランナー：青谷駅～浜村駅　ニュー青谷タクシー〈200円〉（1時間前までの要予約）
・第20ランナー：浜村駅～鳥取駅前　日の丸自動車「白兎海岸線」〈710円〉
・第21ランナー：鳥取駅前～蒲生　日本交通「岩井線」〈730円〉
・蒲生～八田コミュニティセンター　徒歩４・０km
・第22ランナー：八田コミュニティセンター～湯村温泉　新温泉町民バス・夢つばめ「八田線」（青下発）〈300円〉
・第23ランナー：湯村温泉～八鹿駅　全但バス「八鹿―湯村温泉線」〈1450円〉

Part 4 八鹿～京都

養父（やぶ）市八鹿町から、全但バス・丹後海陸交通・ＪＲバス・京阪京都交通を乗り継ぎ、京都駅へ向かいます。

・第24ランナー：八鹿駅～出石（いずし）駅　全但バス「出石八鹿線」〈570円〉

八鹿を出たバスは、上小田橋で円山川を渡り、浅岡トンネルを抜けて豊岡市出石へ。

出石藩5・8万石の城下町として知られる出石は、信州・小諸から国替えとなった仙石氏が170年以上治めていたこともあり、信州蕎麦の技法をそのまま伝えた出石皿そばが名物。店先には、出石出身のスター・能見篤史投手（元・阪神タイガース、オリックスバファローズ）のサインが大切に飾られていました。

・第25ランナー：出石～奥藤　全但バス「出石奥藤線」〈900円〉

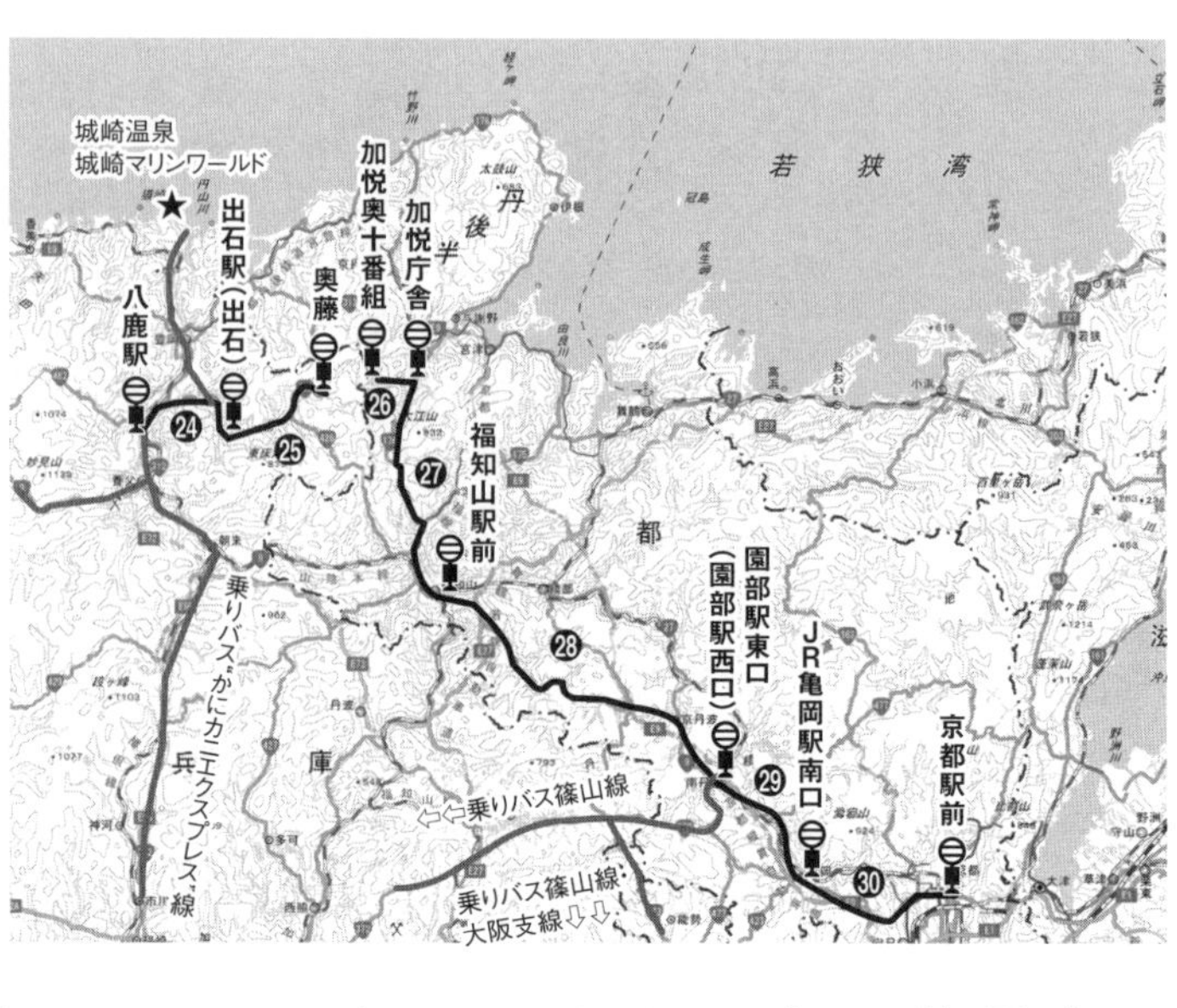

「出石奥藤線」のバスは出石川をさかのぼり、最上流部に近い「奥藤」バス停で折り返してすぐ帰っていきます。

その先は加悦奥峠を徒歩で越えて京都府与謝野町へ。

・奥藤～加悦奥十番組　徒歩8km
・第26ランナー：加悦奥十番組～加悦庁舎　丹後海陸交通「加悦奥・石川線」〈200円〉
・第27ランナー：加悦庁舎～福知山駅前　丹後海陸交通「与謝線・福知山線」（天橋立ケーブル下発）〈1130円〉

奥藤バス停

ニッケル採掘・搬出のための加悦鉄道が1985年まで運行されていた与謝野町加悦から、国道176号を走るバスを乗り継いで福知山へ。加悦庁舎～福知山駅間の直行バスは平日朝しかなく、残りは与謝野町南端の「与謝」バス停で乗り継ぎ。本数は一挙に半減、3往復のみとなるので注意しましょう。

・第28ランナー：福知山駅前北口～園部駅東口　西日本JRバス「園福線」〈2170円〉

乗り換え　乗りバス篠山線大阪支線　園部～篠山・篠山～大阪

園福線は、もともと福知山線・篠山駅（現在の篠山口駅）～園部駅を結ぶ鉄道計画に先行して、バス路線として開業しました。遅ればせながら「乗りバス篠山線」として開業させるとともに、大阪までの支線を設定してしまいます。

篠山線

- 京阪京都交通「44」園部駅東口～福住
- 神姫バス　福住～篠山営業所
- 神姫バス　篠山営業所～篠山口駅

篠山線・大阪支線

- 神姫バス　篠山営業所～後川奥
- 徒歩　6・0km（阪急バス後川線・2018年廃止）
- 阪急バス「41」杉生～日生中央駅
- 阪急バス「22」日生中央駅～阪急川西能勢口駅
- 阪急バス「62」阪急川西能勢口駅～阪急伊丹
- 伊丹市営バス「33」阪急伊丹～塚口
- 阪神バス「21」阪急塚口～阪急園田
- 阪急バス「11」阪急園田駅～梅田

ＪＲバス「園福線」は１９３９年に鉄道省のバス路線として開業。国道９号沿いの京丹波町・桧山（ひのきやま）を経由するバス路線として、国鉄バス・ＪＲバスに引き継がれ、80年以上にわたって運行を続けてきました。

しかし平成初期から乗客の減少が顕著で、年間１２０万人ほどだった「園福線」の乗車人数は、98年には50万人を割り、コロナ禍の影響を受けた21年には12万人ほどに。廃止・自治体バス転換に向けて、話し合いが進んでいるそうです。

・第29ランナー：ＪＲ園部駅西口～ＪＲ亀岡駅南口
京阪京都交通「3」「40」

JRバス・園福線の車両

〈480円・1200円〉

園部～亀岡間のバスは、国道9号を30分少々で走り抜ける「3」系統と、南丹市園部町・八田地区に大きく迂回して、1時間10分もかけて走り抜ける「40」系統があります。ただし、後者はその回り道が故に、運賃は前者（480円）の3倍近く（1200円）もかかります。

「40」系統の沿線には明智光秀の首塚がある谷性寺があり、明智家の家紋でもある桔梗の花が境内に咲き乱れる6月には、見物客でバスも賑わうそうです。しかし近くの宮前地区はバスの走行が精いっぱいの狭い路地が続くため、こちらもある意味見ものです。

・第30ランナー：JR亀岡駅南口～京都駅前
京阪京都交通「2」〈660円〉

亀岡からは国道9号をほぼ忠実に進み、「国道中山」バス停を越えた先で、下関から寄り添ってきた国道とお別れ。なお国道9号はバスのルートの北側にそれ、市内の五条天神川交差点で終点となります。

亀岡から京都駅はおよそ1時間で到着しますが、平日朝晩はまず定時に到着しないので、余裕をもってどうぞ。「山陰乗りバス本線」これにて完結。お疲れさまでした！

亀岡～園部間のバス

第12章

四国一周乗りバス本線

（岡山駅～高松駅～徳島・高知・愛媛～高松駅）

四国をクルマで一周すると、だいたい750km、13〜14時間はかかるといいます。さて、路線バスで四国を一周すると、どのくらいの時間がかかるのでしょうか？

とりあえず瀬戸大橋は渡りたいので、始発点をJR岡山駅に設定しました。ここから時計回りに香川県・徳島県・高知県・愛媛県と一周して、そして香川県に戻ってきます。

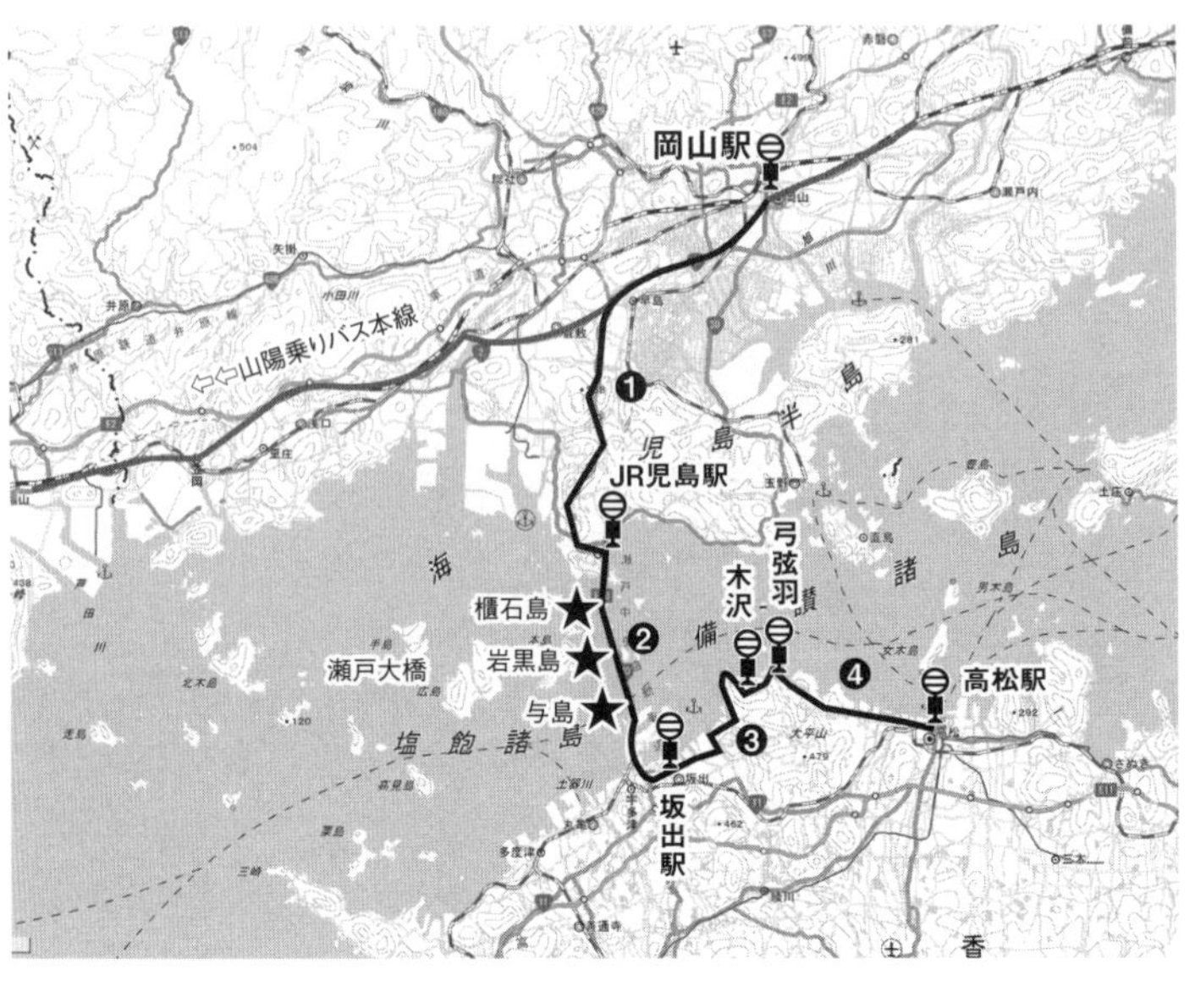

Part 1 岡山〜高松〜高知

1988年4月10日に瀬戸大橋が開通するまで、岡山県側の鉄道・バスは、宇野港・児島港・下津井港など、四国の玄関口となる港に接続していました。中でも宇野や児島はそれなりに街の規模もあり、直通バスも健在です。

そのあとは、何と一般路線バス使用の車両で瀬戸大橋を渡り、四国へ。書籍のルールでは高速道路を走る路線は禁止ですが、まあよしとしましょう。

・第1ランナー：岡山駅〜JR児島駅　下電バス「D80興除線」〈1日目1本目　1020円〉

JR岡山駅東口

岡山駅東口に発着するバス会社は両備バス・岡電バス・下電バス・宇野バス・備北バス・中鉄バス・中鉄北部バス。これに八晃運輸（めぐりん）の乗り入れが加わる見込みです。下電バスの児島行き乗り場は5番線へどうぞ。

このバス路線は、倉敷市児島地区へのメインルートとして、瀬戸大橋の開業まで重宝されてきました。しかし、橋に繋ぐJR瀬戸大橋線とともにJR児島駅が開業。これまで1時間30分もかかっていた岡山~児島間は30分以内で結ばれ、いまやバスは1日3往復のみとなっています。

なお、他にも岡山駅から宇野・渋川（玉野市）を経由して児島に出ることもできます。ちょうど良い時間のバスがなければご検討ください。

橋を降りて櫃石島に入ったバスは方向を変えて、また橋に戻っていく

・第2ランナー：JR児島駅~坂出駅　琴参バス「瀬戸大橋線」〈1日目2本目750円〉

岡山県側の児島駅から、瀬戸大橋を経由して櫃石島・岩黒島・与島（いずれも香川県坂出市）を結び、JR坂出駅に至ります。うち櫃石島・与島では数十mの高さからスロープを降りて中心部へ向かい、岩黒島では路肩のバスストップに停車。乗客は専用エレベーターで瀬戸大橋から降りて、家まで歩きます。

これらの島には外部の人間はクルマで行くことができず、路線バスは島々に向かう貴重なアクセス手段でもあります。しかし過疎化に伴う利用者の減少は著しく、2021年には岡山県側の下電バスが撤退を表明。かわって香川県側の琴参バスが下電バスの路線を引き取り、これまで与島で接続をとっていたバスは、16年ぶりに児島~坂出間の通し運行を始めることになりました。

バスの接続を行っていたころの弓弦羽バス停

・第3ランナー：坂出駅〜木沢　琴参バス「王越線」〈1日目3本目　790円〉

ＪＲ坂出駅からは海岸線沿いの県道に入り、五色台と呼ばれる丘の北側を回り込みつつ、岬を回り込んだ先にある坂出市王越を目指します。

・木沢〜弓弦羽（ゆづるは）　徒歩4・9km

坂出市側の琴参バス・高松市側のことでんバスは、かつては坂出市王越で高松市側のバスと乗り継ぐことができました。後に乗り継ぎ場所を高松市の弓弦羽に変更しましたが、２０１６年には琴参バスの路線短縮で乗り継ぎできなくなり、2年後にはさらに区間短縮を行ったことで、４・６㎞の徒歩が必要となりました。

・第4ランナー：弓弦羽〜高松駅　ことでんバス「下笠居線」〈1日目4本目　600円〉

弓弦羽・下笠居から高松市側へのクルマのメインルートは、片側2車線、歩道付きのバイパス・浜街道です。しかしバスはその南側、金刀比羅宮への参拝ルート（金毘羅参り）として賑わい続けた丸亀街道を進みます。この丸亀街道も多くの区間で片側2車線の区間が多く確保され、街道の面影は皆目残っていません。

平地が多く狭い香川県は道路改良の進行も速く、各方面に立派なバイパスが張り巡らされています。路線バスの経営環境としては、なかなか厳しいものがあります。

Part 2 高松～高知

この2都市間の直線距離は約100km、クルマなら2時間少々。しかし海に囲まれた四国は海岸線沿いの港湾都市も多く、これらを結ぶバス路線を乗り継ぐために、300km近い距離を回り込んで進みます。

・第5ランナー：高松駅～引田　大川バス「引田線」〈1日目5本目　1000円〉

かつて高松～徳島間を一般道の国道11号で経由で結んでいた「高徳特急バス」は2001年に廃止。しかし内陸部のさぬき市長尾を経由する大川バス「引田線」と徳島バスの路線を乗り継げば、いまもバスで移動可能です。

・第6ランナー：引田駅前～鳴門駅前　徳島バス「引田線」〈翼山温泉発〉〈1日目6本目　650円〉

県境に近いエリアでは、びんび家や讃岐家など、広大な駐車場を

高松駅

COLUMN

立ち寄りたい！大川オアシス

瀬戸内海を一望できる国道沿いの高台にドライブインが開業したのは1964年のこと。高松〜徳島間のほぼ中間地点とあって、トラックや観光バス・特急バスの休憩所として重宝されていました。また建物はアメリカ・シカゴのドライブイン「ダイナー」を参考にして建設したといい、天窓から太陽光が降り注ぐ館内で味わうクリームソーダやパフェは絶品、かつＳＮＳ映えする美しさです。

しかし高速道路の開通と、ここを休憩地点としていた「高徳特急バス」の全廃で、一転して経営危機に。しかし前述の“SNS映え”がネットで広まり、コロナ禍の中でも来客数が大幅に上昇するという復活を果たしました。

突然降ってわいたブームは奇跡的に見えますが、ほとんどお客さんが来ない中でも館内をピカピカに磨き上げ、カフェメニューを辞めなかった経営陣・スタッフの方々のファインプレーではないでしょうか。映えるカフェメニューと絶景が味わえる大川オアシス、是非立ち寄りましょう！ ただバス旅ついでに行くにしても、今や交通手段がコミュニティバス平日4便しかないのです……。

擁する海鮮料理の店が目立ちます。国道11号をひたすら走るバスの車窓から眺める瀬戸内海の眺望は見事。その車窓は、展望台にタイヤがついて西向きに走っているかのような美しさです。ただ近年ではトンネル区間が増えて、徐々に海が見えなくなっている……贅沢な悩みですね。

・第7ランナー：鳴門駅前〜徳島駅　徳島バス「鳴門線」（鳴門公園発）〈1日目7本目　470円〉

鳴門公園展望台から眺める大鳴門橋・淡路島は絶景。景勝地として知られていた鳴門公園へのバスは徳島バス・鳴門市交通局（のちに徳島バスに合併）など各事業者が参入し、乗客を取り合っていたと言います。

鳴門公園バス停で発車を待つ徳島バス

COLUMN

バスは通らなくなったけど……可動橋「加賀須野橋」は健在！

今切川（吉野川の分流）の上流には化学工場が立ち並び、各地へのタンカーやバラ積み船が川をさかのぼっています。この川を越える加賀須野橋は1956年に開閉橋として改修され、2014年には昇開式（橋の中央部の路面が垂直に上がる）の橋として架け替えられました。

この上流にバイパスができているため交通量も限られ、2021年には経由するバスも廃止となりました。それでも、徳島市内から松茂町の東部へ移動する近道として、クルマ移動の方々に重宝されているそうです。

この公園は鳴門市沖合の大毛島にありますが、四国本島と島を隔てる海峡の距離はわずか３００ｍほど。島を繋ぐ橋のたもとには、徳島バスの営業所と「小鳴門橋」バス停があり、ここでバスを乗り継ぎます。なお鳴門〜徳島間のバスは17系統だけでなく、小鳴門橋始発の23系統でもＯＫ。

・第8ランナー：徳島駅〜橘営業所　徳島バス「橘線」〈1日目8本目　710円〉

・第9ランナー：橘営業所〜川口営業所　徳島バス「丹生谷線」（阿南医療センター・阿南駅前発）〈1日目9本目　1000円〉

JR徳島駅

「四国一周乗りバス本線」が目指す徳島バス・川口営業所は、一級河川・那珂川沿いの地域の玄関口ともいえる場所にあります。川口〜徳島間のバスは長らく徳島バスの看板路線でしたが、２０２１年には阿南市内で系統分割され、徳島市内への直通便が消滅。橘営業所での乗り継ぎが推奨されています。

・第10ランナー：川口営業所〜日和佐駅

前　徳島バス南部「日和佐線」〈2日目1本目　670円〉

ここからは、徳島バスの子会社・徳島バス南部のエリアに入ります。「四国一周乗りバス本線」ルートの「日和佐線」は、那賀川支流の赤松川をさかのぼり、峠を越えて美波町日和佐へ。一方でそのまま那珂川をさかのぼるバスは、「乗りバス『大阪高知特急』本線」（P.314）のルートとして指定していますので、是非どうぞ。ただし峠越えの徒歩と、予約が必要な区間があります。

・第11ランナー：日和佐～牟岐　徳島バス「高速バス・エディ号（室戸・生見・阿南大阪線）」〈2日目2本目　290円〉

日和佐～牟岐間は、並行する高速バス「エディ号」（大阪～阿南～室戸）に乗り継ぎましょう。

阿南駅以南ではJR牟岐線・高速バスが並行しているものの、鉄道は減便で日中2時間も運行しない時間帯があり、バスの利用者は1日1人以下だったそうです。JR四国・徳島バスは2022年に共同経営に踏み切り、鉄道の乗車券で高速バスに乗車可能に。互いのコスト削減、乗車率アップに繋がっています。ただし、「エディ号」の発車地点は、日和佐は駅の50mほど北側の「道の駅日和佐」。牟岐は駅から100mほど東側、国道55号を越えた先の徳島バス南部の営業所なので、ご注意ください。

……ということで、この区間はバスに乗車扱いで。なお、徒歩だと15・4㎞あります。

・第12ランナー：牟岐～海の駅東洋町　徳島バス南部「牟岐線」〈2日目3本目　800円〉

高速バス　エディ号

牟岐駅以南の鉄道であるJR牟岐線・阿佐海岸鉄道は市街地から外れた山間部を走っており、終点・甲浦駅も市街地から相当外れ、使い勝手はいまひとつでした。一方で国道55号を走行する路線バスは高校・スーパー・病院などをこまめにカバーし、県境を越えて高知県側に抜けています。

県境の先にある東洋町からすると、高知県側の室戸市や安芸市よりも徳島県側へ通院や買い物に行った方がはるかに近く、街で唯一の高校である安芸高校甲浦分校も1999年に閉校。この路線バスで徳島県側へ県境越え通学する場合も多いとのこと。

一方で阿佐海岸鉄道は、2021年には線路・道路の両方を走るDMVの運行を開始。生活の足から観光資源に変貌を遂げ、1年で4万人以上の観光客が訪れたといいます。

・第13ランナー：海の駅東洋町～室戸世界ジオパークセンター　高知東部交通「室戸甲浦線」（甲浦岸壁発・室戸営業所行き）〈2日目4本目　1310円〉

・第14ランナー：室戸世界ジオパークセンター～安芸駅　高知東部交通「安芸ジオパーク線」（安芸営業所行き）〈2日目5本目　1890円〉

東洋町の甲浦は、大阪から直行するフェリーの拠点でもあり、2004年までは甲浦～安芸～高知間の約110㎞を、運転士交代を3回要する直通バスが走っていました。2004年に安芸～甲浦間に短縮、2021年の系統分割で室戸乗り換えとなりました。

・第15ランナー：安芸駅～はりまや橋　高知東部交通「高知安芸線」（桟橋通五丁目・県庁前行き）〈2日目6本目　1240円〉

乗り換え　乗りバス早明浦ダム線　高知～早明浦ダム～高知

渇水の時期になると、よくニュースで流れる早明浦ダムのほとりをバスで移動します。ダム湖沿いの大川村は人口400人、土佐町は3500人と小規模ではあるものの、地域の高齢化もあってか、バスの利用者はそれなりに多いようです。

とさでん交通「Z4G1」高知駅バスターミナル～はりまや橋～長沢

▼

嶺北観光自動車「日の浦・長沢線」長沢～大川局前

▼

嶺北観光自動車「大川・黒丸線」大川局前～田井

▼

嶺北観光自動車「大杉駅・医大病院線」田井～医大病院

▼

とさでん交通・各路線　医大病院～高知駅バスターミナル

路線バス「安芸線」は、１９７４年に廃止となった鉄道・土佐電気鉄道安芸線の代替バスでもあります。しかし、その安芸線の路盤を利用して建設された第三セクター鉄道の土佐くろしお鉄道ごめん・なはり線が２００２年に開業。最高時速１１０km、1時間以内での高知市内への連絡を果たしました。かたやバスは対抗して大幅値下げを行ったものの、圧倒的な所要時間と比べ物にならない乗り心地の差には勝てず、減便の上で２０１７年に子会社の高知東部交通に移管。運転本数はめっきり少なくなったものの、いまも国道55号を走り続けています。

高知東部交通「安芸線」の車両。香南市の夜須駅にて

Part 3 高知～宇和島

東西に長い高知県の中心部・高知市に到達。さらに西側に進み、四国の南西の端っこ、足摺岬へ。そこから北上して県

境を越え、愛媛県宇和島市に向かいます。

四国の路線バスはコロナ禍で路線短縮・廃止がかなり相次ぎましたが、路線バスの乗り継ぎルートは不思議と途切れていません。

・第16ランナー：北はりまや橋〜土佐市役所前　とさでん交通「Y4」など（高知駅バスターミナル発・高岡行き）〈2日目7本目　880円〉

高知市内の路線バス・路面電車を運行するとさでん交通は、2014年に土佐電気鉄道・土佐電ドリームサービス・高知県交通の3社が統合して発足。もともと高知県交通の看板バス路線だった土佐市高岡方面の路線も含めて、「土電」「県交」の各路線は大胆な再編が行われました。

高岡方面のバスは土佐道路経由・朝倉経由の2系統ありますが、お勧めは、片側1車線の右側に路面電車の軌道があり、避けながら注意深く走る朝倉経由の方でしょうか。

・第17ランナー：土佐市役所前〜須崎駅前　高知高陵交通「須崎〜高岡西芝線」（西芝発・須崎営業所行き）〈3日目1本目　1080円〉

高知駅バスターミナル

乗り換え　乗りバス・龍馬脱藩の道線　須崎～梼原～宇和島

1862年春、土佐藩士・坂本龍馬は数名の志士とともに、現在の梼原町から峠を越えて脱藩を果たしました（実際には大洲・長浜と抜けている）。そして150年余り、今度は路線バスで梼原を越えてみましょう。……すみません、この書籍に間に合わず、2021年に県境越え区間が廃止されてしまいました。諦めて徒歩で越えましょう。

高知高陵交通「梼原―須崎線」須崎駅前～ゆすはら営業所

高知高陵交通「梼原―日吉線」梼原営業所～道の駅日吉（2021年廃止）

宇和島自動車　夢産地前～バスセンター（宇和島市）

高知市～高岡～須崎方面へのバス乗り入れは2019年に廃止となり、高岡～須崎間は子会社の高知高陵交通に移管。バス路線も高知市内～土佐市高岡、土佐市高岡～須崎に分断されました。

・第18ランナー：須崎駅～久礼駅前　高知高陵交通「矢井賀～須崎線」（矢井賀行き）〈3日目2本目　400円〉

中土佐町久礼の市街地を走るバス

須崎駅から中土佐町の市街地を抜けて、街の南西端に近い矢井賀地区に向かうバスに乗車します。

この路線の営業成績はさほど振るわないものの、朝の通院時間に須崎市に向かう便だけが、中型路線バスの座席がほぼ埋まるほどの盛況なのだとか。一度、中土佐町の主導で小型車両を購入し

COLUMN

久礼の知られざる激レアグルメ「めじかの新子」！

カツオ漁の拠点・久礼で揚がるカツオの中でも、「めじかの新子」（メジカガツオの幼生）は、他地域で味わうことができません。なにぶんこの魚はサバの2倍のスピードで鮮度が落ちるとされ、少なくとも半日以内にさばかないと、刺身で食べることはできません。期間も8月末～9月下旬と短く、海の状況によっては晴れていても獲れない日があり、久礼まで行ったとしても、食べられない時もあるのだとか。

しかし、モチモチの食感と濃ゆい旨味は、一度食べたら忘れられません。どうしても食べたかったら、空振り覚悟で2～3日滞在するしかないですね。

たものの、いざ走らせてみると、通院の時間帯だけはパンク状態。一部時間帯だけ中型車両という体制がいまも続き、中土佐町も矢井賀線をきっちりとバックアップしています。

・第19ランナー：久礼駅～大野見　四万十交通「大野見―久礼線」
〈3日目3本目　500円〉

・第20ランナー：大野見～窪川駅前　四万十交通「窪川―大野見線」
〈3日目4本目　1120円〉

中土佐町久礼→旧・大野見村役場→窪川町と進むバスルートの車窓は、どちらもかなりの見ごたえアリ！

港町・久礼から10km少々で高低差370mを駆け上がる「大野見―久礼線」は、整備状況は良いもののつづら折りのカーブが続く七子峠経由、普通車でも躊躇する峠を越える夏枯経由のどちらも乗車したいところ。

そして「窪川―大野見線」は沈

窪川―大野見線が経由する「スベリ道」

下橋で四万十川を渡り、スベリ道と呼ばれる狭い道を抜け、台地の街・窪川に駆け上がります。

・**第21ランナー：窪川駅前～佐賀駅前　四万十交通「窪川―佐賀線」〈4日目1本目　960円〉**
・**第22ランナー：佐賀駅～中村駅　高知西南交通「佐賀線」〈4日目2本目　1000円〉**

足摺岬バスセンター

ＪＲ窪川駅は、現在のＪＲ予土線・土佐くろしお鉄道中村線が開業するまで、鉄道の終点・バスの乗り継ぎ地点でもありました。現在でも駅前に広めのバス車庫があり、かつての国鉄バス路線は高南観光自動車・北幡観光自動車を経て四万十交通（２０１４年に合併）に引き継がれ、今も運行を続けています。

佐賀駅でバス会社が四万十交通から高知西南交通に変わりますが、バス停名前が「佐賀駅」「佐賀駅前」と微妙に違うだけでなく、場所も50ｍほど違う（四万十交通の方は駅に入らない）ので注意しましょう。

窪川駅

・**第23ランナー：中村駅～足摺国際ホテル前　高知西南交通「足摺線」〈4日目3本目　1900円〉**

中村駅を出たバスは、国道３２１号をひたすら南下します。いったん次の次の目的地「清水プラザパル前」を経由しますが、「四国一周乗りバス本線」に足摺岬を組み込むため、そのまま終点まで乗車します。

四国最南端の地・足摺岬は、ふるくは映画『足摺岬』や『釣りバカ日誌』、ドラマ『西村京太郎サスペンス・四国連絡特急殺人事件』、最近では『出川哲朗の充電させてもらえませんか?』にも登場しています。テレビでよく見る足摺岬燈台を眺めるなら「足摺岬」バス停で下車、地域最大規模の足摺国際ホテルへは終点で下車をどうぞ。

・第24ランナー：足摺国際ホテル前〜清水プラザパル前　高知西南交通「窪津線」〈4日目4本目　800円〉

足摺岬〜清水間は、足摺岬行きで乗車した「足摺線」ではなく、「清水宿毛線」に乗りましょう。山深い峠道では、道路両側からもたれてきた木が「カンカンカン！」とバスにあたるほどの密林を通り、なかなかスリル満点。真新しいバイパス・トンネルをかたくなに通らず、漁師町沿いの旧道を走ります。

そして終点「清水プラザパル前」はその名の通り、スーパー・プラザパルと一体化しています。さすがは漁師町の清水、鮮魚コーナーや刺身コーナーの充実度は折り紙付き！

・第25ランナー：清水プラザパル〜宿毛駅　高知西南交通「清水宿毛線」〈4日目5本目　1800円〉

宿毛湾は大日本帝国海軍の停泊地として知られ、1936年に2・26事件が発生した際は、鎮圧のための艦隊が宿毛から出撃したといいます。対岸の大分県まで70kmほどの場所にある宿毛湾は、戦後も高知県西部の〃海の玄関口〃として機能し続けてい

土佐清水市「プラザパル」。玄関を出てすぐにバス停がある

ました。しかし2018年にはその宿毛フェリーが自己破産を宣告、利用客の予約も捌けないままに運航を休止。九州へ渡る航路はいまも途絶え、新業者による再開のめどは立っていません。

なお、せっかく足摺岬まで回り込みましたが、実は、中村〜宿毛間を1時間弱で結ぶバス路線もあります。足摺岬に寄らず、お急ぎの方はこちらに乗車をどうぞ。

・第26ランナー：宿毛駅〜宇和島駅前　宇和島バス「宿毛営業所—市立病院—宇和島駅前線」〈4日目6本目　1850円〉

この路線は、建設が予定されていた国鉄宿毛線のうち、工事に着手できなかった宿毛〜宇和島間を結んでいます。いわば「鉄道が開業するまでの暫定バス」といったところでしょうか。もっとも国鉄宿毛線に接続する中村線も1988年に第三セクター事業者・土佐くろしお鉄道に移管。途中まで工事を終えていた中村〜宿毛間は開業できたものの、その先の建設は実質的に断念されています。

愛媛県側の途中区間の拠点「城辺バスセンター」。ここから松山方面への直通バスも発着している

Part 4 宇和島〜高松

愛媛県内では、JR予讃線と少し離れた国道を走る長距離路線や急行バスが各方面で健在。たった5路線のバスを乗り継ぐだけで、愛媛県の西部から東部に抜けてしまいます。

かたや香川県は、かつて隆盛を誇ったバス事業者が再編を余儀なくされ、乗り継ぎの選択肢は少なめ。ただ乗り継ぎは意外とスムーズで、あっさりと高松駅に到着可能です。

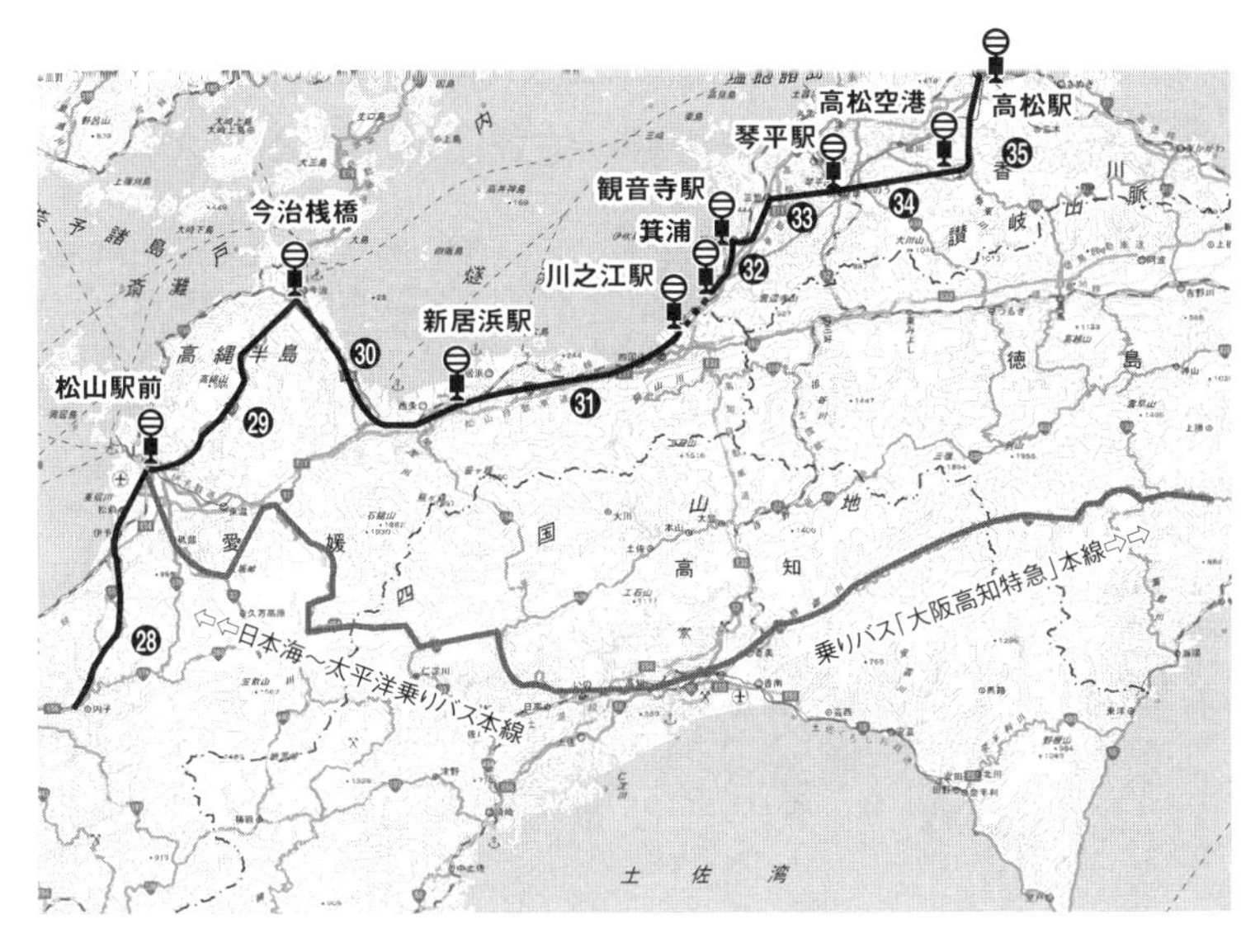

・第27ランナー：宇和島駅前～大洲駅前　宇和島バス「松山線」（バスセンター発・松山駅・道後行き）〈5日目1本目　1000円〉

宇和島～松山間を結ぶ「松山線」のうち、急行バスは宇和島～大洲間で国道56号を走行。この書籍の乗り継ぎルールなら、JR大洲駅までは進めます。

なお、この急行バス以外にも、宇和島～大洲間の一般道経由バスでもOK。ただし運行は、1日1往復のみです。

宇和島バス車両。宇和島市内にて

・第28ランナー：大洲駅前～松山市駅　伊予鉄バス「八幡浜・三崎特急線」〈5日目2本目　1300円〉

大洲駅前からは、愛媛県の西端に近い「三崎港」から走ってきた特急バスに乗り継ぎます。こちらは全区間が一般道を走行、内子町から峠を越えて伊予市・松山市に入ります。

・第29ランナー：松山市駅～今治桟橋　せとうちバス「特急・今治～松山線」〈5日目3本目　1050円〉

乗り換え

乗りバス佐田岬・佐賀関線　松山～大分

伊予鉄バス「八幡浜・三崎特急線」
松山市駅～大洲駅前～三崎港

↓

国道九四フェリー　三崎港～佐賀関港

↓

大分バス「D75」佐賀関～大分駅前

・第30ランナー：今治桟橋～新居浜駅　せとうちバス「今治～新居浜線」（今治営業所発）〈5日目4本目　1050円〉

伊予鉄・松山市駅からは「今治特急」「新居浜特急」が発着。いずれも一般道を経由し、JR予讃線と熾烈な競争を繰り広げています。

乗り継ぎの距離的には「新居浜特急」の方が良いのですが、何となく今治に寄りたい・しまなみ海道のバス乗り継ぎに接続をとりたいという理由で、今治経由を選択しました。お急ぎの方は「新居浜特急」への乗車をお勧めします。

今治市内を走行するバス

・第31ランナー：新居浜駅～川之江駅　せとうちバス「新居浜～川之江線」（新居浜西バスターミナル発・川之江営業所行き）〈5日目5本目　920円〉

バスはひたすら国道11号を進み、四国中央市内へ。市街地は賑わっているとは言い難い状態ですが、臨港地帯や高速道路のインターチェンジ近くは物流企業の拠点・工場が見受けられます。この場所は松山・高松・高知方面の高速道路が集積し、トラックなら1時間ほどで岡山県に出られて、しかも海側には三島港・川之江港があるため、文字通り四国の物流の中心として機能しているのです。

三豊市コミュニティバス

なお、新居浜～川之江間は2系統があり、次の徒歩地点の始発点となるJR川之江駅は三島駅・市役所経由しか行かないので注意。とはいっても、両系統の終点である川之江営業所から歩いたところで、徒歩距離の違いは1㎞もありません。

・川之江駅～箕浦　徒歩6・0㎞

川之江の市街地を過ぎ、ひたすら国道11号を歩き続け、いよいよ県境へ。香川県側に道の駅豊浜・鳥越製麺所・西端手打・上戸（うどん店）と誘惑はたくさんあります。バスの時間を事前に調べて、乗り遅れなきようにどうぞ。

・第32ランナー：箕浦～観音寺駅　観音寺市のりあいバス「観音寺箕浦線」（観音寺市役所行き）〈6日目1本目　100円〉

このバス路線は国道11号を走るものの、バス停のほとんどが国道から入った場所にあり、観音寺駅～箕浦で海側の国道、箕浦～観音寺は山側の道路という、ちょっと変わった循環ルートをとっています。ただし「海側の国道は路肩が狭く、停車できないためバス停はほとんどない」とは、運転手さんの弁。

なお、「観音寺箕浦線」は2023年4月から道の駅とよはまへの乗り入れを開始。県境手前まで来るため、川之江からの徒歩距離は1・2㎞ほど短縮します。

乗り換え **乗りバス・絶景観光ルート**

観音寺市・三豊市のコミュニティバスは意外と路線網が細かく、電車でJR詫間駅・三野駅などに移動すれば、「日本のウユニ塩湖」とも言われる水鏡と夕焼けを見られる父母ヶ浜にも移動できます。ほか、観音寺駅・詫間駅から観音寺港・須田港までバスで行けば、伊吹島・志々島など、島々への船に乗ることもできます。乗りバスに飽きてきた方、ついでに「乗り船」はいかが?

・第33ランナー：観音寺駅～琴平駅　三豊市コミュニティバス「財田観音寺線」〈6日目2本目　100円〉

香川県西部でバス・鉄道（1963年に全線廃止）を展開してきた琴平参宮電鉄が、自己破産を申請したのは2008年のこと。この前後に、現在の観音寺市や三豊市の路線バスはことごとく自治体に移管されるか、減便、もしくは廃止に。多度津町では路線バスそのものが一切消滅するなど、この地域のバス事情はかなり厳しいものです。

しかし、JRバスから引き継がれた観音寺～琴平間の路線はいまも健在。この路線を乗り継いで行きましょう。

・第34ランナー：琴平駅前～高松空港　琴空バス（大麻町発）〈6日目3本目　2000円〉

琴平町内から高松空港まで、一般道経由の琴空バスをどうぞ。

途中、まんのう町吉野の交差点には「うどん街道」バス停があります。小縣家・長田うどんといった名店だけでなく、周囲3㎞に10軒ほどのうどん店が集積。さらに国道438号沿いに山道を行けば三嶋製麺所・谷川製麺所などの名店もあり、まさにうどん街道の名にふさわしい立地です。もしバス旅のついでに立ち寄るなら、「うどん街道」バス停の近くに琴参バス美合線・「内田」バス停（琴平駅前～落合橋など。平日は琴空バスより

COLUMN

琴平参宮電鉄

琴平参宮電鉄は、多度津港～善通寺赤門前や坂出駅～丸亀駅～善通寺赤門前～琴平駅の合計で約26㎞の鉄道路線を展開していました。実は、「四国一周乗りバス本線」の初日に通過した山脈・五色台を貫き、高松市内への鉄道延伸をも実現させようとしていました。

いまでも多度津町内・琴平町内に鉄道線トンネルの痕跡がのこっているので、立ち寄ってみるのも良いでしょう。

本数が多い）もあるので、組み合わせて使っても良いかもしれません。

なお高松空港には、うどん出汁が出てくる蛇口もあります。こちらはコロナ禍で3年近くお休みしていましたが、2023年にようやく再開したばかり。是非寄ってみましょう。

・第35ランナー：高松空港～高松駅　ことでんバス「高松空港リムジンバス」「由佐線」〈6日目4本目　1000円・770円〉

空港から高松市内に入るバスは、すべて高速道路を経由していません。ということで、「高松駅」と書いてあったら、どれでも乗車可能です。

岡山県から瀬戸大橋で香川県に入り、時計回りに徳島県・高知県・愛媛県・そして香川県と進んだ「四国一周乗りバス本線」はJR高松駅にて終点！　お疲れさまでした。

さて、余力があれば、高松駅直結の高松港から島々の旅はいかがでしょうか？　小豆島・直島・男木島・女木島・豊島など、各種の島々が選び放題！

いつか、島巡りの魅力もご紹介してみたいものです。

高松空港連絡バス

乗りバス大阪高知特急本線
（大阪～徳島～高知）

本四架橋とともに四国新幹線が検討され始めた頃は、神戸から淡路島・徳島に至るルートが最有力候補とされてきました。結局は技術的な課題もあって、現在は瀬戸大橋経由が整備ルートとして検討されています。ということで、せめて「乗りバス本線」で関西から徳島・高知を結ぶルートを辿ってみましょう。路線名は2005年に廃止になった「大阪高知特急フェリー」からとってみました。

●大阪～徳島

大阪～明石間は「東海道乗りバス本線」「山陽乗りバス本線」をご覧ください。明石から船で淡路島に渡り、大鳴門橋で少しだけ高速道路に乗って、徳島県へ。

- 明石港～岩屋港　高速艇「ジェノバライン」
- 第1ランナー：岩屋～津名港　あわ神あわ姫バス
- 第2ランナー：津名港～洲本バスセンター　淡路交通「縦貫線」
- 第3ランナー：洲本バスセンター～黒山　淡路交通「淡路・徳島線」
- 第4ランナー：黒山～徳島駅前　徳島バス「鳴門線」

●徳島～高知

阿南市からは、戦後に立江駅（小松島市）～那賀町長安口、最終的には高知県側まで建設を目論んだものの、開業を果たせなかった四国中央鉄道のルートを辿っていきます。林業・ダム建設の資材運搬を当て込み、戦後すぐにレールを購入・株券発行まで果たしていたという鉄道に想いを馳せながら（着工はしていないので馳せようもないですが）どうぞ。

- 第5ランナー：徳島駅前～富岡　徳島バス「橘線」
- 第6ランナー：阿南駅～川口営業所　徳島バス南部「丹生谷線」
- 第7ランナー：川口営業所～日和田　徳島バス南部「丹生谷線」
- 日和田～別府　徒歩4・7㎞
- 第8ランナー：別府～大栃　香美市営バス「別府線」
- 第9ランナー：大栃～美良布　香美市営バス「美良布・大栃線」
- 第10ランナー：美良布（アンパンマンミュージアム）～土佐山田　ジェイアール四国バス「大栃線」
- 第11ランナー：土佐山田駅前～繁藤駅前　香美市営バス「不寒冬線」
- 第12ランナー：繁藤駅前～医大病院　嶺北観光自動車「大杉駅・医大病院線」
- 第13ランナー：医大病院～高知駅前バスターミナル　とさでん交通・各路線

第13章

長崎乗りバス本線

（博多〜長崎）

２０２２年10月に開業した西九州新幹線に沿って、長崎まで路線バスを乗り継いで行きましょう。とはいっても、２０２３年現在で開通しているのは武雄温泉～長崎間の約66㎞のみ。まだ着工に至っていない、残り区間の新鳥栖～佐賀～武雄温泉間（約50㎞）も含め、近いルートをたどっていきます。

Part 1 博多～鳥栖

一部区間は「九州乗りバス本線」と重複指定となっていますが、福岡市内の天神地区を経由し、福岡市南区→大野城市→二日市市とたどっていきます。

- **第1ランナー：博多バスターミナル～天神高速バスターミナル前　西鉄バス「68」ほか〈1日目1本目　150円〉**
- **第2ランナー：天神大丸前～西鉄大橋駅　西鉄バス「4B」（那珂川営業所行き）〈1日目2本目　280円〉**

天神から西鉄大牟田線・大橋駅へのバス移動は、「天神高速バスターミナル」バス停からであれば「W3」「W4」、「天神ソラリアステージ前」からであれば「特快」「63」。ほか「W4」は「天神大和証券前」からでも乗車できます。子会社も併せて車両保有台数二千数百台、国内随一の規模を誇るバス会社である西鉄バスならでは。どこから乗車してよいのか迷います。もちろん、どの系統に乗車してもＯＫです！

・第３ランナー：西鉄大橋駅～月の浦県営住宅前　西鉄バス二日市「42」〈１日目３本目　３８０円〉

西大橋駅から、県道５０５号・いけいいけ通りをひたすら南下していきます。いけいいけ通りの命名の由来はあまりはっきりしませんが、沿道に惣利池・白水大池・寺田池・大牟田池・須玖新池などがあるから、ではないでしょうか？

・第４ランナー：月の浦県営住宅前～下大利駅　西鉄バス二日市「21」「23」〈イオン大野城行き〈１日目４本目　２８０円〉

大野城市の月の浦県営住宅は1989年から入居が始まった、比較停新しい団地です。その5年後には西鉄バスが支社を開設。いまも西鉄バスの子会社・西鉄バス二日市の本社が置かれています。

・第５ランナー：下大利駅～西鉄二日市駅　西鉄バス二日市「22」〈１日目５本目　２８０円〉

・第６ランナー：西鉄二日市駅～ＪＲ二日市駅　西鉄バス二日市「１・２」ほか〈１日目６本目　１７０円〉

下大利駅から大野城市南が丘、太宰府市大佐野などの住宅街を縫うように走り、二日市市内へ入ります。なお、この前の路線の「21」から「23」は、途中の「南ヶ丘四ツ角」バス停などでも乗り換え可能です。

西鉄大橋駅

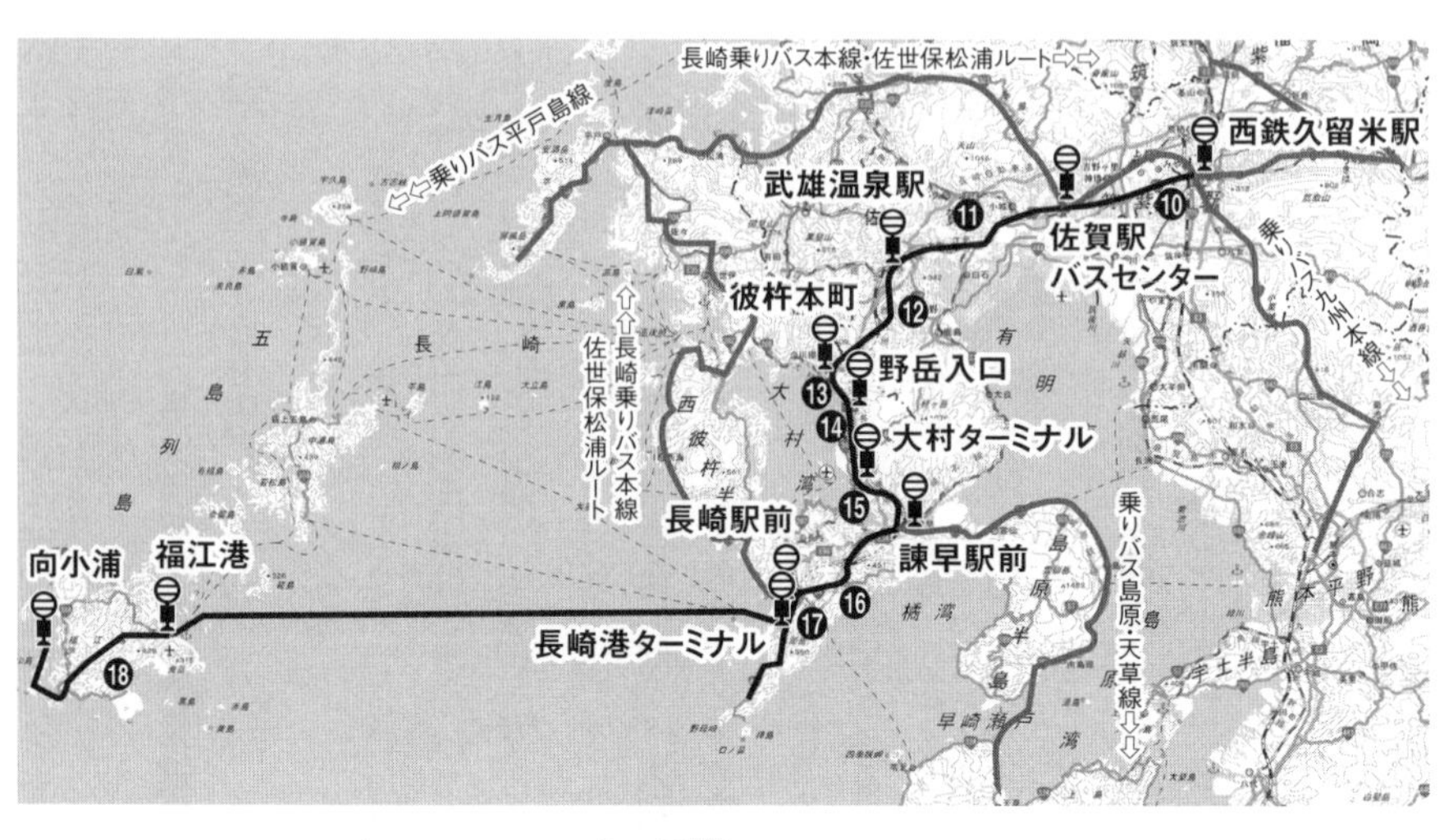

・第7ランナー：JR二日市駅〜甘木　西鉄バス「40」「41」（甘木営業所行き、杷木行き）〈1回目7本目　610円〉

・第8ランナー：甘木中央〜田主丸中央　甘木観光バス「田主丸線」（甘鉄甘木発）〈1日目8本目　420円〉

・第9ランナー：田主丸〜西鉄久留米駅　西鉄バス久留米「20」「24」（浮羽発着所発・JR久留米駅行き、大学病院行き）〈1日目9本目　650円〉

JR二日市駅〜西鉄久留米駅は「九州乗りバス本線」と〝重複指定〟ということで、解説を省きます。

Part 2 久留米〜長崎〜五島

JR佐賀駅からは、西九州新幹線のルートにほぼ沿って進みます。そして長崎県側の終点は、長崎駅から先、朝ドラ『舞いあがれ！』の舞台です！

・第10ランナー：西鉄久留米〜佐賀駅バスセンター　西鉄バス佐賀・西鉄バス久留米「40」「45」（佐賀第二合同庁舎行き）

久留米駅

〈1日目10本目　940円〉

西鉄久留米駅からは、筑後川を長門石橋で越えて、吉野ヶ里町・神埼市の中心部を経由する「40」、南側の豆津橋を渡って国道264号をひたすら走り、みやき町・神埼市千代田を経由する「45」のどちらでもOK。筑後川の河川改修・クリーク（曲がりくねった流路の直線化・水路化）から始まった灌漑事業の規模の大きさに驚かされながら、見渡す限り続く田園風景を眺めているうちに、JR佐賀駅へ到着。

佐賀駅バスセンター

・第11ランナー：佐賀駅バスセンター～武雄温泉駅　祐徳バス「武雄線」（下西山車庫行き）〈1日目11本目　1000円〉

佐賀駅バスセンターには西鉄バス・祐徳バス・昭和バスなどが乗り入れています。待合所には椅子も机もかなり多めに設置され、高校生の格好の勉強場所となっているようでした。

このバスセンターからは天神方面の高速バス「わかくす号」にも乗車できますが、最近は駐車場を併設した、郊外の「高速金立」から乗り込む方も多いそうです。佐賀駅エリアは駐車場が少なくて、クルマで乗り継ぐにはちょっと不便なのだとか。

佐賀駅バスセンターを出たバスは、国道34号をひた走り、武雄市へ！

・第12ランナー：武雄温泉駅（南口）～彼杵本町　JR九州バス「嬉野線」（彼杵駅行き）〈2日目1本目　1030円〉

彼杵駅の駅前通りを走るバス

COLUMN

難工事の末に完成！九州新幹線・俵坂トンネル

ＪＲバス「嬉野本線」の「俵坂」バス停近くの国道からは、九州新幹線のビュースポット・俵坂トンネルを眺めることができます。

杵島層群と呼ばれる泥岩層が続くこの山脈は、少しトンネルを掘っただけで20㎝も変位が生じるほどに脆く、坑口の上に土留め（がけ崩れを防ぐ工事）を施して完成。坑口の上に生々しく続く治山の痕跡が、工事の難航を物語ります。

なお、この北側を抜ける長崎道のトンネルは供用から数年で大規模な補修を余儀なくされ、カーブのため速度規制がかかる悩み多き区間となっています。一方で新幹線は、ついに一直線にトンネルを通すことに成功！ 在来線の特急「かもめ」と違ってほとんど揺れず、武雄温泉駅からわずか30分弱で長崎駅に到着します。

２０２２年の新幹線開業後は、このバス路線も新幹線・嬉野温泉駅を経由するようになったそうです。もちろん、これまでの拠点「嬉野温泉バスセンター」にも寄ります。

・第13ランナー：彼杵本町～野岳入口　東彼杵町営バス「彼杵線」（ＪＡ川棚支店発・松原小学校入口行き）〈2日目2本目　２００円〉

・第14ランナー：野岳入口～大村ターミナル　長崎県営バス「1」〈3日目1本目　３５０円〉

・第15ランナー：大村ターミナル～諫早駅前　長崎県営バス「10」〈3日目2本目　４８０円〉

長崎県交通局（県営バス）の大村ターミナル・島原ターミナルは、長距離バス路線が全盛期を迎えていた昭和40年代～50年代初頭に相次いで建設されました。

商業施設やオフィスなどを併設したターミナルビルは老朽化が進み、諫早ターミナルはすでに新幹線諫早駅側に移転しています。大村ターミナルも上階のホテルなどが退去しているものの、しばらくは改

乗り換え　乗りバス長崎本線　諫早～佐賀

新幹線沿いの「長崎乗りバス本線」と違って、こちらは特急が走らなくなったJR長崎本線沿い。なお2020年には佐賀県側のバスが短縮になっていますが、コミュニティバスで何とか到達できます。

長崎県営バス「県界線」諫早駅前～県界

↓

太良町コミュニティバス「今里・太良線」県界～竹崎入口

↓

祐徳バス「太良線」竹崎駅前～鹿島バスセンター～佐賀駅前

装の上で使われるようです。

なお野岳入口からは、県営バス「11」系統でもOK。大村ターミナル経由で諫早駅に直通します。

・**第16ランナー：諫早駅前～長崎駅前　長崎県営バス〈3日目3本目　850円〉**

バスは諫早～長崎間という新幹線と同じルートをたどりつつ、一般道の国道34号を走ります。新幹線とうっすら並行はしているものの、見えるのは「観音入口」バス停近くの1カ所のみ。しかも眺めると首が痛くなるような頭上にあり、恐らく新幹線の車両はみえないでしょう。

余裕のある方は、長崎半島の先端近くにある港町・樺島へのバス乗り継ぎもおススメです。

大村ターミナル

・**第17ランナー：長崎駅前～長崎港ターミナル　長崎バス「ながさき観光ルートバ**

長崎駅前交差点

乗り換え　乗りバス島原・天草線
諫早〜島原〜天草・本渡〜阿久根

島鉄バス　諫早駅前〜島原港

▼

島鉄バス　島原港〜口之津港

▼

島鉄フェリー　口之津港〜鬼池港

▼

産交バス　鬼池港〜本渡バスセンター

▼

産交バス　本渡バスセンター〜牛深港

▼

三和商船　牛深港〜蔵之元港

▼

南国交通　蔵之元〜阿久根駅前

島原半島を南下、天草諸島→鹿児島県まで渡っていきます。

ス」〈長崎駅から各路線で「大波止」「夢彩都」バス停下車、300〜400m徒歩でもOK〉

・長崎港〜福江港　九州商船「長崎－五島航路」

・第18ランナー：福江〜向小浦　五島バス「向小浦線」〈4日目1本目　1490円〉

ここまで来たら、2022年にNHK朝ドラマ『舞いあがれ！』で話題になった五島列島まで足を延ばしましょう。福江島の最西端にほど近く、かつて捕鯨の基地があったという玉之浦バス停を、「長崎乗りバス本線」の終点とします。

ドラマにも登場した大瀬碕燈台に行くなら「玉之浦行き」（ただし「大瀬崎口」から徒歩30分以上）、味のあるバス車庫が残る「富江」、バス停前のちゃんぽんの店が大人気の「三井楽」など。さらに福江港から、久賀島・奈留島・若松島・中通島・小値賀島・宇久島にも足を延ばしたいものです。

細長い入り江・玉之浦沿いに走るバス

長崎乗りバス線
佐世保・松浦半島ルート
（長崎～佐世保～唐津～佐賀）

2022年に一部区間が開通した西九州新幹線は、長崎県第2の都市・佐世保市を経由していません。まあ、見るからに遠回りになりますからね……。

ということで、新幹線ではなく「乗りバス本線」の復路として、乗り継ぎルートを設定してみました。佐世保から松浦半島方面は、各方面のバス路線がしっかりと繋がり、乗り継ぎはかなり容易です。

●長崎～佐世保～平戸口

博多駅～長崎間（往路）の「長崎乗りバス本線」は大村・諫早経由でしたが、こちらは西彼杵半島経由で、大村湾を渡って佐世保に向かいます。

- 第1ランナー：長崎駅前～桜の里ターミナル　長崎バス「1」
- 第2ランナー：桜の里ターミナル～樫の浦（板の浦行き）　さいかい交通

- 第3ランナー：樫の浦～大串　長崎バス
- 第4ランナー：大串～西海橋西口　長崎バス
- 第5ランナー：西海橋西口～佐世保駅前　西肥バス
- 第6ランナー：佐世保駅前～平戸口桟橋　西肥バス「Q1」（平戸桟橋行き）

●平戸口～唐津～佐賀

松浦半島って、何でこんなにバス路線が繋がるんでしょう。途中で食事をとる暇もなく、スムーズに移動できます。

ただし、唐津から福岡県・前原(まえばる)方面のバスはすでにありません。ということで、終点を佐賀に設定します。

- 第7ランナー：平戸口桟橋～松浦駅前　西肥バス（平戸桟橋発）
- 第8ランナー：松浦駅前～伊万里駅前　西肥バス「伊万里松浦平戸線」
- 第9ランナー：伊万里駅前～大手町（唐津市）　昭和バス
- 第10ランナー：大手町（唐津市）～佐賀駅バスセンター　昭和バス

止となったはず。組合の機関誌、いまどうやって運んでいるのでしょうか?

・第11ランナー：大分駅前～佐伯駅　大分交通「G73」「H74」
・第12ランナー：佐伯駅～道の駅かまえ　佐伯駅コミュニティバス「青山経由蒲江線」
・第13ランナー：道の駅かまえ～波当津集会所前　佐伯市コミュニティバス「波当津・中川原線」
・波当津集会所前～直海　徒歩6.5km
・第14ランナー:直海～古江　宮崎交通「62」
・第15ランナー：古江～延岡駅　宮崎交通「60」「61」
・第16ランナー：延岡駅～原町　宮崎交通「8」
・第17ランナー：日向市駅東口～宮の下　日向市「南部ぷらっとバス」
・宮の下～あけぼの団地　徒歩2・0km

・第18ランナー：あけぼの団地～道の駅つの　都農町地域福祉バス「寺迫線」
・第19ランナー：道の駅つの～高鍋バスセンター　宮崎交通
・第20ランナー:高鍋バスセンター～宮交シティ　宮崎交通「106」

●宮崎～鹿児島

都城～鹿児島間の乗り継ぎで利用した霧島神宮方面へのバス路線は、2016年に高崎観光バスに移管されています。

他にも、都城から志布志・鹿屋・垂水を経由する、かつての国鉄志布志線・大隅線（いずれも1987年廃止）代替バスでも到達できます。

・第21ランナー：宮交シティ～小林駅　宮崎交通「470」
・第22ランナー：小林駅～都城駅前　宮崎交通「51」
・第23ランナー：都城駅前～霧島神宮前　高崎観光バス
・第24ランナー：霧島神宮前～重久車庫　鹿児島交通
・第25ランナー：重久車庫～鹿児島中央駅　鹿児島交通

乗りバス日豊本線
（小倉〜鹿児島）

JR鹿児島本線沿いの路線バス乗り継ぎは、「九州乗りバス本線」（P.149より）で触れました。こちらは東九州の大分県・宮崎県から鹿児島県へ乗り継いで行きましょう。

●小倉〜大分

福岡県内はJR日豊本線沿いにバスが繋がっておらず、いったん大分県日田市へ。さらに大分空港・国東半島も経由していきます。このあたりは味のあるバスターミナルが多くて、寄っておきたい！

・第1ランナー：平和通り〜九州労災病院　西鉄バス「18」
・第2ランナー：九州労災病院〜行橋駅東口　西鉄バス「19」
・第3ランナー：行橋駅〜香春町役場　太陽交通「香春線」
・第4ランナー：香春町役場〜西鉄後藤寺営業所　西鉄バス・特急
・第5ランナー：西鉄後藤寺営業所〜添田駅　西鉄バス「10」
・第6ランナー：添田駅〜日田駅　JR日田彦山線代行バス（2023年8月より「BRTひこぼしライン」）
・第7ランナー：日田〜守実温泉　大交北部バス
・第8ランナー：守実温泉〜中津駅　大分交通「中日線」
・第9ランナー：中津駅〜大分空港　大分交通「ノースライナー」
・第10ランナー：大分空港〜大分駅　大分交通「AS70」
※中津駅から安心院〜仙人田茶屋〜別府〜大分乗り継ぎルートもあり

●大分〜宮崎

佐伯〜延岡間は筆者も乗り継いでいませんが、延岡〜宮崎は、まだイオンタウン日向〜高鍋間の宮崎交通路線が辛うじて運行されていた頃でした（2016年廃止）。運転士さんによると、「地元のお客さんは高鍋〜都農まで。その先は、宮崎から延岡に組合の機関誌を運ぶのが主な役目ですよ。でも、2014年に宮崎〜延岡の直通高速バスを始めたから、もうこの路線がなくても……」と仰られていました。

そういえば、その高速バスも2021年に廃

おわりに

この書籍はもう少し後に執筆・発売させていただく予定でした。

しかし2020年から続くコロナ禍で移動需要が激減。各地で路線バスの廃止が急激に行われ、乗り継ぎルートは各地で危機的な状況を迎えていたこともあり、急ぎ発刊に漕ぎつけました。わがままを聞いていただいたイカロス出版様に、この場を借りて御礼を申し上げます。

掲載した乗り継ぎルートも、1年後、2年後には状況が変わっているかもしれません。バス路線に限らず鉄道などでも言えることですが、乗車は路線があるうちに、お早めにどうぞ。

宮武和多哉

参考文献

北海道

ダ・カーポ『宗谷岬』1972
佐賀郁朗『オホーツク鮭物語』
炭鉄港ポータルサイト　樺戸集治監の歴史　https://3city.net/archives/database/tsukigata/660/
『枝幸町史』1967
陸別町しばれフェスティバル　ホームページ　https://www.rikubetsu.jp/kanko/event/shibare/
森進一『襟裳岬』1974
芹洋子『愛の国から幸福へ』1974
広尾町史編さん委員会 編『新広尾町史』1982
田中克明、服部律子『山道と黄金道路：田中五郎右エ門の足跡』広尾町教育委員会
寒地土木研究所月報　地質的観点からみた黄金道路急崖の崩壊特性と斜面点検時の着目点
北海道中央バス『二十五年史』『五十年史』
NHK総合『ファミリーヒストリー　中川翔子〜近代化に賭けた先祖　お台場建設とクラークの教え』2015年

東北

久慈市史編纂委員会『久慈市史』第1巻 通史　1984第3巻 通史 近代 1998
葛巻町誌編纂委員会編『葛巻町郷土史年表』2005
福島県歴史資料館ホームページ　奥州道中絵図　https://www.fcp.or.jp/history/publication/shiryojoho/714
テレビ東京『ローカル路線バス乗り継ぎの旅』第25回　二本松ドライブイン　2017
テレビ東京『孤独のグルメ9』第9話「ドライブインの焼肉定食」2021
田園ホールエローラ　ホームページ　https://www.town.matsubushi.lg.jp/www/contents/1376522567123/index.html

東海道

大磯町ホームページ　伊藤博文と大磯
名古屋市ホームページ　新たな路面公共交通システム「SRT」の導入に向けて　https://www.city.nagoya.jp/jutakutoshi/page/0000089453.html
一宮市『一宮市公共交通計画』2012
川島町『川島町史　通史編』2008
パルナス　非公式ホームページ　http://www.ceres.dti.ne.jp/~toyoura/parnus/

九州

『鉄道ピクトリアル』　1997年9月号　湯口徹「朝倉軌道気動車探求記・ある軌道の1930年代」

中央

中日新聞「『駄知鉄道』開業100年　28日に記念イベント　東濃鉄道　痕跡たどるツアーや記念乗車券販売　陶磁器輸送の大動脈　50年前に廃線、遊歩道に」2022年5月26日
馬籠観光協会　ホームページ

上越

上毛新聞社『群馬県における路線バスの変遷と地域社会：第二次世界大戦後の東武バスを中心として』2002

奥羽

『津軽海峡・青函トンネル工事の歩み』1982
青函トンネル記念館　ホームページ　http://seikan-tunnel-museum.jp/
武井宏之『ハイパーダッシュ!四駆郎　拝啓 徳田ザウルス先生』コロコロアニキ
武井宏之『シャーマンキング』全32巻　集英社
武井宏之『重機人間ユンボル』全1巻　集英社
森と水の里あきた　ホームページ　http://www.forest-akita.jp/data/field/yatate/yatate.html

北陸

牧野和人『北陸の鉄道国鉄・JR編【現役路線・廃止路線】』アルファ・ベータブックス 2020

四国

徳島県ホームページ　橋の博物館とくしま　加賀須野橋　https://www.pref.tokushima.lg.jp/bridge/tokushima_bridge/sonota.html/2015091700157
阿佐海岸鉄道ホームページ　DMVとは　https://asatetu.com/archives/156/

内房

千葉県市原市姉崎郷土資料館ホームページ　https://fururen.net/siryoukan/index.htm
燈光会ホームページ　野島崎灯台　https://www.tokokai.org/tourlight/tourlight04/

九州

長崎県ホームページ　沿岸捕鯨基地の荒川　https://www.pref.nagasaki.jp/shared/uploads/2013/05/1367900277.pdf

ほか、各事業者様（バス会社様）ホームページ
各市町村史

運賃・路線名などは各社に個別でお問い合わせ、もしくはホームページで確認させていただきました。移動時刻目安は各社ホームページならびに時刻表検索サイトなどで検索
地図は地理院地図を加工　https://maps.gsi.go.jp

路線バスで日本縦断！

乗り継ぎルート決定版

著者プロフィール

宮武和多哉（みやたけ・わたや）

香川県出身。鉄道・バス・駅弁など観察対象は多岐にわたり、レンタサイクルなどの二次交通や徒歩で街をまわって交通事情を探る。路線バスで日本縦断経験あり、通算1800系統に乗車、駅弁は2000食強を実食。ご当地料理を家庭に取り入れる〝再現料理人〟としてテレビ番組で国民的アイドルに料理を提供したことも。現在、「ITMediaビジネスオンライン」「トラベルwatch」「ダイヤモンドオンライン」「乗りものニュース」などで記事を執筆。著書に『全国"オンリーワン"路線バスの旅』『全国"オンリーワン"路線バスの旅2』（小社刊）など。

Twitter：@watayaMYTK
note：https://note.com/wataya_miyatake/

2023年 6 月30日発行
2023年10月10日第2刷発行

著者　宮武和多哉

発行人　山手章弘

発行所　イカロス出版株式会社
〒101-0051
東京都千代田区神田神保町1-105
TEL:03-6837-4661（出版営業部）

印刷　図書印刷株式会社